职业院校饭店服务与管理专业系列教材

# 现代饭店督导

主　编　刘长英

副主编　陈　芳　许　莲

中国财富出版社

（原中国物资出版社）

**图书在版编目（CIP）数据**

现代饭店督导／刘长英主编．—北京：中国财富出版社，2012.6
（职业院校饭店服务与管理专业系列教材）
ISBN 978 - 7 - 5047 - 4243 - 8

Ⅰ．①现… Ⅱ．①刘… Ⅲ．①饭店—监管制度—高等职业教育—教材 Ⅳ．①F719.2

中国版本图书馆 CIP 数据核字（2012）第 073391 号

| | | | |
|---|---|---|---|
| 策划编辑 张利敏 | | 责任印制 | 何崇杭　王　洁 |
| 责任编辑 田慧莹 | | 责任校对 | 孙会香　饶莉莉 |

| | | |
|---|---|---|
| 出版发行 | 中国财富出版社（原中国物资出版社） | |
| 社　　址 | 北京市丰台区南四环西路 188 号 5 区 20 楼 | 邮政编码　100070 |
| 电　　话 | 010 - 52227568（发行部） | 010 - 52227588 转 307（总编室） |
| | 010 - 68589540（读者服务部） | 010 - 52227588 转 305（质检部） |
| 网　　址 | http://www.clph.cn | |
| 经　　销 | 新华书店 | |
| 印　　刷 | 中国农业出版社印刷厂 | |
| 书　　号 | ISBN 978 - 7 - 5047 - 4243 - 8/F · 1735 | |
| 开　　本 | 787mm×1092mm　1/16 | |
| 印　　张 | 13.5 | 版　　次　2012 年 6 月第 1 版 |
| 字　　数 | 328 千字 | 印　　次　2012 年 6 月第 1 次印刷 |
| 印　　数 | 0001—3000 册 | 定　　价　26.00 元 |

# 职业院校饭店服务与管理专业
# 系列教材编审委员会

# 出版说明

　　职业教育与普通教育的不同在于，普通教育强调较强的系统理论基础，培养的是学术型、工程型人才；而职业教育强调较强的实践技术和专业技能，培养的是技术型、技能型人才。因此，职业教育既有高等教育在教育领域的某些共性，更有职业教育的个性，即特色。这种特色首先表现为独特的办学理念和办学思路：以就业为导向、与社会经济发展紧密结合，以社会需要为出发点和落脚点，以行业企业为主导的校企合作、产学研结合等。

　　实现职业教育的目标、体现职业教育的价值离不开优秀的教材！

　　事实却是，市场上的教材不是本科教材的简单删减，就是培训教材的粗略扩充，导致职业教育教材中的部分内容是已被淘汰的知识，新知识、新技术、新内容、新工艺、新材料不能及时反映到教材中来，教材与紧密联系生产一线的职业教育专业设置不符，给学生就业带来弊端。

　　为了解决上述问题，我们策划并组织编写了这套"职业院校饭店服务与管理专业系列教材"，期望能够满足广大老师和学生的需求。本套教材从策划伊始到问世，都伴随着策划人详尽的调研和编写老师严谨的耕耘。这些使得本套教材具有以下特点：

　　1. 通俗易读，深浅有度。理论知识广而不深，基本技能贯穿教材的始终。图文并茂，以例释理的方法得到广泛的应用，十分符合职业院校学生的学习特点。

　　2. 注重"双学型"特点的体现。职业教育对"双师"和"双证"的要求，必然呼唤教材具备"双学"的特点：一方面，教材能够协助教师对学生进行在校的理论和实践教育；另一方面，还能够帮助学生取得相关职业技能证书，向劳动部门颁发的职能鉴定标准看齐，为就业做好准备。为了做到这点，本套教材与这些技能考试相结合，以考试的试题为课堂训练或者拓展模块，实现两者的有机结合。

　　3. "套餐式"教材，电子教案请专业人士制作。现代化的手段可以帮助丰富和发展传统的教材，PPT 可以使学生的注意力更加集中，书本的附加内容可以使书本内容形象生动，适量的配套练习、详细的参考答案可以培养学生自学自测的能力……特别是，本套教材的这些"套餐式"杜绝流于形式。那些不能用、不适用的课件做了还不如不做。

　　4. 模块式的编写思路。以大模块嵌套小模块的方式来编写。实践证明，这种模块式的教材更能吸引学生产生学习兴趣。

　　"职业院校饭店服务与管理专业系列教材"符合职业教育的教学理念和发展趋势，能够成为广大教师和学生教与学的优秀教材，同时也可以作为饭店管理人员、相关从业人员的自学读物。

# 前　言

饭店业是一个劳动密集型的服务行业，它需要大量的一线员工，并要求他们的服务充分体现个性化、亲情化和人性化。为了保证饭店业的服务质量，饭店必须配备为数不少的基层管理人员，即督导人员。由此可见，饭店督导是现代饭店成功的一个关键因素，培养高素质的饭店督导已成为现代饭店管理工作中的一项核心内容。

本教材主要介绍了现代饭店督导工作的管理职能、团队建设、组织沟通、员工激励、质量管理、教练与辅导等内容，这些都是饭店督导应该了解和掌握的基础性知识和技能。同时，本教材以丰富的实践经验为基础，从全新的角度阐述了饭店督导技术及其在饭店管理实践中的应用。总体看，本书安排的内容足量、适用，贴近工作实际，贴近市场需求，具有很强的可读性。

本教材在编写过程中，遵循"以企业需求为导向，以职业能力为核心"的理念，从现代饭店管理的实际出发，紧密结合企业实际，反映工作岗位需要，注重职业能力培养。在使用功能上，本教材注重服务于职业岗位。它在介绍饭店督导的理论知识等基础性内容的同时，又强化了饭店督导工作必需的工作技能的训练，如激励、辅导等，这些也都是现代饭店有效督导的必备素养。因此，本书具有较强的实践指导性，能帮助饭店督导提高执行能力和工作绩效。

本书由刘长英主持编写。参与编写的人员还有：海南经贸职业技术学院陈芳、苏州经贸职业技术学院许莲、北海职业学院胡萍、北海职业学院黄万鹏、北海职业学院周媛媛。在编写过程中，我们引用了大量的国内外相关研究成果，限于编写体例未能一一注明，在此向作者表示衷心感谢。

本书针对性强，既适合高等职业院校旅游与饭店服务类专业及相关专业学生使用，也适合企业员工培训使用，亦可供饭店业、餐饮业以及相关行业管理人员学习和参考。

刘长英
2012 年 5 月

# 目 录

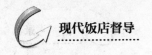

# 项目一　督导的使命——创造积极的工作氛围

【学习目标】

1. 充分认识饭店督导的角色定位
2. 了解饭店督导的素质和技能
3. 理解饭店督导的管理职能
4. 了解饭店督导的职责

【案例引导】

## 员工心目中的领班

饭店的领班从管理层次来说处于饭店管理的最低层，直接面向员工和客人，对员工进行督导管理，起着承上启下的作用，"官"微责非轻。因此，一些管理学者赋予饭店领班以多元的角色及作用：是领袖，是信息传达者，是导师，是裁判，是模范，是咨询者。

1. 有真才，能实干

一个称职的领班首先应熟悉涉及他本职工作的业务知识，有较强的操作技能，在这一方面他应该是一个"小专家"。如果一个领班对他所分管的那些工作的程序、标准和质量检查规范掌握不全面或操作不熟练，是难以管好其下属的，有时甚至会给下属以笑柄。喜来登酒店对新员工能力的培训分四个层次：接受过培训；达到基本所需要的能力；达到基本所需要的能力及让客人满意的标准；达到基本所需要的能力及让客人满意的标准，并有效率性。作为领班，从应具备的业务知识和操作技能来说，应能达到上述第四个能力层次的要求，即使是刚换岗的领班也应尽快努力达到这一要求。

领班不仅要掌握一定的业务知识和操作技能，还应具备一定的管理理论基础。不少领班在对其下属的培训中，对某一项工作的程序、标准讲得头头是道，但"为什么要这样做"或"应注意避免些什么"却讲得很少。这是缺乏基本理论素养的一种表现，应努力加以弥补。处在管理第一线的领班，只有善于把握新情况，不断研究客人的新需求，才能带领员工不断地进行服务创新。此外，领班能挤出一点时间带领员工一起干，尤其

是在服务工作的紧要关头和员工一起干，能起到激励员工的作用。同时，在一起干的过程中能发现一些问题，有利于改进督导管理。那种只说不做，或只知道训斥下属的领班，要想在下属面前树立起真正的威信是困难的。

2. 公平公正，不搞亲疏

有些员工认为："领班虽职微，但对员工来说是最直接的顶头上司，若关系处不好，'小鞋'可能就够你穿的了！"他们对领班的一个共同心愿是：严管不怕，只要处理公正大家心里就服气。通常，员工对领班意见比较大的有两条：一是工作分派不合理，二是对问题的处理欠公正。一天，某饭店客房清扫员曾诉苦说："今天领班分派我打扫13间房，有些员工干得比我少得多，我尽了最大的努力，花了好一阵才打扫完毕，但领班查房时却抓住我清扫上的一些小毛病不放，罚我重做，我真有点不服气。"领班如果布置工作尽可能"透明"，且工作量分配大体合理，大多数员工是能通情达理的。

由于种种原因，各个员工清扫的进度不一样。快到下班时领班应适当进行协调，组织员工互帮互助，体现班组内的团结互助精神，清扫滞后的员工也会从中得到鼓舞和教育。至于领班在查房时对一些细小的毛病抓住不放的问题，应该肯定"严"是对的，但"严"应有度，"严处"也应讲究方法。对于重要的问题，尤其是可能会引起客人投诉的问题，要狠抓不放，严肃处理。

领班与员工能否真诚相处，员工很看重的是领班是否为人正派。领班能与下属坦诚相处，建立起友谊和信赖的关系，员工工作就积极主动，这种班组的凝聚力一般比较强。而那些欺软怕硬、搞亲疏甚至搞小圈圈的领班，大多数员工就瞧不起他，要搞好班组建设从何谈起？领班要赢得员工的心，还要特别尊重员工的人格，不要在员工面前摆"官"架子，不要动不动就训斥员工。对于犯有过失的员工，要热情地帮助而不要讽刺挖苦；对于提出一些极简单问题的新员工，要耐心地正面做出回答，而不是不屑一顾，伤了新员工的自尊心。

3. 善沟通，会协调

领班督导效果如何，能否与员工进行有效的沟通是关键。员工期望领班们能重点把握以下几个方面。

（1）重视沟通的双向性。布置工作或与个别员工谈话，应注意多听听下属的意见，拓宽思路和了解员工心里究竟在想些什么，即使有时员工的意见并不正确，也应让他把话说完，然后针对不正确部分做些解释、说服工作。

（2）应意识到与下属谈话时的态度比谈话的内容更重要。例如，员工犯了错误，领班如果从关心、爱护他的角度出发，即使批评得重一点，他也会从内心感激你；如果埋怨、讽刺，即使他内心认识到错，也会认为你是在借故整他。领班还应改变吝惜表扬下属的习惯，随时注意并挖掘员工值得称赞的地方，让被称赞者感到愉快而倍加感动。

（3）培养倾听下属意见的良好习惯。有的领班自以为高明，对下属的建议往往听不进去，尤其对于那些说话抓不住重点的员工，见了他提意见就心烦；有的领班心胸比较狭窄，当与自己感情不相投的员工提意见时，听了一点马上就打断，弄得对方下不了台。这些都不是广开言路的做法。

（4）讲究沟通技巧，重视语言的力量。协调是领班督导过程的另一项重要工作，除应重视搞好班组内部协调外，还要善于搞好同其他班组、部门以及上司之间的协调。那些只顾自己埋头苦干而不注意调动各方面积极性的领班，即使干得再苦再累往往只会落得事倍功半的结果。

4. 头脑灵活，正确贯彻上级的意图

领班对上级部署的工作应能准确领会，认真落实。在贯彻执行中不应只当传声筒，而应结合本班组的实际情况和接待客人要求的变化，在坚持服务质量的前提下灵活把握，适当调整具体的操作程序和规范，创造性地开展工作，不断丰富班组个性化服务的特色。在工作中遇到疑难问题时，要细心分析、勤于思考，在尽可能满足客人要求的前提下，及时、果断地做出处理，不要事事等待上级答复后才办，因为那样有时会延误服务时机，得罪甚至失去一部分客人。

5. 勇于承担责任，不掩饰自己错误

员工很佩服那些勇于负责、做事敢作敢当的领班。他们做对的就坚持，做错的（包括给员工指导错了的）就勇于承认和纠正自己的错误，不强调客观找借口，更不把责任推给别人。员工工作上出了错，他们不一味地责怪下属，而是从领导的角度多找原因，分析自己应负的责任，从中吸取教训、加以改进。即使是因员工的错误而受到上级的批评，他们也不把怨气发泄到员工身上。

看到这里，你认为员工心目中的领班应具备哪些素质？你心目中的领班又是怎样的形象？现在让我们带着这些问题开始本章的学习。

# 任务一　督导的角色认知

督导（supervise），其中 super 意为为超过、高超、优秀的意思，vise 意为看、洞察，英文整体可翻译为俯视，进而引申为指导、监察。由此可见，饭店督导是对生产产品和提供服务的员工进行管理的人，常常指酒店的基层管理，具体管理职务就是我们通常所说的主管、领班。

## 一、督导的角色认知

督导的角色是指督导在其职能运行中所处的地位和所起的作用。通常来说，督导工作意味着更多的工作和更大的压力，督导者比其他的员工责任更重，收入也更多。督导这一职位极富有挑战性，因为哪怕你并没有参与所有的工作，你也要对更多的结果负责。

督导履行管理职能时，从事的是大量不同的、无序的、琐碎的并且往往是没有任何联系的活动。饭店的运营基本上都要依靠非管理人员的体力劳动。这类人员要做的工作包括烹调、调酒、洗盘子、迎送客人、清扫房间、运送行李和拖地。这些员工生产的产品与服务质量的高低主要取决于管理的好坏。如果管理不善，产品和服务质量都会受到影响，整个机构也会出现问题。饭店运营成功的关键掌握在管理这些员工的人的手里。

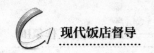 

要了解组织中督导的角色，就必须先看看他们与不同群体的关系。图1-1表明了督导与客人之间、督导与员工之间、督导与同级管理者之间以及督导与上级管理者之间的关系。

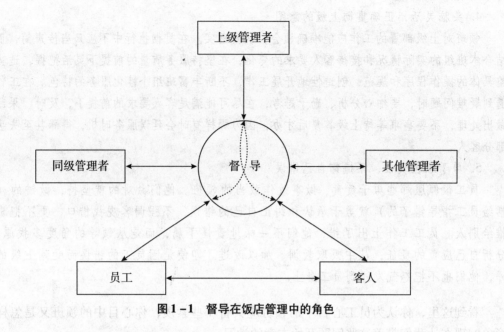

**图1-1 督导在饭店管理中的角色**

（一）督导与员工的关系

督导必须接近自己的员工以及为其提供帮助的其他部门的员工。只要存在督导帮助和指导非管理人员这种情况，就存在管理者与员工的关系。这也显示了督导的重要性。

（二）督导与同级管理者以及其他管理人员之间的关系

在组织内，督导存在两种基本的水平关系：与其他督导以及其他员工代表的关系。督导需要同级管理者和其他相同地位的人的帮助和支持，而一旦他们共同去争取某一更高层次的位置时，这种关系又会演变为竞争甚至是冲突关系。

（三）督导与上级管理者的关系

督导与上级管理者的关系同管理者与员工的关系正好相反。督导又成为其管理者的员工，并支持和完善他们的工作。随着组织扁平化、组织再造、授权等类似的新管理方式的应用，这种关系正在不断升级。业务部门的经理会指导督导应该做什么，职能部门的经理（如人力资源部经理）会指导督导如何处理特定行为。

## 二、督导的地位

督导要对员工的生产——产品和服务的质量与数量负责，同时，也负责满足员工的需求，使员工人尽其责，使产品和服务质量得到保障。可见，督导是组织管理的实践活动，是组织管理工作的具体体现形式，是管理者的主要日常工作任务，是实现管理目标的有效保障方法。如何引导督导运用一系列有效的管理手段，实现组织的目标，完成既定的工作任务，已成为饭店企业管理活动的核心内容。

在过去，督导对下属员工有绝对的权威，在他们面前，员工或者有效地工作或者等着被解雇。现在，督导的概念不再是监督员工，而是领导和训练一个团队。从本质上讲，督导必须找到一个结合点：既不会过于严苛，又不会成为上司的木偶。

现代饭店管理中，督导的角色正在发生显著改变。现在督导被认为是其下属和上层管理者的中间人，督导身处团队之中，但在某种意义上他们既属于又不属于这个团队。督导既要向上层管理者汇报，又要作为管理层的代表与员工联系。督导要传达上层管理者的决议，同时有权力对上层提出自己的建议。换言之，他们是介于员工和上层管理者之间的中间人。

当一个人开始监督别人的工作，他就已经逾越了一条与员工之间的分界线，迈到了管理的一方。在任何工作场所中都存在两种立场：员工的立场及管理方的立场。他们之间的界线非常清楚，没有模糊的边缘，也不存在灰色地带。成为督导之后，就肩负管理者的责任。因此，只有坚持管理方的立场，才能成功履行这些责任。

作为一名饭店督导，必须对业主、客人及员工尽义务，这就把督导置于一种承上启下的地位。对员工而言，督导代表着管理方、权力、指令、纪律、休假时间、提高收入及晋升。对业主和上级主管而言，督导是他们与员工和具体工作之间的纽带，督导代表着生产力、食品成本、劳动力成本、质量管理和客人服务，同时又代表着下属员工的需要和要求。对客人而言，督导和员工代表着整个饭店企业。

许多新上任的督导都是从员工的岗位上提拔起来的。突然之间，他们发觉自己要管理一些曾与之并肩工作过多年的人。他们曾经一起工作过，一起喝过啤酒，一起抱怨过公司，一起策划过如何少干点活。现在成为督导后，他发觉自己在界线分明的员工与管理方之间，站到了对立面。也许他现在要执行的政策正是自己以前抱怨过的，也许不得不让全体下属在节假日期间加班，也许不得不惩罚最好的朋友。

督导必须坚持管理方的立场，必须负起责任，这方面不容许妥协。督导可以同情他的员工，倾听他们，理解他们，但他的决策必须从管理方的立场出发。

## 三、督导的义务

### （一）对业主的义务

#### 1. 使企业赢利

督导对业主的首要义务是使企业赢利。业主冒风险投资，理所当然期望得到相应的回报。对业主而言，督导的主要职责是为这份回报做好分内的工作。这关系到督导的利益，也是他们聘用督导的原因。

#### 2. 维系企业的运营体系

业主还希望督导按他们的意图做事。如果他们告诉督导如何去做一件事，督导就有义务照他们说的去做，尽管督导知道有更好的方法。业主付给督导工资，是要督导按他们的方式做事。不论他们要求督导做任何事，只要这件事是合法的，且不违背道德，就有义务去做。

如果业主已经形成了一套完整的体系，他们是不希望督导对其做任何变动的。他们只是要督导监督它的运作。或许督导不赞成他们的制度，或许督导也认为他们在每个盘

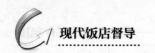

子里放的薯条太少，认为客人应多得到一些，而客人也有此想法，督导能在每一份里多加几根吗？不行！督导应让整个运营体系维持原状。督导只负责监督，以确保组织内的员工也遵守这一运营体系。

即使督导觉得有更好的做法，也不能擅自做出变动。他应该去找业主或是上级管理者，向他们说明自己的想法，然后才能共同决定是否需要做出任何变动。

有时业主并不告诉督导该如何做事。督导必须自己找出答案——去问，把一切搞清楚。宗旨和程序是什么？督导有什么权力？督导有没有或者在哪一部分享有全权？既然督导必须按业主的方式来管理，就有义务弄清他们的想法，领会他们的意图。而且，由于督导与员工和客人的日常接触比较频繁，督导同时还有义务把他们的要求汇报给业主。

（二）对客人的义务

客人是饭店企业存在的原因，也是饭店企业利润的来源。他们可以选择光顾饭店，如果招待周到，他们会再来；反之，可能就再也见不到他们了。为客人服务的重要性显而易见，然而劣质服务却非常普遍，这也是某些饭店经营失败的首要因素之一。造成许多客人不再光顾的原因就是劣质服务或者是员工对客人的需要漠不关心。

在饭店企业里，客人接触到的通常是基层员工。饭店客人见到的是前台员工、侍者和餐厅里的员工，还有他们每天早饭后必定看到的打扫房间的客房员工。这些员工就代表着督导，体现着督导的管理，反映出整个组织的形象。首先，督导有义务让客人从员工那里得到承诺过的产品和服务，使他们满意而归。其次，督导应该亲临现场。客人喜欢有经理做主的感觉，而且有督导在场或者参与其中，员工会表现得更出色。

（三）对员工的义务

作为一名督导，也要履行对所管理的员工的义务。督导要负责为员工提供一个能有效提高他们的生产力的工作环境。这也是出于督导工作的需要，因为督导的成败直接取决于他们。督导是不可能自己承担所有工作的。

员工最看重的是督导对待他们的方式与态度。他们希望督导把自己看做独立的个体，希望督导倾听他们的意见，希望督导明确告诉他们对他们的要求并说明原因。要想使他们努力工作，就需要创造一种使他们感到自己被接纳、被认同，能够坦言相对，具有公平性、归属感的开诚布公的工作氛围。对当今的多数员工而言，以前那种强硬高压的管理方法已经不起作用了。创造一种能使他们心甘情愿为饭店付出的工作氛围不仅是督导对他们的义务，也是督导应该具备的基本素养与技能。

饭店业中有这样一种说法："只要经理管理好员工，员工就会照管好客人，而利润就不用你操心了。"作为一名督导，首先要关心的就是下属的员工。要想让员工全心全意为客人服务，督导首先要全心全意为他们服务。因为督导对待他们的方式会反映在他们对待客人的方式中。如果督导能以自己希望他们对待客人的方式对待他们，譬如细心、周到、尊敬等，他们往往就能提供优质服务，这就能使客人满意，从而增加回头客的比率，也会带来更多的生意和利润，从而又使业主满意。对多个公司的研究表明，通过提供培训和奖励等重视员工价值的公司通常拥有较高的客人满意率和利润率。

# 任务二　督导的素质和技能

很少职业像督导的工作这般富有高度挑战性、多元性及发展性。要成为这个行业的专家，必须具有专业知识、常识、人际关系管理技巧及智慧。这不是任何人可以一蹴而就的，都要经过努力学习和实践的过程。

对于督导者来说，专业知识只是其能力构成的一个方面，甚至说是一个较小的方面，更重要的是要有较高的管理技能。这不仅是因为督导者的主要作用是管理，是让别人很好地工作，而且还在于，管理是一门技术、技能，必须规范化、标准化。

## 一、督导的素质

### （一）善于自我管理

除了管理别人，督导还必须能够管理自己。这种技能的培养可以通过增强意识及加强实践来实现。自我管理要求，不论面对的是什么，必须做到最好——把最好的一步迈出去，展现最优秀的一面，永远不乱阵脚。它要求督导树立一个好榜样，它要求督导自我约束。如果连自己都把握不好，就无法有效地指挥他人。它还要求督导有自控能力，即使对自己上级的决策或行为持有不同意见，也要表示支持。

### （二）积极的思维

自我管理还意味着要有积极的思维。思维有两种不同模式：积极型思维和消极型思维。积极型思考者总是着眼于如何建设性地处理当前的问题，而消极型思考者总是把目光集中到问题的难点上，总想退缩。例如你是名督导，今晚负责洗盘子的员工突然请病假不能来了。如果你是名积极型思考者，你会查看一下工作安排，看有谁可以顶替，然后马上联系人。如果你是名消极型思考者，你就会想，没别的办法，只能用一次性盘子了，虽然你也知道那样会增加成本，而且饭菜放在里面也不太好看。督导必须努力学习做一名积极型思考者。如果自己犯了错误，不要自怨自艾，从错误中学习经验就可以了。谁都会犯错误，包括身居高位的领导者。内疚和焦虑会消耗你自己，而接受自己、相信自己则能增加你的能量。

### （三）积极、乐观的情绪

作为督导，自己的情绪也会影响员工，这种情绪甚至可以蔓延到整个部门。员工对督导的观察比自己想的要仔细，他们能看出来督导心情很好或者是否刚和老板进行过一次令自己沮丧的谈话。要知道，员工需要的是一位能在工作中始终保持乐观、积极的情绪和态度的上司。

### （四）良好的自我形象

督导必须树立一个强有力的、良好的自我形象。督导不仅负有对他人的义务，同时也负有对自己的义务。做了正确的事情时，应对自己有所赞许；犯了错误时，要面对错误，并改正错误，以利于以后的工作。督导需要清楚地了解自己，包括自己的强项和弱点，树立起自己在工作中的个人目标和价值观，了解自己的立场和以后的方向。

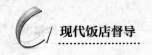 

（五）效益意识

饭店是一个经济组织，饭店的经营活动就是要取得经营效益。只有饭店经营的社会效益是好的，才能建立饭店的声誉。声誉好，吸引的客人就多，这样饭店就可以取得好的经济效益。因此，管理者要有效益观念。具体来说，主要有以下几个方面。

1. 作为一名基层管理者，督导要具备经济效益理念

经济效益就是以最优的资金占用（成本支出少），产出尽可能多的有用成果。经济效益是产出和投入之比，这个比率越大，经济效益就越高。效益观念的本质就是以较少的投入（资金、人、财、物）带来较大的产出（产量、销售收入和利润）。因此，企业的效益观念涉及处理好投入、转化和产出的综合平衡。作为一名基层管理者，督导应该具有少花钱、多办事、办好事的这么一种思想意识，从而达到事半功倍的效果。

2. 重视潜在效益

要重视潜在效益，并尽量扩大潜在效益，促使潜在效益向实际效益转化，如加强饭店宣传、开展公关活动等，以取得社会的信赖和承认。

（六）给员工以合理的机会

除了相信自己有能力实现目标，督导也要相信，只要给员工以合理的机会，他们就会有出色的表现。督导还应认识到自己要负责员工的发展，这一点可以通过个别指导或提建议等方式做到。

（七）灵活性与创造性

督导另一种非常有用的个人素质是灵活性与创造性。一名缺乏灵活性的督导是不可能在饭店业干下去的，因为他不能对不断变化的形势与问题做出有效的反应，不能在特定的情况下运用相应的理论，不能在没有现成答案的情况下创造性地思考。督导也必须对行业中的变化做出反应，昨天的方法不能解决明天的问题。这些技能同样能够学会并进行实践，不需要天生具备这些技能。

## 二、督导的技能

任何层次的管理都是一门艺术，而不是一门能对问题给出确切答案的科学。这是一门可以学会的艺术，无须天生具备某些特殊的才能或个性。事实上，对许多杰出的高层管理者的研究表明，无法找出成功的领导们都具备的相同特征。专家们得出结论，成功的领导者都有自己独特的领导风格。

不过，对各层次的管理来说，仍有某些管理技能是成功管理的基本条件：技术技能、人际关系技能和概念技能。对饭店督导这个基层管理者来说，技术技能与人际关系尤为重要，因为他们主要与产品及服务的提供者打交道。概念技能也必不可少，但没有前两者那么重要。而对大型企业的高层管理者而言，至关重要的则是概念技能，其他两项则用得较少（如图1-2所示）。这些技能可以通过学习、练习、实践以及对自身和他人的观察和了解来掌握。

（一）技术技能

技术技能（Technical Skill）也就是实际操作技能，是指能够理解和有效监督具体任务执行所需的实践和技术能力。督导应拥有足够的技术性技能以保证工作的有效运转，

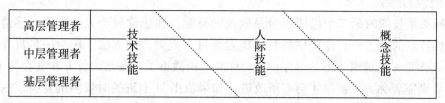

| 高层管理者 | 技术技能 | 人际技能 | 概念技能 |
|---|---|---|---|
| 中层管理者 | | | |
| 基层管理者 | | | |

**图 1-2　不同层次管理者的技能要求**

而其他管理者应拥有充分的技术技能以保证组织的竞争能力。相对于高层管理者，技术技能对于督导更为重要，毕竟督导更接近实际工作，他们必须经常说明乃至演示，以让下属明白该如何完成工作，他们同时要能判断什么时间做更为合适。督导大约1/3的时间用于有关技术性技能的活动，比如电脑操作和信息管理技术等。

一名饭店督导所需要的实际操作技能就是完成下属员工干的工作所需的技能。督导也许没有员工们熟练，也许不会做蛋奶酥，也许不会操作饭店里的电话系统，但是，督导应该了解这些工作的内容并大体知道如何完成该项工作。这些知识对于挑选和培训员工、计划和安排本部门的工作及紧急情况下的应对都是必需的。尤为重要的是，督导拥有实际操作技能可以提高在员工中的可信度。因为当他们知道督导也能胜任他们所担负的工作时，他们便会接受你、尊敬你。

如果督导做过普通员工，就可能已经掌握了所需的实际操作技能。许多督导是在管理员工的过程中学会这些技能的。在一些大型企业中，一部分督导必须和员工接受同样的技能培训。

（二）人际关系技能

督导的人际关系技能（Human Relations Skill）是指其与人相处并有效合作的能力，要做好这一点，最重要的是你对下属员工的态度。这些技能包括员工激励、领导、训练、授权和帮助员工、与员工交流以及与其他人打交道的技能。这些技能不仅对与个人相处很重要，对与群体共处乃至处理群体间关系都很重要。人际关系技能对于所有层次的管理者都是重要的，对于督导尤其如此，因为他们有一半的时间在使用人际关系技能。

督导工作的核心是成功地与人打交道。做到这一点并非朝夕之工，但可以从以下几方面培养。

1. 诚恳的态度

人际关系技能最重要的组成部分是对员工的态度。作为督导必须首先从理性和感性上认识到员工都是活生生的人。否则的话，如果认为他们只是生产机器中的部件，或者因为你是主管，他们靠擦地板谋生而看不起他们，他们就不会认真为你工作，或者干脆离开，他们不会让你成功。

其次，督导需要与员工建立一种个人对个人的关系。用名字称呼他们，把他们作为平等的人来了解他们的家庭、他们的兴趣爱好等。他们也必须把你看做普通人，这样他们才不会怕你，才敢直视你的眼睛。如果督导的行为不只是像个主管，同时又有人情味的话，他们会更愿意听从你的指令，把工作干得更好。

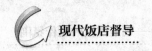 

### 2. 敏锐的感觉

人际关系技能的第二个组成部分是敏锐的感觉，即感觉每个人的需要、感情、价值观和个性特点的能力。它能使你找到最能发掘每个人潜力的方法。作为一名督导，应该了解到：员工 A 的英语还不是很好；只要你的话稍微重了一点儿，员工 B 就会哭上半天；而员工 C 则需要你大发雷霆才会有所改进；如果员工 D 上班的时候阴沉着脸，一句话不说，那他肯定是遇上了不顺心的事，你最好想办法开导他，否则他的火就会发到客人头上去。督导要学会从员工言谈举止的细微差别中，捕捉问题出现的前兆。

### 3. 自我概念

人际关系技能的第三个组成部分是自我概念。作为督导，你知道你在员工眼中的形象吗？你应该了解别人怎么看待你的言行举止。例如，你也许出于对质量问题的关注而总是指出员工做得不好的地方。他们也许把你的话都看做批评，从而认为你是一个总爱给人挑错的人。如果你意识到自己的习惯和他们的反应，就可以改变自己纠正他们的方式，在指出错误的同时，也要表扬他们做得好的地方。

作为督导，还需要了解自己的感受、需求、价值观和个性特点，及这些因素对自己与员工打交道的方式的影响。如果督导和所属的员工认识问题的方式不同，沟通起来就会有困难。当处于同一工作任务中，而督导和员工各自有不同的需求和价值观时，就可能出现工作目标的不一致。以一件小事为例。因为你不吸烟，所以在午餐时间与员工 A 交谈时，你把饼干纸和糖纸都塞到烟灰缸里。A 则是一个有机会就抽烟的人，但他也不好说什么，因为你是他的主管。可他很着急，满脑子想的都是一会儿把烟灰和烟头放哪儿，因此他无法专心听你说话。如果你能察觉他的心情，就可以把自己的废纸扔到别的地方或者重新给他找个烟灰缸。

人际关系技能要在实践中培养。作为督导，必须努力把员工看做独特的个体，加强对自己和别人的认识，找出引起问题的个人品质与言行，并找到解决这些问题的方法。这也是灵活管理方式的一种体现——对员工、对自己及形势做出反应。这是一个持久的挑战，因为没有两个人的情况完全一样。人际关系技能的最终目的是要创造一种能使员工感到安全、自在，能对督导开诚布公，愿意为督导努力工作的工作氛围。

### （三）概念技能

概念技能（Conceptual Skill）也就是宏观管理技能，是指以逻辑来获取、分析和预测信息的能力。管理者需要了解所处的环境和环境对于组织的影响。换句话说，管理者应该"看到森林"。高层管理者尤其需要很强的概念技能，因为变化对于他们比对于其他层次的管理者而言更重要。他们大约有 1/3 的时间是在使用概念技能。

概念技能的实质是把握全局，认清部分与整体的关系的宏观管理能力。这种能力在督导工作中不可缺少。Andy 在一家五星级豪华酒店工作了三年，最近被提升为部门主管，管理一个 10 多人的团队。起初，每当看到小组的工作进度落后了，她就会挽起袖子亲自上阵。可是她做得越多，手下的人就干得越少，也越来越缺乏积极主动性。他们会把工间休息的时间故意拖得很长，对显而易见的问题也要等待指示。很多人获得提升后的第一反应就是承担更多的具体工作，这是新任督导经常犯的一个错误。随着督导担负的职责的复杂化，对宏观管理技能的需要会逐渐增加。作为督导，就要宏观地看待整个局势，指挥好员工，把他们安排到最缺人手的岗位上去。只有当督导能宏观地看待形势，操纵全局，才算真正找到了自己的角色和定位。

以上我们探讨的3种技能在很大程度上为主要的管理活动奠定了基础。例如，有效的时间管理需要概念技能和行政技能来排列行动的优先次序和处理必需的文字工作；成为一名高效率的培训者则需要技术技能或者了解其主题，并且还要具有人际关系技能来有效地同被培训者进行沟通；政治艺术则需要概念技能和人际关系技能来辨别各类行动的含义和建立战略性的关系。

总之，有效的督导管理需要所有的技能——概念、人际关系和技术技能。不过，根据管理层次和外部环境的差异可以进行适当的搭配。

## 三、如何使自己成为优秀督导

美国注册饭店督导师认证（Certified Hospitality Supervisor，CHS），是一个为全球一百多个国家承认的资格认证，由美国饭店协会教育学院（American Hotel & Lodging Association Educational Institute，AH&LA-EI）实施。通过资格认证考试的饭店从业人员将进入美国饭店协会教育学院国际人才库，该人才库向全世界饭店业开放，人才在全球饭店业系统流动。要想成为一名优秀的督导，除了拥有国际通行的饭店督导师资格以外，还应该注意以下几个方面。

（一）要有明确的目标

成功，就是对目标的实现，有了目标，才有成功。成功的督导者，首先为自己建立明确的人生目标，无论是事业目标，还是生活目标，或是信念目标。

只有当一位督导者将个人的人生目标与公司的目标相结合时，人生目标才能得到完美实现。一位成功的管理者，是在实现公司目标的过程中，实现着自己的人生目标。孙悟空的故事，可以说是一个由个人奋斗失败后转向团队成功，最终实现个人价值的经典案例。

在花果山占山为王的孙悟空精力充沛，意志坚决，行动果敢，酷好变化，干劲十足，越挫越勇，俨然是一个天生的创业者。大闹天宫，那么强烈地试图改变这个世界，其结果却是惨遭失败，被压在五行山下不能翻身。

而在去西天取经的路上，他也表现出了一个团队成员的优秀特质，目标明确，行动迅速，无惧困难，总是能够找到有效的解决方法。经过一段漫长的取经之路，他不得不屈服于"紧箍咒"的魔力，在不知不觉中改变了自己，结果却赢得了个人与团队的共同成功。

（二）用正确的方法做正确的事

做事——往往方向比方法更重要，然而把握正确的方向（做正确的事）比运用正确的方法（正确的做事）更难！

做正确的事，首先难在主动地做事上。做有助于实现公司目标或部门目标的事，这完全是一种主动的行为。只要你认为正确，你就去做，你认为不正确，就不做。显然，

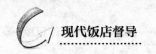 

如果被动地做事，奉命做事，即使错了，也有别人承担责任；而主动地做事，就要你自己承担责任。显然，做正确的事是要冒相当大的风险的。

做正确的事，还难在与上司的关系上。有些事情，上司认为应当这么做，你认为应当那么做，听谁的？正确地做事的规则是听上司的，上司说的就是正确的（上司说的就是正确的，并不是说结果是正确的，而是说，你按照他说的去做，你是没有错误的）。做正确的事的规则就是谁有道理就听谁的。这就意味着你从心态上将上司和你放在一个平等的位置了，并随时准备抵制上司的"瞎指挥"。显然，这是需要勇气的。

做正确的事，还难在个人的能力上。比起正确地做事来，做正确的事要有更高的能力和见识。一位销售经理，按照正确地做事的标准来衡量，他只要按照上司的意图提出销售目标和计划，经上司批准后执行就可以了。在计划实施的过程中，如有困难和麻烦，去请示上司，等待批示和命令就可以了。而按照做正确的事的标准来衡量，上司只要制订出销售目标就可以了，其他的事情都等着销售经理去完成。如有困难和麻烦，必须自己想办法。就是说，必须具有不依赖他人、独立地实现目标的能力。

（三）要有全局观念

督导要站在饭店的角度来管理本团队的工作，如果不能从宏观上来看待整个局势，而是只为团队考虑，就是不合格的督导。

1. 整体意识

饭店提供给客人的，包括有形的实物和无形的服务，需要饭店各个部门精诚合作，少了任何一个部门都将不称其为饭店。所以，局部的利益是建立在整体的利益之上的，当局部利益与整体利益发生矛盾时，要顾全大局。在处理客人关系时，督导还担当着代表饭店的角色，这个角色当得好与否关系重大，可直接影响到饭店乃至国家的形象。因此督导需要时时以从整体出发作为思考和行为的准则。

2. 合作制胜

当我们谈到合作致胜时，几乎没有人不赞同。但是，一旦工作起来，许多人就几乎忘记了这条准则。只想着自己的"一亩三分地"如何耕耘，哪里顾得上别人的收获。

饭店的服务质量是全体员工共同努力的结果，是带有综合性的。督导必须善于处理好各种关系，发扬团结协作的精神，发挥团队力量，把服务管理等各项工作搞好。不善于发挥团队智慧的督导者，实际上是以个人能力为半径画了一个圆，整个团体的贡献不会超出这个圆。这样的团队怎么会有更大的成就呢？怎么更有力量呢？作为一名督导者，应当想到的是，如果他们都达到了比较高的水平，并且都能发挥出来，那么一定会出现一个 $1+1>2$ 的局面，以此产生最大的合力，确保完成饭店管理的目标任务。

督导要与相关的管理者相互配合、优势互补，在管理层中求同存异、协调合作、实现"双赢"。如果一个合作仅仅是我们的工作完成了，别人的工作耽误了，我得到了，别人失去了，这种合作是不会长久的。首先考虑到让别人赢，然后自己才能赢，才能在合作中长久地得到自己想得到的东西。

3. 内外有别

督导在处理内外关系上要做到内外有别。一个饭店在发展的过程中，尤其是在发展期和成长期，要利用一切可以宣传的机会向公众介绍饭店。在内部关系上，督导又要树立平易、亲和的形象，鼓励员工多提合理化建议。

（四）积极的心态

"只剩下5发子弹了"，悲观的人会这样说。

"还有5发子弹呢"，积极的人会这样说。

积极的心态，就是相信"办法总比困难多"，"我一定能赢"。积极的人是不会只带着问题来的，他一定会同时带来了答案，即使这个答案很糟糕。

积极的心态，使人不断进取，永不满足。其实，永不满足，不是一种主观的愿望，而是一种市场状态，我们的客人、我们面对的市场，永不满足，不断产生新的需求，需要新的、更好的产品和服务来满足，那么我们凭什么来满足一时一事的成功呢？因此，持有积极心态的督导者，善于看到别人的进步、市场的进步、社会的进步，而不只是看到自己的进步。于是充满了危机感，充满了不断进取的压力。

（五）沟通无极限

一个成功的人，是一个善于沟通的人！

沟通是开放的，只有当你开诚布公地、不计前嫌地、不带偏见地使自己的心灵与别人进行沟通，才能赢得真诚、赢得信任，才能化解误解、偏见、矛盾、隔阂和冷漠。

一个善于沟通的督导者，会持之以恒，用坦诚的沟通去逐步赢得每一个人，会逐步将开放的沟通方式变成一种团队的工作语言、一种游戏规则。

（六）以主人自居

一个成功的督导者，是以主人自居的。成功的督导者，知道自己的身份是"雇员"。但是，更多的，他把老板看成是客人，自己是供应商，自己向老板出售管理，老板可以得到一件东西，那就是利润、市场占有率、新产品等；而自己却可以得到两件东西，那就是报酬和成功。而这两件东西对于督导者来说，比老板更加需要。

于是，成功的督导者的出发点不是"你给我什么"，而是"你需要我做什么"。当你只想"你给我什么"时，你的客人——老板怎会很信任地将自己用心血挣来的庞大资产放心地交给你？

成功的督导者，不会将自己的工作局限在"职责"上，而是定位在"成功"上。围绕工作目标的达成，我需要做哪些事情，就全力以赴做那些事情。这就是"主人"心态、成功者的心态，这才是一种积极的心态，督导才会主动地做事，才会努力去正确地做事，自己的聪明才智才会全面地展现出来。

正是这样：你以主人自居，有朝一日才会成为主人。

（七）追求卓越

追求卓越。首先就是不小看自己。你想成为第一，才可能成为第一。如果你只想成为第二，也许你只能是第三、第四或者是最后。

追求卓越是残酷的。你需要付出比常人多许多的努力，才能取得比常人多一点点的进步。这并不是你笨，而是卓越的代价。如果你不愿意这些付出，你只能平庸。

追求卓越，就是做最好的。成功既不是原因，也不是结果。追求是成功的原因，卓越是成功的结果。

追求卓越的人，不是纵向地去比，就是说，不是去与自己过去的成就比；而是横向

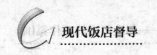 

地去比，与同行去比，与国际上去比，与客人的期望去比。所以，追求卓越的人不会沉溺于"我们已经取得了……"而是"我们还有……差距"。

# 任务三　督导的管理职能

管理职能（Management Functions）是管理过程中各项行为内容的概括，是人们对管理工作应有的一般过程和基本内容所作的理论概括。管理是人们进行的一项实践活动，是人们的一项实际工作、一种行动。人们发现在不同的管理者的管理职能工作中，管理者往往采用程序具有某些类似、内容具有某些共性的管理行为。法国古典管理理论学家亨利·法约尔（Henry Fayol）将管理活动分为计划、组织、指挥、协调和控制等五大管理职能，并对每一个职能都进行了相应的分析和讨论。

## 一、计划（Prevoyance）

亨利·法约尔（Henry Fayol）认为管理意味着展望未来，预见是管理的一个基本要素，预见的目的就是制订行动计划。

（一）计划的基础

公司的计划要以以下三方面为基础。

（1）公司所有的资源，即公司的人、财、物、公共关系等。

（2）目前正在进行的工作的性质。

（3）公司所有的活动以及未来的发展趋势。

（二）计划的特点

好的计划对企业的经营管理非常有利，一个好的计划有如下几个特点。

（1）统一性。每个活动不仅要有总体的计划，还要有具体的计划。不仅要有前面的计划，还要有后续的计划。

（2）连续性。不仅要有长期计划，还要有短期计划。

（3）灵活性。能应付意外事件的发生。

（4）精确性。尽量使计划具有客观性，不具有主观随意性。

管理人员在制订计划时，要对企业的经营状况有整体的了解，要有积极参与的观念，并且对企业每天、每月、五年、十年等的经营状况进行预测。企业各个部门的负责人都要对自己部门的工作进行总结和预测，对自己部门的计划负责，根据实践的推移和情况的变化适当地改变以前的计划。高层的管理人员主要负责制订计划，而底层的管理人员主要负责执行计划。

一个领导人员如果没有时间来制订计划或者认为这项工作只会给他带来批评的话，他就不会热衷于制订计划。也就是说，他就不是一个称职的领导人。

## 二、组织（To organize）

组织就是为企业的经营提供所必要的原料、设备、资本和人员。

组织分为物质组织和社会组织两大部分，管理中的组织是社会组织，只负责企业的部门设置和各职位的安排以及人员的安排。有的企业，资源大体相同，但是如果它们的组织设计不同的话，其经营状况就会有很大的差异。

在通常情况下，社会组织都应该完成下列任务：

（1）注意行动计划是否经过深思熟虑地准备并坚决执行了。

（2）注意社会组织与物质组织是否与企业的目标、资源与需要相适合。

（3）建立一元化的、有能力的与强大的领导。

（4）配合行动、协调力量。

（5）做出清楚、明确、准确的决策。

（6）有效地配备和安排人员。每一个部门都应该由一个有能力的、积极的人来领导，每一个人都应该在他能够最好地发挥作用的职位上。

（7）明确地规定职责。

（8）鼓励首创精神与责任感。

（9）对所做的工作给予公平而合理的报酬。

（10）对过失与错误实行惩罚。

（11）使大家遵守纪律。

（12）注意使个人利益服从企业利益。

（13）特别注意指挥的统一。

（14）注意物品秩序与社会秩序。

（15）进行全面控制。

（16）与规章过多、官僚主义、形式主义、文牍主义等弊端作斗争。

在亨利·法约尔的组织理论中，组织结构的金字塔是职能增长的结果，职能的发展是水平方向的。因为随着组织承担的工作量的增加，职能部门的人员就要增多；而且，随着规模的扩大，需要增加管理层次来指导和协调下一层的工作，所以纵向的等级也是逐渐增加的。

他认为职能和等级序列的发展进程是以一个工头管理 15 名工人和往上各级均为 4 比 1 的比数为基础的。例如 15 名工人就需要有 1 名管理人员，60 名工人就需要有 4 名管理人员，而每 4 名管理人员就需要有 1 名共同的管理人员。组织就是按这种几何级数发展的，而作为组织的管理就是应当把管理的层次控制在最低的限度内。

大树不会长到天上去，社会组织也有它的极限，由于管理能力有限，企业的增长也不可能无限地发展下去。所以一般来说，一个领导只能有 4~5 个直接下属，而管理层次一般不会超过 9 级。横向幅度太大容易管理失控，纵向幅度太大信息传递速度太慢，反应迟缓。

对参谋人员来说，亨利·法约尔认为应该让一批有能力、有知识、有时间的人来承担，使得管理人员的个人能力得到延伸。而且参谋人员只听命于总经理，他们和军队中的参谋人员是差不多的，他们不用去处理日常事物，他们的主要任务是探索更好的工作方法，发现企业条件的变化，以及关心长期发展的问题。

亨利·法约尔非常强调统一指挥，他很反对泰勒（Taylor）的职能工长制（System of

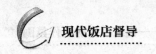

Functional Foreman），认为它违背了统一指挥的原则，容易造成管理混乱。

一元化领导同多元化相比，更有利于统一认识、统一行动、统一指挥。但在各种形式下，人的个人作用极为重要，它左右着整个管理系统。

对于组织中的管理人员，亨利·法约尔根据自己多年的管理经验提出了自己的看法：挑选人员是一个发现人员的品质和知识以便填补组织中各级职位的过程。产生不良挑选的原因与雇员的地位有关。填补的职位越高，挑选时所用的时间就越长。挑选要以人的品质为基础。

### 三、指挥（To command）

当社会组织建立以后，就要让指挥发挥作用。通过指挥的协调，能使本单位的所有人做出最好的贡献，实现本企业的利益。

担任组织中指挥工作的领导人应具备以下几点。

（1）对自己的员工要有深入的了解。领导至少要做到了解他的直接部下，明白对每个人可寄予什么期望，给予多大信任。

（2）淘汰没有工作能力的人。领导是整体利益的裁决者与负责者，只有整体利益迫使他及时地执行这项措施。职责已确定，领导应该灵活地、勇敢地完成这项任务。这项任务不是任何什么人都能做到的，应该使每个成员认识到淘汰工作是必要的，而且也是正确的。当然，对被淘汰的人也要给予一定的关心和帮助。

（3）能够很好地协调企业与员工之间的关系。领导在上下级之间起着沟通桥梁的作用。在员工面前，他要维护企业的利益；在企业面前，他要替员工着想。

（4）领导做出榜样。每个领导都有权让别人服从自己，但如果各种服从只是出自怕受惩罚，那么企业工作可能不会搞好。领导做出榜样，是使员工心悦诚服的最有效的方法之一。

（5）对组织进行定期检查。在检查中要使用一览表。一览表表示企业中的等级距离，标明每个人的直接上下级，这就相当于企业的组织机构。

（6）善于利用会议和报告。在会议上，领导可以先提出一个计划，然后收集参与者的意见，做出决定。这样做的效果易于被大家接受，效果好很多。

（7）领导不要在工作细节上耗费精力。在工作细节上耗费大量时间是一个企业领导的严重缺点。但是，不在工作细节上耗费精力并不是说不注意细节。作为一个领导者应该事事都了解，但他又不能对什么事都去研究，都去解决。领导不应因关心小事情而忽视了重大的事情。工作组织得好，就能使领导做到这一点。

（8）在员工中保持团结、积极、创新和效忠的精神。在部下的条件和能力允许的情况下，领导可以交给他们尽可能多的工作。这样领导可以发挥他们的首创精神，甚至领导要不惜以他们犯错误为代价。况且，通过领导认真对他们加以监督，这些错误产生的影响是可以限制的。

### 四、协调（To coordinate）

协调就是指企业的一切工作者要和谐地配合，以便于企业经营的顺利进行，并且有利于企业取得成功。协调就是让事情和行动都有合适的比例，就是方法适应于目的。

（一）协调的作用

协调能使各职能机构与资源之间保持一定的比例，使收入与支出保持平衡，使材料与消耗成一定的比例。总之，协调就是让事情和行动都有合适的比例。

在企业内，如果协调不好，就容易造成很多问题。在一个部门内部，各分部、各科室之间，与各不同部门之间一直存在一堵墙，互不通气，各自最关心的就是使自己的职责置于公文、命令和通告的保护之内；谁也不考虑企业整体利益，企业里没有勇于创新的精神和忘我的工作精神。这样企业的发展就容易陷入困境，各个部门步调不一致，企业的计划就难以执行。只有它们步调都一致，各个工作才能有条不紊、有保障地进行。

例会制度可以解决部门之间的不协调问题。这种例会的目的是根据企业工作进展情况讲明发展方向，明确各部门之间应有的协作，利用领导们出席会议的机会来解决共同关心的各种问题。例会一般不涉及制订企业的行动计划，会议要有利于领导们根据事态的发展情况来完成这个计划。每次会议只涉及一个短期内的活动，一般是一周时间，在这一周内，要保证各部门之间行动协调一致。

（二）有效协调的组织的特征

有效协调的组织一般具有以下几个特征。

（1）每个部门的工作都与其他部门保持一致，企业的所有工作都有顺序进行。

（2）各个部门各个分部对自己的任务都很了解，并且相互之间的协调与协作都好。

（3）各部门及所属各分部的计划安排经常随情况变动而调整。

（4）公开各部门领导人的会议是使工作人员保持良好状态的一种标志。

## 五、控制（To control）

控制就是要证实企业的各项工作是否已经和计划相符，其目的在于指出工作中的缺点和错误，以便纠正并避免重犯。

对人可以控制，对活动也可以控制，只有控制了才能更好地保证企业任务顺利完成，避免出现偏差。

当某些控制工作显得太多、太复杂、涉及面太大，不易由部门的一般人员来承担时，就应该让一些专业人员来做，即设立专门的检查员、监督员或专门的监督机构。

从管理者的角度看，应确保企业有计划，并得到执行，而且要反复地确认修正控制，保证企业社会组织的完整。由于控制适合于任何不同的工作，因而控制的方法也有很多种，有事中控制、事前控制、事后控制等。

企业中控制人员应该具有持久的专业精神、敏锐的观察力，能够观察到工作中的错误，及时地加以修正；要有决断力，当有偏差时，应该决定该怎么做。做好这项工作也是很不容易的，控制也是一门艺术。管理的五大职能并不是企业管理者个人的责任，它同企业经营的其他五大活动一样，是一种分配于领导人与整个组织成员之间的工作。

# 任务四　督导的职责

要想让员工全心全意为客人服务，你首先要全心全意为他们服务。因为你对待他们的方式会反映在他们对待客人的方式中。如果你能以你希望他们对待客人的方式对待他们（细心、周到、尊敬等），他们往往就能提供优质的服务。这就能使客人满意，从而增加回头客的比率，也会带来更多的生意和利润，从而又使业主满意。

## 一、督导管理的基本原则

### （一）"个人影响力"原则

当今的员工已与一二十年前的员工大不一样，他们不再为了工资而自动效忠于管理人员，相反，他们只是赋予了督导领导他们的权力。

在一家大型生产企业，一名培训咨询师为几位新的督导召开研讨会，几次之后，其中的一名与会者告诉咨询师她喜欢这门课，更重要的是她欣赏"和员工一起工作"以及"通过员工工作"的说法。她评论说，她所知道的大多数督导者会让员工去为他们工作，从而在预算内按时完成任务。出色的督导意味着通过他人取得好的结果。我们称之为对他人的影响力，这种能够影响他人的技能来自两个方面：

个人影响力：让员工自愿地去做某事。

职位影响力：让员工不得不做某事。

出色的督导者对人具有正面积极的影响力，他们通过非凡的个人影响力做到这一点。

### （二）"执行、执行、再执行"原则

应当说，督导者是比较标准的职业经理人一族。职业经理人的最大特点，或者说是最大价值，或者说职业素养就在于——执行。公司的总体战略和每一年度的经营目标、工作计划是否能够达成，直接取决于督导们的执行能力。

而执行能力则是通过将管理技能转化成一种规范的、准确的、熟练的行为习惯和本能而体现出来的。就是说，督导者要有良好的自我管理技能，管理自己的时间、井井有条地工作，以及良好的计划能力、组织能力、控制能力等。

### （三）"一手抓业务，一手抓管理"原则

业务重要还是管理重要？督导者不能像上司那样，只关注"用人"（带队伍）就行了；也是不像基层的员工，只要做好业务就行了。出类拔萃的督导可能会做到管理良好，自己的业务也很出色。但是，大多数的督导要么业务水平很高，但不是一个好的管理者；要么管理的水平很高，却业务能力平平。而业务能力平平的督导者，一般来说，既得不到下属的尊重，又得不到上司的赏识。

## 二、督导的职责

一个基层的员工，只要上下班准时，工作上不出错，完成所分配的工作就可以说是优秀的员工；但作为督导者，即是中层的管理者，应以管理范围内的工作作为目标。其

工作表现之衡量，都在于其下属的工作表现、有效地控制员工的工作水准。督导人员还应再向更佳效果进发，如此该部门方能有所发展及保持市场竞争能力。

　　为了尽到自己的职责，你应该担负哪些责任呢？比如说你在一家饭店为客人提供服务，作为一名督导者，你需要培训员工、与他人交流、处理同绩效有关的问题、建立团队合作、创造性地思维。对多个公司的研究表明，珍视员工价值（通过提供培训、奖励等）的公司通常拥有较高的满意率和利润率。督导的职责如图 1 – 3 所示。

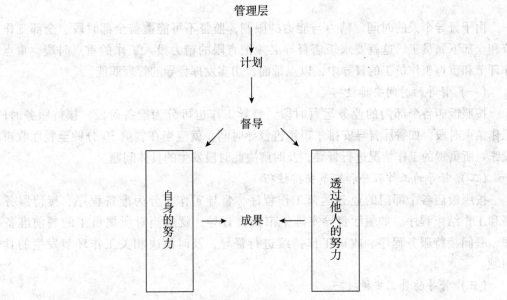

图 1–3　督导的职责

以下 20 条是被访督导者界定他们职责时最普遍的答案：

（1）公正地处理问题。

（2）执行公司政策。

（3）分配任务。

（4）培训员工。

（5）积极处理变革。

（6）表彰员工。

（7）维持一个安全的工作区域。

（8）决策。

（9）有效地沟通。

（10）有效地解决问题。

（11）创意性地思考。

（12）及时完成报告。

（13）收集员工的建议。

（14）在员工中建立团队精神。

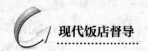

（15）对后果负责。

（16）指导和激励员工。

（17）提高工作质量。

（18）确立标准和目标。

（19）评价绩效。

（20）提供适当的设备和工具。

## 三、督导的技巧

由于督导个人的时间、精力与能力的限制，监督不可能覆盖全部时段、全部工作环节和全部下属员工。这就要求饭店督导必须把有限的精力投入工作的重点时段、重点工作环节和重点工作员工的督导中，以点带面，切实发挥督导的管理职能。

（一）督导的时间安排技巧

按照饭店各个部门的业务运营时段，督导工作也可分为准备阶段、接待服务时段、工作结束时段。如餐厅督导安排午市销售督导时间，就应当在餐前30分钟至餐厅收市时段，对所负责的工作情况进行督导，及时解决此时段发生的具体问题。

（二）督导的工作程序和环节安排技巧

按照饭店各个部门的业务运营工作程序，督导工作可分为准备程序、接待服务程序和工作结束程序。如餐厅督导安排午市销售督导，就应当对所属员工的餐前准备程序、餐间接待服务程序、收市工作持续进行督导，及时解决相关工作环节发生的具体问题。

（三）督导的员工安排技巧

饭店的工作岗位可分为核心岗位、辅助岗位和机动岗位。如餐厅督导安排午市销售督导时间，就应当对餐厅员工、备餐员、传菜员、迎宾员等的工作情况进行督导，及时处理各岗位员工发生的具体问题，这样才能保证督导质量。

 【复习与练习】

**一、填空题**

1. 饭店督导是对生产产品和提供服务的员工进行管理的人，常常指酒店的_____，具体管理职务就是我们通常所说的_____。

2. 督导的人际关系技能是指其_____并_____的能力，要做好这一点，最重要的是你对下属员工的_____。

3. 亨利·法约尔将管理活动分为_____、_____、_____、_____和_____等五大管理职能。

**二、选择题**

1. 督导必须坚持（　）的立场，必须负起责任，这方面不容许妥协。

A. 员工　　　　B. 管理方　　　　C. 自己　　　　D. 客人

2. （　）对于所有层次的管理者都是重要的，对于督导尤其如此，因为他们有一半的时间在使用此项技能。

A. 人际关系技能　　　B. 概念技能　　　C. 行政技能　　　D. 技术技能

3. 每个活动不仅要有总体的计划，还要有具体的计划，不仅要有前面的计划，还要有后续的计划。这反映了计划的（　　）。

A. 统一性　　　　　B. 连续性　　　　　C. 灵活性　　　　　D. 精确性

4. （　　）就是要证实企业的各项工作是否已经和计划相符，其目的在于指出工作中的缺点和错误，以便纠正并避免重犯。

A. 计划　　　　　B. 组织　　　　　C. 协调　　　　　D. 控制

5. 让员工自愿地去做某事体现了督导的（　　）。

A. 职位影响力　　　B. 执行力　　　　C. 个人影响力　　　D. 判断力

### 三、名词解释

1. 技术技能。

2. 概念技能。

3. 管理职能。

### 四、简答题

1. 简述督导的义务。

2. 简述督导的素质。

3. 如何使自己成为优秀督导？

4. 简述督导管理的基本原则。

### 五、应用题

#### 督导人员应具备什么

请在你认为最重要的项目后填写最高分数，最重要的12分，依次类推。

1. 冒险精神 　　　　　　　　　　　　　　　　　　　　　　　　（　　）

2. 工作精神 　　　　　　　　　　　　　　　　　　　　　　　　（　　）

3. 热心 　　　　　　　　　　　　　　　　　　　　　　　　　　（　　）

4. 有同情心及能体谅别人 　　　　　　　　　　　　　　　　　　（　　）

5. 具备推动力 　　　　　　　　　　　　　　　　　　　　　　　（　　）

6. 具备沟通能力 　　　　　　　　　　　　　　　　　　　　　　（　　）

7. 能控制情绪 　　　　　　　　　　　　　　　　　　　　　　　（　　）

8. 有创造力 　　　　　　　　　　　　　　　　　　　　　　　　（　　）

9. 能够从多种角色去分析问题及解决问题 　　　　　　　　　　　（　　）

10. 合作性 　　　　　　　　　　　　　　　　　　　　　　　　（　　）

11. 积极性 　　　　　　　　　　　　　　　　　　　　　　　　（　　）

12. 幽默性 　　　　　　　　　　　　　　　　　　　　　　　　（　　）

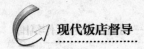
【实训项目】

【实训名称】督导角色扮演

【实训内容】

| 督导角色 | 是否涉及 | 排　序 | 特定例子（请举例） |
|---|---|---|---|
| 挂名首脑 | | | |
| 领导者 | | | |
| 联络者 | | | |
| 信息接受者 | | | |
| 信息传播者 | | | |
| 发言人 | | | |
| 企业家 | | | |
| 混乱驾驶者 | | | |
| 资源分配者 | | | |
| 谈判者 | | | |

【实训步骤】

1. 小组讨论大约 40 分钟（个人应事先预习准备，并做好书面记录）。

2. 小组讨论的统一意见以书面形式上交，同时进行小组陈述和答辩。

【实训点评】

教师根据各组的书面报告及表现给予评价打分，纳入学生实训课考核之中。

# 项目二 领导——团队动力的发电机

 【学习目标】

1. 认识领导
2. 了解领导风格
3. 理解领导方式和领导者影响力
4. 学习和掌握领导艺术

 【案例引导】

## 盖洛普和米德的领导风格

M公司的首席执行官盖洛普说:"员工也是我们的客人,所以我们必须超越他们的期望。"盖洛普用一种公开的、友善的和平易近人的风格来领导员工。即使与多达800名员工相处时,她同样知道他们中大多数人的名字并每天和他们保持联系。谁要是想讨论问题只要进入办公室找她就行了。M公司为员工提供了全面的福利保障,这其中甚至包括兼职人员。公司还为怀孕女员工提供26周的假期,该员工参加会议时公司付费请人为其照顾孩子。任何员工都可以以任何理由离职一个月。盖洛普也实行一些超出员工想象的振奋人心的行动,比如说感恩节的免费火鸡、跳跃式滑雪、徒步远足等项目。她甚至资助一位员工免费去巴哈马州旅游,这使她为许多人所知。盖洛普相信满足员工的需求是运转一个成功企业的重要组成部分。在M公司中,她的这种风格很有效。

与盖洛普在M公司的领导风格相比,曾在西点军校做过教授,现为P公司首席执行官米德则是另一种风格。此人继承了巴顿将军那种"精密计划、粗暴执行"的座右铭。米德的强硬管理风格包括为部门经理在每件事上都设置似乎不可能达到的目标,这些事情包括资本回报率和工作安全等。他要求公司中五个部门的经理每月在公开的论坛上公布自己部门的业绩情况,看看它们是否达到了预期的目标。在他们将这些汇报删除之前,米德在他办公室门上悬挂了一个执行绞刑的绳套。米德过去总是说:"第一个走过我办公室的经理要考虑一下他是否完成了当月目标,否则他就要小心自己的脖子,看看绳套合适不合适。"米德的这种风格使部门经理们感到巨大的压力,但是他坚持说自己的做法是

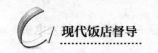

有效的——那些部门经理大多数都能实现那些看上去不可能实现的目标。

盖洛普的领导风格对人与生产同时予以高度关注。与此相反，米德则非常关心生产，对人几乎不关心。两种风格都很成功，因为二者各自所处的环境不同。

# 任务一　认识领导

在每一个机构、每一个组织中都需要强有力的领导，每个组织、每个机构需要在领导者的带动下去实现自己的愿景和目标。

## 一、领导的概念

领导（Leadership）是指为实现组织的目标而运用权力向其下属施加影响力的一种行为或行为过程。在这个过程中，承担指引任务或发挥影响作用的个人称为领导（Leader）。

（一）领导的要素

领导一般包括以下三个要素。

（1）领导必须有领导者和被领导者（下属或者追随者）；

（2）领导者必须拥有影响被领导者的能力和力量，包括由组织赋予领导者的职位和权力，也包括其个人所具有的影响力；

（3）领导行为具有明确的目的，并可以通过影响下属来实现组织目标。

（二）领导权力的来源

权力的依赖关系性质和程度的差异是由相互关系中所流动的资源的稀缺程度、重要程度和替代性程度的依赖关系所决定的。当管理者拥有着重要的资源、稀缺的资源、不可替代性的资源时，其权力就较大；反之，其权力就较小。目前对于权力来源的解释，主要是根据约翰·弗伦奇（John French）和伯特伦·雷文（Bertram Raven）提出的五种来源或基础：强制权、奖赏权、法定权、专家权和感召权。

（1）强制权。强制权也称为惩罚权。它是指通过精神、感情或物质上的威胁，强迫下属服从的一种权力。惩罚权源于被影响者的恐惧。

（2）奖赏权。奖赏权是基于被影响者执行命令或达到工作要求而给其进行奖励的一种权力。奖赏权源于被影响者期望奖励的心理。

（3）法定权。法定权是指组织内各管理职位所固有的法定的、正式的权力。

以上三种权力都与组织中的职位联系在一起，是从职位中派生出的权力，因此统称为职位权力。

（4）专家权。专家权是指由个人的特殊技能或某些专业知识而产生的权力。

（5）感召权。感召权是与个人的品质、魅力、经历、背景等相关的权力，也被称为个人的影响力。

后两种权力都与组织的职位无关，因此，也称为非职位权力。这两种权力是因领导者自身的某些特殊条件才具有的。

有效的领导者不仅要依靠正式的职位权力，还必须具有个人的影响力。

## 二、领导原则

### （一）愿景比管控更重要

在吉姆·柯林斯（Jim Collins）著名的《基业长青》（*Built to Last*）一书中指出，那些真正能够留名千古的宏伟基业都有一个共同点：有令人振奋并可以帮助员工做重要决定的"愿景"。

愿景就是公司对自身长远发展和终极目标的规划和描述。缺乏理想与愿景指引的企业或团队会在风险和挑战面前畏缩不前，他们对自己所从事的事业不可能拥有坚定的、持久的信心，也不可能在复杂的情况下，从大局、从长远出发，果断决策，从容应对。

一些人错误地认为，企业管理者的工作就是将100%的精力放在对企业组织结构、运营和人员的管理和控制上。这种依赖于自上而下的指挥、组织和监管的模式虽然可以在某些时候起到一定效果，但它会极大地限制员工和企业的创造力，并容易使企业丧失前进的目标，使员工对企业未来的认同感大大降低。相比之下，为企业制定一个明确的、振奋人心的、可实现的愿景，对于一家企业的长远发展来说，其重要性更为显著。处于成长和发展阶段的小企业可能会将更多精力放在求生存、抓运营等方面，但即便如此，管理者也不能轻视愿景对于凝聚人心和指引方向的重要性；对于已经发展、壮大的成功企业而言，是否拥有一个美好的愿景，就成了该企业能否从优秀迈向卓越的重中之重。

### （二）信念比指标更重要

每一个企业的领导者都应当把坚持正确的信念，恪守以诚信为本的价值观放在所有工作的第一位，不能只片面地追求某些数字上的指标或成绩，或一切决策都从短期利益出发，而放弃了最基本的企业行为准则。相比之下，正确的信念可以带给企业可持续发展的机会；反之，如果把全部精力放在追求短期指标上，虽然有机会获得一时的成绩，却可能导致企业发展方向的偏差，使企业很快丧失继续发展的动力。

成功的企业总是能坚持自己的核心价值观。例如，谷歌（Google）公司的核心价值观之一是"永不满足，力求最佳"。谷歌创始人之一拉里·佩奇（Larry Page）指出："完美的搜索引擎需要做到确解用户之意，解决用户之需。"对于搜索技术，谷歌不断通过研究、开发和革新来实现长远的发展，并致力于成为这一技术领域的开拓者。尽管已是全球公认、业界领先的搜索技术公司，谷歌仍然矢志不移地坚持"永不满足"的信念，不断实现对自己的超越，奉献给用户越来越好的搜索产品。

### （三）团队比个人更重要

在任何一家成功的企业中，团队利益总要高过个人。企业中的任何一级管理者都应当将全公司的利益放在第一位，部门利益其次，个人利益放在最后。

这样的道理说起来非常明白，但放到实际工作中，就不那么好把握了。例如，许多部门管理者总是习惯性地把自己和自己的团队作为优先考虑的对象，而在不知不觉中忽视了公司的整体战略方向和整体利益。这种做法是非常错误的，因为如果公司无法在整体战略方向上取得成功，公司内部的任何一个部门，任何一个团队就无法获得真正的成功，而团队无法成功的话，团队中的任何个人也不可能取得哪怕是一丁点儿的成功。

好的管理者善于根据公司目标的优先级顺序决定自己和自己部门的工作目标以及目

标的优先级。例如，出于部门利益的考虑，也许某个产品的研发无法在短期内获得足够的市场收益，部门管理者似乎应该果断放弃对该产品研发的投入，否则，部门在该年度的绩效数据（如果仅以市场收益衡量的话）就有可能不是那么出色。但是，如果从公司整体的角度出发，假设该产品是帮助公司在未来二到三年内赢得潜在市场的关键因素，或者该产品的推广对于提高公司的企业形象有重要的帮助，那么，对于该产品的投入是符合公司整体利益的，部门对于该产品研发目标及其优先级的设定就应该符合公司的整体安排。

团队利益高于个人利益。作为管理者，还应该勇于做出一些有利于公司整体利益的抉择，就算对自己的部门甚至对自己来说是一种损失。也就是说，当公司利益和部门利益或个人利益发生矛盾的时候，管理者要有勇气做出有利于公司利益的决定，而不能患得患失。如果你的决定是正确、负责任的，你就一定会得到公司员工和领导者的赞许。

此外，管理者应该主动扮演"团队合作协调者"的角色，不能只顾突出自己或某个人的才干，而忽视了团队合作。

在工作中，如果遇到各部门不积极配合，互相推诿的情况，我就会给大家举打篮球的例子："公司里的一个团队和篮球场上的一支篮球队其实是一样的。打篮球时，后卫不能脱离整个团队独来独往，不同位置的队员需要按照战术安排紧密配合，互相支持，这样才能赢得比赛。在我们的工作中，市场人员需要帮助产品部门寻找产品的合适定位，要为销售部门提供潜在的客人信息，而管理者会承担起教练的角色，为整个团队制定合适的战术。你们能够想象，篮球教练在布置战术时只是一对一地与每个队员单独讨论吗？那样的话，后卫不知道前锋在想什么，前锋不知道后卫的助攻策略，球队不输球才怪！"

最后，督导要善于把握自己的角色定位，让自己成为老板和员工之间沟通、协调的桥梁，而不要让自己与老板或员工对立起来。例如，有一些督导很容易陷入对自身角色的误解，他们要么把自己和"雇主"等同起来，与"员工"做利益上的对抗，或者把自己视作普通员工，与老板对立。这两种极端的做法都是不可取的。

督导，作为一个基层管理者，既代表公司利益，也代表员工利益。督导必须认识到自己的中间角色，不要和员工一起盲目、片面地指责公司，也不要成为高高在上的监管者，对员工指手画脚。管理工作中，督导要以公司的整体利益为先，主动扮演协调人的角色，既考虑公司发展的需要，也为员工的个人需求着想，解决好二者之间可能存在的矛盾，让公司的整体协作效率达到最高点。自己做了决定后，就要勇于承担相关的责任，不要把责任推到员工、老板或公司身上。

（四）授权比命令更重要

一个人去买鹦鹉，看到一只鹦鹉前标道：此鹦鹉会两门语言，售价二百元。另一只鹦鹉前则标道：此鹦鹉会四门语言，售价四百元。该买哪只呢？两只都毛色光鲜，非常灵活可爱。这人转啊转，拿不定主意。结果突然发现一只老掉了牙的鹦鹉，毛色暗淡散乱，标价八百元。这人赶紧将老板叫来：这只鹦鹉是不是会说八门语言？店主说：不。这人奇怪了：又老又丑，又没有能力，怎么会值这个数呢？店主回答：因为另外两只鹦鹉都叫这只鹦鹉老板。这故事告诉我们，真正的老板懂授权。真正的领导人，不一定自己能力有多强，只要懂信任，懂放权，懂珍惜，就能团结比自己更强的力量，从而提升自己的身价。相反许多能力非常强的人却因为过于完美主义，事必躬亲，什么人都不如自己，最后只能做最好的公关人员，营销代表，却成不了优秀的领导人。

现代饭店督导管理需要给要员工更多的空间，只有这样才能更加充分地调动员工本人的积极性，最大限度释放他们的潜力。现代社会，人人都拥有足够的信息，人人都拥有决策和选择的权利。将选择权、行动权、决策权部分地甚至全部地下放给员工，这样的管理方式将逐渐成为现代饭店企业管理的主流。

随着社会的发展，放权的管理会越来越接近于员工的期望，是最为聪明的管理方式。因为当企业聚集了一批足够聪明的人才之后，如果只是把这些聪明人当做齿轮来使用，让他们事事听领导指挥，那只会造成如下几个问题。

（1）员工的工作满足感降低。

（2）员工认为自己不受重视，工作的乐趣和意义不明显。

（3）员工很难在工作中不断成长。

（4）员工个人的才智和潜能没有得到充分利用。

很多管理者追求自己对权力的掌控，他们习惯于指挥部下，并总是将部下努力换来的成绩大部分归功于自己。这种"大权在握"，"命令为主"的管理方式很容易造成以下问题。

（1）管理者身上的压力过大，员工凡事都要请示领导，等待管理者的命令。

（2）团队过分依赖于管理者，团队的成功也大半取决于管理者个人能否事无巨细地处理好所有问题——而通常说来，没有哪个领导可以事事通晓，也没有哪个领导可以时时正确。

（3）整个团队对于外部变化的应对能力和应对效率大幅降低，因为所有决策和命令都需要由管理者做出，员工在感知到变化时只会习惯性地汇报给领导。

因此，"授权"比"命令"更重要也更有效。但是，管理者该如何做好授权呢？这其中最重要的就是权力和责任的统一。即，在向员工授权时，既定义好相关工作的权限范围，给予员工足够的信息和支持，也定义好它的责任范围，让被授权的员工能够在拥有权限的同时，可以独立负责和彼此负责，这样才不会出现管理上的混乱。也就是说，被授权的员工既有义务主动地、有创造性地处理好自己的工作，并为自己的工作结果负责，也有义务在看到其他团队或个人存在问题时主动指出，帮助对方改进工作。

为了做好授权，可以预先设定好工作的目标和框架，但不要做过于细致的限制，以免影响员工的发挥。某公司有一位技术很出色的副总裁，他在授权方面做得就很不好。例如，他设定了目标后，总是担心下属会因为经验不足而犯错误，于是他总会越过自己属下的经理，直接去找工程师，然后一步一步地告诉工程师该怎么做。甚至有一次，一位工程师在洗手间遇到这位副总裁，竟然被副总裁在洗手间里念叨了20多分钟。后来，副总裁手下的经理实在受不了了，向总裁如实反映了情况。经过多次警告却仍然没有改进之后，这位副总裁被解职了。从这个例子我们可以知道，领导的工作是设定目标，而不是事无巨细地控制、管理、指挥和命令。

（五）平等比权威更重要

在企业管理的过程中，尽管分工不同，但管理者和员工应该处于平等的地位。只有

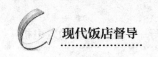

这样，才能营造出积极向上、同心协力的工作氛围。平等的要求有以下两点。

1. 重视和鼓励员工的参与，与员工共同制定团队的工作目标

这里所说的共同制定目标是指在制定目标的过程中，让员工尽量多地参与进来，允许他们提出不同的意见和建议，但最终仍然由管理者做出选择和决定。

这种鼓励员工参与的做法可以让员工对公司的事务更加支持和投入，对管理者也更加信任。虽然不代表每一位员工的意见都会被采纳，但当他们亲身参与到决策过程中，当他们的想法被聆听和讨论，那么，即使意见最终没有采纳，他们也会有强烈的参与感和认同感，会因为被尊重而拥有更多的责任心。

多年以前，Bob 接管一个部门时，为了提高效率，他在一个星期内定下了团队的工作目标，并召开会议宣布了他的所有决定。但没想到，会议进行得很不顺利，有的员工一片茫然，有的人没精打采，有的人则对他的计划百般挑剔。他一下子明白过来：自己选择目标时过于武断和草率了。于是他对他们说："很显然，我对未来太天真了。现在，让我们重新来过，一起制定出大多数人认可的团队目标。"

他当场把他的计划撕掉，然后宣布成立三个员工小组，分别解决部门面临的三大问题。一个月后，这三个小组各自呈上他们的报告，然后他和三个组长一起定下最后的目标。这次，全体员工欣然地接受了新的目标。

有趣的是，新的目标与旧的目标之间，除了存在措辞方面的差异外，几乎一模一样。他的助理向他抱怨说："我们浪费了一个月的时间，又回到了原地。"但他说："不是的，此前我是靠直觉选择了目标，没有调查数据的支持，无法令员工信服；现在，经过一个月的工作，大家都有了信心。更重要的是，旧的目标因为没有经过员工参与，即使实施起来，他们也很难全身心投入。"

2. 督导要真心地聆听员工的意见

作为督导，不要认为自己高人一等，事事都认为自己是对的。应该平等地听取员工的想法和意见。在复杂情况面前，督导要在综合权衡的基础上果断地做出正确的决定。

## 三、正式领导者和非正式领导者

（一）正式领导者

正式领导者是通过组织所赋予的职权来引导和影响所属下级实现组织目标的领导者。

这种类型的领导者是由组织指定的，他们拥有组织结构中的正式职位、职权和责任，并通过领导活动实现组织的目标。正式领导者通常按照组织给予的权力，根据既定的路线和严格的章程进行活动，比如进行制定规划、方针、政策、授权以及进行奖惩、控制、监督、活动等。正式领导者的领导职位相对稳定，它不因某一领导者的离职而消失，而是由其他人进行补位。正式领导者（不管他是否拥有权威）可以运用合法的权力来影响下级的思想和行动，必要时可以采用权力的消极形式来影响下级。

（二）非正式领导者

非正式领导者是指在正式组织或非正式组织中，由组织内成员自发推选的领导者，其领导地位主要是依靠个人才能和魅力赢得的领导者。他们的主要作用是协助组织成员解决个人化的问题、协调成员间的关系、充当成员的代言人等。

一个成功的领导者应当集正式领导者与非正式领导者于一身。

　　非正式领导者的特点如下：

　　（1）非正式领导者是在正式组织或非正式组织内成员的自发选择而产生的领导者。他们不拥有正式的职位、职权和责任，其领导地位主要是因为他们具有某一方面的才能（例如能热心帮助他人、拥有渊博的常识或高超的技术、为人刚正不阿等）而取得的。换句话说，非正式领导者是靠个人的魅力赢得追随者的敬仰和拥戴的。

　　（2）非正式领导者总是以满足人们的需要和情感为宗旨，主要帮助组织成员解决私人问题、帮助组织成员承担某些责任、协调组织成员之间的关系、引导员工的思想和信仰，并影响他们的价值观念。

　　（3）非正式领导者同其组织成员具有内在的统一性与和谐性，因而其适应组织和环境的能力较强。由于非正式领导者的影响力是基于他们的权威来自个人的独特魅力，因而非正式领导者的离职很可能会导致整个非正式组织的解体。

　　（三）正式领导者与非正式领导者的关系

　　相较正式领导者而言，非正式领导者不是靠组织所赋予的职权，而是靠其自身的特长而产生的实际影响力进行领导活动的领导者。具体来讲，二者的关系表现在以下几个方面。

　　（1）正式领导者一般是工作领袖，非正式领导者往往是情绪领袖。

　　（2）正式领导者和非正式领导者可以集于一身，也可以分离。

　　（3）一个真正有作为的领导者，必须同时将工作领袖与情绪领袖两种角色集于一身。

　　总之，二者既有联系也有区别。

# 任务二　领导风格

## 一、领导风格

　　领导风格（Leadership Styles）是指领导者的行为模式。领导者在影响别人时，会采用不同的行为模式达到目的。有时偏重于监督和控制，有时偏重于表现信任和放权，有时偏重于劝服和解释，有时偏重于鼓励和建立亲和关系。这些行为模式是可观察的，也是可以由被领导者"感受"得到的。

　　领导风格由两种领导行为构成：工作行为和关系行为。

　　（一）工作行为

　　工作行为是指领导者清楚地说明个人或组织的责任的程度。这种行为包括告诉对方"你是谁"（角色定位）、该做什么，什么时间做，在哪里做，以及如何做。

　　从领导者到被领导者的单向沟通是工作行为的典型特征。

　　全球著名领导力大师，情境领导模型的创设者，美国领导力研究中心（CLS）创始人保罗·赫塞（Paul Hersey）博士讲过的一个例子。你做血液化验的情形就是一个存在大量工作行为的例子。在进行抽血化验时，化验员可能一直在命令你。他对你的不安毫不理会，命令你挽起衣袖，伸直胳膊；告诉你在抽血的时候要握紧拳头。抽完血以后，他

又会给你棉球要求你压住刚才抽血的地方。在抽血的过程中，你可能会感到有点恐惧，但化验员还是会按部就班地把工作做完。有趣的是，化验员的命令语气，不会让你感到不满，相反，却能够帮助你增加信心和帮助你克服恐惧感。

请注意，命令并不意味着言辞粗鲁或脾气暴躁。那个化验员对你的态度可能是非常友好的，但他的行动和语言都是为了完成工作。

（二）关系行为

关系行为是领导者满足被领导者心理需求的领导行为，包括倾听、鼓励、表彰、表现信任、提升参与感、建立亲和关系和归属感等。

领导者与被领导者进行双向或者多向沟通，是关系行为的主要特征。

怎样理解关系行为呢？管理学者张理军博士讲过这样一个例子。假设一个员工近日连续加班，产生了严重的焦虑感，同时工作中开始频繁出现失误，那么，他的上司首先应将注意力放在失误上还是放在体贴关怀上，对于这位员工迅速恢复状态的影响是不一样的。假如上司找时间与这位员工聊聊天，倾听他当下的感受，并且对他工作中的闪光点多给予肯定和认可，而暂时不去谈论他的失误，这就表现出了"领导者的关系行为"，相信会更加有利于这位员工保持工作热情和提升对于工作质量的承诺度。

## 二、领导风格的类型

"情商（EQ）之父"丹尼尔·戈尔曼（Daniel Goleman）在《最初的领导力》（*Primal Leadership*）一书中描述了六种不同的领导风格。其中每一种领导风格都源于情商的不同组成部分。掌握了四种或者更多领导风格的领导人——尤其是远见型、民主型、关系型以及教练型领导风格——往往会营造出最好的工作氛围并取得最好的绩效。

（一）远见型（Come with me!）

远见型领导动员大家为了一个共同的想法而努力。同时，对每个个体采用什么手段来实现该目标往往会留出充分的余地。

情商基础：自信、移情能力、改变激励方式。

适用情形：几乎所有的商业情形。

不适用情形：在个别情况下不宜使用，比如当与一个领导人在一起工作的是一个由各种专家组成的团队时，或者是一些比他更有经验的同事时。

（二）亲和型（People come first!）

这种领导风格以人为中心，关系型领导人努力在员工之间营造一种和谐的氛围。

情商基础：移情能力、建立人际关系、沟通。

适用情形：是一种不受时间约束的好方法。下列情况下尤其应该使用，例如，需要努力建立和谐的团队氛围、增强团队士气、改善员工之间的交流，以及恢复大家之间的信任等。

不适用的情形：它不宜单独使用。由于这种领导风格千篇一律地对员工进行表扬，因而它可能会给那些绩效较差的员工提供错误的导向，绩效较差的员工可能会感觉到在这个组织之中平凡是可以容忍的。它应该与远见型风格结合使用。

（三）民主型（What do you think?）

这种领导方式通过大家的参与而达成一致意见。

情商基础：协调合作、团队领导、沟通。

适用情形：当一个领导人对组织发展的最佳方向不明确，且需要听取一些能干的员工的意见，甚至需要他们的指导时。即使已经有了很好的愿景，运用民主型领导风格，也可以从员工中得到一些新的思想来帮助实施这个愿景。

不适用的情形：这种领导风格最让人头疼的一个问题就是它会导致无数的会议，很难让大家达成一致意见，所以在危机时刻不应使用。

（四）教练型（Try it!）

教练型领导发展人才以备将来之需。他会帮助员工们确定自身的优点和弱点，并且将这些与他们的个人志向和职业上的进取心联系起来。教练型领导非常擅长给大家分配任务，为了给员工提供长期学习的机会，往往不惜忍受短期的失败。

情商基础：发展别人、移情能力、自我意识。

适用情形：当人们"做好准备"时，这种领导风格最有效。比如，当员工已经知道了自己的弱点并且希望提高自己的绩效时，员工意识到需要培养新的能力以进行自我提高时。

不适用的情形：当员工拒绝学习或者拒绝改变自己的工作方式时。

（五）示范型（Do as I do!）

示范型领导人会树立极高的绩效标准并且自己会带头做榜样。这种领导人在做事情时总是强迫自己又快又好，而且他们还要求周围的每一个人也能够像他们一样。

情商基础：责任心、成就动机、开创精神。

适用情形：当一个组织所有员工都能够进行自我激励并且具有很强的能力，而且几乎不需要任何指导或者协调时，这种领导方式往往能够发挥极大的功效。

不适用的情形：像其他领导风格一样，不应单独使用。示范型领导人对完美的过度要求会使很多员工有被压垮的感觉。

（六）命令型（Do what I tell you!）

命令型的领导需要别人的立即服从。

情商基础：成就动机、开创精神、自我控制。

适用情形：在采用命令型领导风格时必须谨慎，只有在绝对需要的情况下才可以使用，诸如一个组织正处于转型期或者敌意接管正在迫近时。

不适用的情形：如果一个领导人在危机已经过去之后，还仅仅依赖于命令型领导风格或者继续使用这种风格，就会导致对员工士气以及员工感受的漠视，而这带来的长期影响将是毁灭性的。

# 任务三　领导方式和领导者影响力

领导最重要的特质是领导力。真正优秀的领导并不在于天生的个性如何，重要的是看他表现出来的行为模式是否符合一个企业当时的需要，是否能够通过他个人的影响力

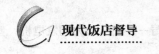

使得一整群人愿意跟随着他的意志迈向同一个正确的方向。

## 一、核心的领导职能

领导职能是指领导者运用组织赋予的权力，组织、指挥、协调和监督下属人员，完成领导任务的职责和功能。它包括决策、选人用人、指挥协调、激励和思想政治工作等。

领导职能的"职"代表职责，"能"代表能力。作为一个领导其主要的责任是激发下属人员的潜能，让每一个下属工作人员的潜力发挥到百分百，甚至是百分之二百。领导，是引领指导的意思，不单纯是"管人"这么简单。

领导职能专指其在某一个职位上的能力，所谓在其位，则专其能，不在其位、不谋其政。在某一领导岗位上，拥有驾驭这个岗位的能力以及能够很好地执行相应的权责，对于一个领导的个人能力以及其所领导的团队都有相当重要的意义。

## 二、领导方式

领导方式是指领导者实施领导行为采用的具体形式和手段，它是直接影响领导效能的重要因素。美国管理学家罗夫·怀特（Ralph K. White）和罗纳德·李皮特（Ronald Lipper）以领导者运用权力的范围和被领导者的自由度为标准，将其分为三种基本领导方式。

（一）专断独裁式领导方式

所有政策均由领导者决定；工作分配及组合多由领导者单独决定；领导者对下属较少接触。此类领导者也被称为是"独裁式"的领导，他们几乎决定所有的政策；所有计划及具体的方法、技术和步骤也由领导者发号施令，并要求下属不折不扣地依从；工作内容、资源的分配及组合，也大多由他单独决定；平时他们对下属和员工的接触、了解不多，如有奖惩，也往往是对人不对事。大多数权威式的领导者为人教条而且独断，往往借助奖惩的权力实现对别人的领导，对下属既严厉又充满要求。

（二）参与式领导方式

参与式领导者一般会在理性的指导下及一定的规范中，使下属及员工为了目标做出自主自发的努力，他们往往会认真倾听下属的意见并主动征求他们的看法。参与式领导者将下属视为与己平等的人，给予他们足够的尊重。在参与式领导者管理的团队中，主要政策由组织成员集体讨论、共同决定，领导者采取鼓励与协助的态度，并要求下属员工积极参与决策；在确定完成工作和任务的计划、方法、技术和途径上，组织成员也有相当的选择机会。通过集体讨论，领导者使团队成员对工作和任务有更全面、更深刻的认识，并就此提出更为切实可行的计划和方案。

参与式领导方式按照下属及员工的参与程度又可分为三种不同的类型：

（1）咨询式。领导者在做出决策前会征询组织成员的意见，但对于组织成员的意见，他们往往只是作为自己决策的参考，并非一定要接受。

（2）共识式。这类领导者鼓励组织成员对需要决策的问题加以充分讨论，然后由大家共同做出一个大多数人同意的决策。

（3）民主式。领导者授予组织成员最后的决策权力，他们在决策中的角色则更像是一个各方面意见的收集者和传递者，主要从事沟通与协调。

（三）放任式领导方式

此类领导者喜欢松散的管理方式，极少运用手中的权力，他们几乎把所有的决策权都完全下放，并鼓励下属独立行事。他们对下属员工基本采取放任自流的态度，由下属自己确定工作目标及行动。他们只为组织成员提供决策和完成任务所必需的信息、资料、资源和条件，提供一些咨询，并充当组织与外部环境的联系人，而尽量不参与、也不主动干涉下属、员工的决策和工作过程，只是偶尔发表一些意见，任务的完成几乎全部依赖团队成员的自主工作。这种领导方式虽然控制力较弱，但对专业人员却可以收到不错的效果。

领导方式没有绝对的优劣之分，只有与组织的工作性质、工作环境、员工素质相适应，才能取得预期的效果。

## 三、领导者的影响力

影响力（power）一般指人在人际交往中影响和改变他人心理与行为的能力。领导影响力就是领导者在领导过程中，有效改变和影响他人心理和行为的一种能力或力量。正如保罗·赫塞（Paul Hersey）所说："有效的管理者不应该是个命令者，而是一位善于改变他人行为的影响者。"可见，如果一个人能够成功地"影响"他人行为，这个人就是领导者。

任何领导活动多是在领导者与被领导者的相互作用中进行的。领导工作的本质就是人与人之间的一种互动关系，在领导过程中，领导者如果不能有效影响或改变被领导者的心理或行为，那他就很难实现领导的功能，组织目标也就无法实现。

领导影响力在领导过程中发挥着重要的作用，具体表现在：

（1）领导影响力是整个领导活动得以顺利进行的前提条件。

（2）领导影响力影响着组织群体的凝聚力与团结。

（3）领导影响力可以改变和影响组织成员的行为。

## 四、领导影响力的构成

构成领导影响力（或者说权力）的基础有两大方面，一是权力性影响力，二是非权力性影响力。

（一）权力性影响力

权力性影响力又称为强制性影响力，它是组织正式授予而获得、通过职权体现的，主要源于法律、职位、习惯和武力等。权力性影响力对于被领导者具有强制性和不可抗拒性，它是通过奖惩等外推力的方式发挥其作用，随地位而产生。在这种方式作用下，权力性影响力对人的心理和行为的激励是有限的。

1. 权力性影响力的特点

（1）对下属的影响具有强迫性、不可抗拒性；

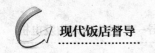 

（2）下属被动地服从，激励作用有限；

（3）不稳定，随地位的变化而改变；

（4）靠奖惩等附加条件起作用。

2. 构成权力性影响力的因素

（1）传统因素：是建立在人们对领导者传统认识基础上的历史观念。

（2）职位因素：是与领导者在组织中的职务及地位相关、以法定权力为基础的力量，是行使权力的有利条件。

（3）资历因素：资历的深浅在一定程度上决定着影响力。人们往往尊重资历较深的领导者。

除此之外，还有法律、习惯、暴力等也是权力性影响力的影响因素。

**（二）非权力性影响力**

与权力性影响力相反的另一种影响力是非权力性影响力，非权力性影响力也称非强制性影响力，是由领导者个人素质和现实行为形成的自然性影响力。它主要来源于领导者个人的人格魅力，来源于领导者与被领导者之间的相互感召和相互信赖。非权力性影响力其产生的基础比权力性影响力更广泛，作用较稳定持久，而且是潜移默化地起作用。

1. 非权力性影响力的特点

（1）影响力持久，可起到潜移默化的作用；

（2）下属信服、尊敬，激励作用大；

（3）比较稳定，不随地位变化而变化；

（4）对下属态度和行为的影响起主导作用。

2. 构成非权力性影响力的主要因素

（1）品格因素：品格主要包括道德、品行、人格和作风等方面。具有优秀品格的领导者会对被领导者产生巨大的感召力和吸引力，使人产生敬爱感。

（2）才能因素：一个有才能的领导者会给组织带来成功，使人产生敬佩感。敬佩感是一种心理磁力，会吸引人自觉地接受领导。

（3）知识因素：领导者掌握的丰富知识和技术专长更易于赢得被领导者的信任和配合。由知识构成的影响力是一种威信，可增强下属对领导者的信任感。

（4）感情因素：感情是人对客观事物好恶倾向的内在反映。领导者与下属建立良好的感情，可使其产生亲切感，增大相互之间的吸引力、影响力。

## 五、督导如何在员工中树立威信

**（一）工作干练是督导树立威信的硬指标**

在日常工作中，督导能否坚定自信地战胜各种困难、妥善自如地解决来自各方面的矛盾、高效快捷地做好本职工作，是督导树立威信的硬指标，也是员工向你靠拢、对你信服的基础。实践证明：有威信的督导基本上都具备这些"硬功夫"；相反那些优柔寡断、工作能力不强的督导，大都难以树立威信。为此，督导在工作中一定要有良好的组织协调能力、干练利落的工作作风。

## （二）忠于职守是督导树立威信的保证

作为督导，若没有对工作、对事业的责任感，就不能有积极主动的工作心态，更不可能有坚忍不拔的工作干劲。若员工在一定时间内既看不到你的干劲又看不到你的成绩，你就不可能受到他们的拥护和支持。同时，饭店的部分工作具有很大的弹性，能否把住质量关完全在于执行者敢不敢较真。如遇到那些经常违纪的"刺头钉"，督导就要不徇私情、不看情面、勇于较真、敢于碰硬。这样形形色色的"怪事"就会越来越少，风气就会越来越正，督导的威信也就会由此树立。

## （三）善解人意是督导树立威信的基础

当员工有困难或出现过失的时候，当员工有合理要求的时候，督导要像对待自己的事情一样设身处地地理解员工的难处，多帮助员工解决一些能办得到的实际问题。事情处理好了，不仅反映出一个督导的素质和水平，而且能产生强大的向心力，从而使他们在你的领导下，聚集起一些信任你、感激你的员工，并怀有一种荣誉感、幸福感和安全感，齐心协力做好工作。另外，要关心员工的进步，积极地为表现出色的员工成长铺路搭桥。这样做得越好督导的威信就树得越高。

# 任务四　领导艺术

领导是一门科学，也是一门艺术。它是寻求如何达到领导者、被领导者和环境诸要素和谐统一的艺术。领导艺术表现为灵活、高超的领导才能和艺术化的领导方法。它是领导者的学识、经验、才能、智慧、气质、个性的吸引力的综合反映。督导在指挥、带领、指导下属为实现组织目标而努力的过程中，必须掌握指挥、协调、激励等方面的领导艺术。

## 一、指挥

（一）指挥的含义

指挥是指上级通过命令、指示及指导、说服等对所属下级各种活动进行的组织、领导、协调，从而实现组织目标的过程。

在实施方案开始时，根据方案要求做出的力量部署和任务分配，是指挥；随后根据情况变化采取调整等随机处理措施，并要求严格执行，这仍然是指挥。

指挥主要指的是对下级组织和个人的推动和促进，它一般包括命令、指示、说服、示范等方式。指挥虽然主要强调的是"命令"，但不能极端化，在许多问题上则需要通过耐心细致的教练和辅导才能得以解决。因此，指挥工作应满足下述基本要求：

（1）指挥工作要合于法规、政策要求。指挥者必须具备基本的法制和政策观念。

（2）要合于组织目标。违背组织目标的指挥不但是"瞎指挥"，而且有可能是一种破坏行为。

（3）合于职权范围。指挥只有符合本职权限范围，才具有权威性，下级才能服从，否则，则是一种"无效指挥"，或"非法指挥"。

（4）合于实际情况。指挥必须"有的放矢"、切实可行。

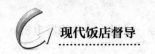

（5）合于下级的正当意愿。指挥要认真考虑下级人员的实际能力，要有助于发挥他们的积极性、创造性，而不能盲目指挥，挫伤他们的热情和积极性。

（6）合于明晰、准确的要求。不论是以口头还是文字的形式进行指挥，都必须表达明晰、准确，而不能含糊不清、模棱两可。

（二）指挥的类型

1. 直意指挥

直意指挥是指督导用明确的信息对下属直接下达指令并使之执行的管理方法。它通常采用肯定或否定的语言，表达简明、清晰、明确。要求督导明确指出应完成的任务、达到的效果和完成的期限，并提出执行指令的具体步骤。

2. 启发式指挥

启发式指挥是通过引导启发的方式让下属自我思考解决措施的方法。比如在布置一项工作时，可以采用询问式反问下属，如"你认为该如何处理"，这样的启发可以有效地培养和锻炼下属的工作能力。

在运用启发式指挥方式时，督导就特别注意引导下属的思路并发挥下属的主观能动性，使之对所要解决的问题进行自我思考、自我决策。启发式指挥能较好地避免错误，也能有效地培养和锻炼下属分析和解决问题的能力。

3. 归纳式指挥

归纳式指挥是指督导在充分听取各方意见的基础上，进行合理决策，再下达指令的指挥方法。归纳式指挥要求督导分析归纳能力要强，善于抓住问题的主要方面，且思维清晰，使指令能够让各部门信服，以便执行。另外，督导在归纳式指挥过程中，应充分了解所需要解决问题的复杂困难程度，并告知下属，而且指令必须明确无误地指出各方需协调配合的内容。

4. 应急式指挥

应急式指挥是指管理者为解决突发事情而下达紧急指令的指挥方式。应急式指挥要求管理者具备敏锐的观察力和很强的应变能力，下达指令要果断谨慎，并能即时解决问题，以防事态扩大贻误时机而影响饭店声誉。饭店前台督导在处理客人投诉时会经常用到应急式指挥。

（三）如何提高指挥的有效性

1. 努力提高指挥者的权威

指挥者有无权威及权威大小，直接影响到指挥的有效性。权威即指权力和威信。一方面在管理系统中，科学、合理地规定各级管理者或领导者的权力；另一方面这些领导者要努力提高自身素质，而且还要求具有起码的品德修养，具有足够的知识和经验积累，办事力求客观公正，时时、事事做下级人员及广大员工的行为楷模、精神榜样，并不时地尊重、关心、爱护自己的下属及其员工。领导者具有较高的权威，被指挥的群众才心悦诚服，其指挥自然卓有成效。因此，构筑领导权威是实施有效指挥的前提和条件。从某种角度说，权威即是指挥有效性的根本，因为，一般情况下，权威甚至是指挥合理性、合法性、可行性的权衡标准。没有权威的指挥不但可能是无效的指挥，甚至可能被视作不合理的指挥。中国传统价值观里面的"法不责众"，所说明的就是：群众不接受、不认可即为不合理、不合法。

### 2. 建立健全有力、高效的指挥系统

一个企业、一个单位、一个机关，光靠一个人的力量肯定是不行的，必须形成一个统一领导、分级管理、集权与分权相结合的组织机构及指挥系统，明确纵向领导与被领导的关系及横向各部门间的协作关系。指挥特别强调统一性、协作性原则。指挥不能搞政出多门，不能多头领导，而只能由一个中心发号施令。任何一个下属只能接受一个上级领导的直接指挥。否则，下级组织和工作人员就会不知所措而发生混乱，致使指挥失灵、系统瘫痪。

因此，建立和健全组织的指挥系统，是提高组织指挥能力、指挥效率的有力保证。

### 3. 科学选择指挥的方式

组织指挥过程中，往往由于指挥的方式方法不同，而产生迥然不同的指挥效果。如简单粗暴型的指挥，必然导致被指挥者消极、被动接受；而激励说服型的指挥，就能够使被指挥者热情接受，此两种指挥所产生的结果必定差异巨大。所以，指挥者不仅要具有较高的权威，而且要善于选择合理、科学的方式方法。

指挥者应通过启发、诱导、激励等方法去因势利导，要善于"造势"。如《孙子兵法·势篇》所写："善战者，求之于势"、"善战人之势，如转圆石于千仞之山者，势也"。孙子所说的"造势"，在各行各业的管理实践活动中是不乏其例的。如有的企业管理者当众砸烂不合格产品，其目的就是增强员工产品质量意识，从而制造"下不为例"之"势"。

### 4. 重视信息反馈

指挥是通过信息传递来实现的，因此，信息传递的有效性直接关系指挥的有效性。指挥的信息传递从下达命令开始，在整个信息传递过程，如何做到指示迅速、准确，而且将执行情况及时反馈到下达命令的指挥者，以便于指挥者审时度势，灵活掌握和使用指挥方法，直接关系指挥的有效性和效率性。在管理学上有一个"相对封闭原理"指出，不封闭的管理等于没有回路的输电线，电线再粗、电压再高、电力再大，没有回路，就什么也没有。

## 二、授权

授权是指上级委授给下级一定的权力和责任，使被授权者在授权者的领导、监督和控制之下，有相应的自主权和行动指挥权，其目的是促进组织目标的层层落实和切实执行。

### (一) 授权的原则

#### 1. 根据目标执行者的目标责任性质与范围来确定其权限的范围与程度

对于能使目标执行者自主完成目标成果所需要的相应权限，上级都应予以认真地授权和委任。

#### 2. 实行授权时，应根据已经明确的目标进行授权

如果所设定的目标有明确，职责不清楚，那么就难以确定为实现其目标需要的相应

权限。因此，制定明确的目标，根据目标责任实行授权，是授权的前提。

3. 上级授权者并不能因为实行了授权，就完全解除其应负的责任

上级授权者应该对被授权者的目标实施情况及行使的职务权限是否妥当担负监督的责任。

（二）授权方式

针对工作的重要性、管理者的实际水平和下属工作能力等不同情况，可分别采用以下几种授权方式：

1. 充分授权

充分授权一般必须具备下述条件，如工作重要性较低、整体组织系统管理水平较高、下属各子系统间协调配合较好、权责易于明确制约、下属的工作积极性和执行力较强等。

2. 不充分授权

不充分授权的基本条件是：下级负责情况了解和计划执行权，上级负责计划方案最终决定权，组织系统直接责任均有上级负责。

3. 弹性授权

对于复杂而时间又长的任务，对下级的能力没有足够的把握，或者环境变化大时，宜采用这种方式。

4. 制约授权

制约授权是指把某项任务的职权，经分解后授予两个或多个子系统，使子系统之间互相制约以避免出现失误。这种方式一般在工作重要或工作易出疏漏时采用。如财务工作中的会计、出纳的相互制约就是这种制约授权。

## 三、协调

协调就是领导为了使组织保持一种平衡状态并实现组织的预定目标，对饭店内外出现的不和谐现象的影响因素进行协商和调控，从而使组织内的各种资源达到优化配置和最大运用。协调是领导者必须具备的能力和素质，也是领导者必须掌握的领导艺术。

（一）协调能力

协调能力是指决策过程中的协调指挥才能。协调能力，是化解矛盾的能力，是聚分力为合力的能力，是变消极因素为积极因素的能力，是充分调动员工积极性的能力。个人的力量总是有限的。领导者要履行好自己的职责，必须把员工的积极性调动起来，把员工的潜能发挥出来，靠团队的力量才能取得最大的成功。饭店督导的协调能力主要由这样几方面构成。

1. 有效的人际沟通能力

饭店督导应通过各种语言或其他媒介向他人传达某种信息，以有效地使他人获得理解，促进经营管理活动顺利地进行。企业经营管理人在经营管理活动中必须及时向下属、同层次人员、上级或其他人员传达信息。要使对方理解其信息，促进双方的协调就必须进行有效沟通。

2. 高超的员工激励能力

饭店督导要善于利用各种手段激励员工，以激发员工的积极性、主动性和创造性。

对此，督导必须把握以下几个方面。

（1）对下属员工的不同需要和价值取向必须具有敏感性。

（2）必须努力增加下属员工的"努力工作可以产生好绩效"的期望。

（3）必须保证下属员工感到组织的公平对待。

（4）要善于鼓励下属员工设立具体的有挑战性的现实合理的绩效目标。

3. 良好的人际交往能力

它是指饭店督导在人际交往中以各种技能来建立良好的人际关系，即"为我所用"的能力。譬如如何与下属或上司建立良好的同事关系等。饭店督导的人际交往能力是有效经营管理的前提条件。作为人际交往能力的重要部分，积极倾听、有效反馈、训导、解决冲突和谈判都是饭店督导工作所应具备的技能。

（二）饭店督导协调的内容

协调功能包括两方面的内容，一是协调饭店内部各部门间的关系，二是协调饭店企业与社会其他企业、社会机构和政府部门的非业务关系。

1. 饭店的内部协调

对内部各部门间的关系的协调，是以对计划的分工执行和控制为基础的。在执行计划控制的过程中，行政管理部门应该对各部门的计划执行情况和执行进度进行协调，以调整好企业的整体计划的实施。同时，还应该对各部门在执行工作计划的过程中在日常事务上所发生的矛盾冲突进行调解，使企业各部门之间能够团结和协调一致，维持企业的稳定和正常运行。

2. 饭店的外部协调

协调企业同其他企业、社会机构和政府部门的非业务关系。这种关系之所以是非业务的，是因为企业的运行是在各部门明确分工的基础上才得以健康而稳定地进行的。行政管理部门的职权并不能超越企业的内部分工。明确这一点是很重要的，这样可以避免企业的行政管理部门插手业务，从而避免在业务部门和行政管理部门之间造成矛盾冲突，避免使企业的运转陷于混乱。行政管理是侧重于企业与其他企业、社会机构和政府部门的非业务关系的协调，其主要内容是在维护企业的基本权益的基础上，发展同社会各有关单位的友好交往，缓解矛盾冲突，从而为企业争取一个好的生存环境。

（三）协调的基本要领

在企业内部的组织关系中，有上下级的纵向关系和各部门间的横向关系。搞好组织关系的协调工作，必须注意以下几个重点。

1. 目标是协调的方向

一个组织内的各个方面的目标应取得一致，不能各行其是，另搞一套，否则就会分散力量，形不成拳头，组织目标难以实现。

2. 沟通是协调的杠杆

组织内部信息传递迅速，彼此联系密切，相互了解、理解，矛盾就少，已有矛盾便于解决。

沟通的方式包括：

（1）上行沟通。

（2）下行沟通。

（3）平行沟通。

（4）特殊情况沟通。

3. 协商是协调的重要手段

协调不是强迫命令，而是感情与信息交流。

4. 明确责任是协调的得力措施

领导者在明确各部门的工作任务、职权范围的同时，还须明确各自与有关单位协调的责任，建立必要的协调制度，并提倡主动支援、配合的精神，以减少组织内部扯皮、"踢皮球"现象的发生。

5. 利益是协调的基础

组织的重要任务之一是为实现一定的利益而奋斗的。利益是个复杂的概念，其中物质利益是基本的。所以，协调要充分注意兼顾各方利益，协调好各方的利益关系，这是做好协调工作的前提和基础。

 【复习与练习】

**一、填空题**

1. _____是指在正式组织或非正式组织中，由组织内成员自发推选的领导者，其领导地位主要是依靠个人才能和魅力赢得的领导者。

2. 领导风格由两种领导行为构成：_____和_____。

3. 参与式领导方式按照下属及员工的参与程度又可分为_____、_____、_____三种不同的类型。

**二、选择题**

1. 饭店管理者为解决突发问题而下达紧急指令的指挥方式一般称为（    ）。

A. 真意指挥　　　　　　　　　　B. 归纳式指挥

C. 应急式指挥　　　　　　　　　　D. 启发式指挥

2. （    ）是与个人的品质、魅力、经历、背景等相关的权力，也被称为个人的影响力。

A. 强制权　　　　B. 奖赏权　　　　C. 法定权　　　　D. 感召权

3. （    ）是指领导者清楚地说明个人或组织的责任的程度。

A. 工作行为　　　　B. 关系行为　　　　C. 平行关系　　　　D. 激励行为

4. （    ）是由领导者个人素质和现实行为形成的自然性影响力。

A. 权力性影响力　　　　　　　　　　B. 非权力性影响力

C. 强制性影响力　　　　　　　　　　D. 组织影响力

5. （    ）是指把某项任务的职权，经分解后授予两个或多个子系统，使子系统之间互相制约以避免出现失误。

A. 充分授权　　　　B. 不充分授权　　　　C. 弹性授权　　　　D. 制约授权

### 三、名词解释

1. 领导。
2. 领导风格。
3. 指挥。

### 四、简答题

1. 简述领导权力的来源。
2. 简述领导风格的类型。
3. 简述领导的基本方式。
4. 简述指挥的类型。

### 五、应用题

测试你的领导作风

请阅读下列各个句子，a 句最能形容你时，请打√；若 b 句对你来说，最不正确时，请打√。

1. a. 你是个大多数人都会向你求助的人。

   b. 你很激进，而且最注意自己的利益。

2. a. 你很能干，且比大多数人更能激发他人。

   b. 你会努力去争取一项职位，因为你可以对大多数人和所有的财务，掌握更大的职权。

3. a. 你会试着努力去影响所有事件的结果。

   b. 你会急着降低所有达成目标的障碍。

4. a. 很少人像你那么有自信。

   b. 你想取得世上有关你想要的任何东西时，你不会有疑惧。

5. a. 你有能力激发他人去跟随你的领导。

   b. 你喜欢有人依你的命令行动；若必要的话，你不反对使用威胁的手段。

6. a. 你会尽力去影响所有事件的结果。

   b. 你会做全部重要的决策，并期望别人去实现它。

7. a. 你有吸引人的特殊魅力。

   b. 你喜欢处理必须面对的各种情况。

8. a. 你会喜欢面对公司的管理人，咨询复杂问题。

   b. 你会喜欢计划、指挥和控制一个部门的人员，以确保最佳的福利。

9. a. 你会与企业群体和公司咨询，以改进效率。

   b. 你对他人的生活和财务，会作决策。

10. a. 你会干涉官僚的推拖拉作风，并施压以改善其绩效。

    b. 你会在金钱和福利重于人情利益的地方工作。

11. a. 你每天在太阳生起前，就开始了一天的工作：一直到夜晚六点整。

    b. 为了达成所建立的目标，你会定期而权宜地解雇无生产力的员工。

12. a. 你会对他人的工作绩效负责，也就是说，你会判断他们的绩效，而不是你们的

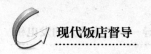
　　　绩效。

　　　b. 为求成功，你有废寝忘食的习性。

13. a. 你是一位真正自我开创的人，对所做的每件事充满着热忱。

　　　b. 无论做什么，你都会做的比别人好。

14. a. 无论做什么，你都会努力求最好、最高和第一。

　　　b. 你具有驱动力、积极性人格和奋斗精神，并能坚定地求得有价值的任何事情。

15. a. 你总是参与各项竞争活动，包括运动，并因有突出的表现而获得多项奖牌。

　　　b. 赢取和成功对你来说，比参与的享受更感重要。

16. a. 假如你能及时有所收获，你会更加坚持。

　　　b. 你对所从事的事物，会很快就厌倦。

17. a. 本质上，你都依内在驱动力而行事，并以实现从未做过的事为使命。

　　　b. 作为一个自我要求的完美主义者，你常强迫自己有限地去实现理想。

18. a. 你实际上的目标感和方向感，远大于自己的设想。

　　　b. 追求工作上的成功，对你来说，是最重要的。

19. a. 你会喜欢需要努力和快速决策的职位。

　　　b. 你是坚守利润、成长和扩展概念的。

20. a. 在工作上，你比较喜欢独立和自由，远甚于高薪和职位安全。

　　　b. 你是安于控制、权威和有影响力的职位的。

21. a. 你坚信凡是对自身本分内的事，最能冒险的人，赢得到金钱上的最大报偿。

　　　b. 有少数人判断你应比你本身更有自信些。

22. a. 你被公认为是有勇气的、朝气蓬勃的，是乐观主义者。

　　　b. 作为一个有志向的人，你能很快地把握住机会。

23. a. 你善于赞美他人，而且若是合宜的，你会准备加以信赖。

　　　b. 你喜欢他人，但对他们以正确的方法行事之能力，很少有信心。

24. a. 你通常宁可给人不明确的利益，也不愿与他人公开争辩。

　　　b. 当你面对着说出那像什么时，你的作风是间接的。

25. a. 假如他人偏离正道，由于你是正直的，故你仍会不留情面地纠正他。

　　　b. 你是在强调适者生存的环境中长大的，故常自我设限。

你的得分：计算一下你勾 a 的数目，然后乘以 4，就是你领导特质的百分比。同样地，勾 b 的数目，然后乘以 4 所得的分数，就是你管理特质的百分比。

你的领导特质＝a 的总数×4×1%　　　你的管理特质＝b 的总数×4×1%

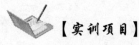
【实训项目】

【实训名称】校园模拟指挥

【实训内容】培养现场指挥的能力，培养应变能力

【实训步骤】

1. 设定一定的管理情景，由学生即时进行决策或指挥。

2. 晚上 11 点多钟，男生宿舍三楼的卫生间上水管突然爆裂，此时楼门和校门已经关闭，人们都沉睡在梦中，只有邻近的几个宿舍学生惊醒。水不断地从卫生间顺着东西走廊涌出，情况非常紧急，假如你身处其中，如何利用你的指挥能力化险为夷。

3. 先进行分组讨论，然后各小组分别表述本组应急方案，看看谁的方案最好。

【实训点评】

1. 能运用领导的理论与方法进行指导，并尽可能搜集较多的模拟任职部门与职务的信息。

2. 教师和学生根据各组的方案及表现给予评价打分。纳入学生实训课考核之中。

# 项目三　计划——提高督导效率的良方

【学习目标】

1. 了解如何做好计划
2. 理解计划的层次和类型
3. 熟悉计划的制订和实施

【案例引导】

## S 公司的滚动计划

每逢岁末年初，各企业的领导者都会暂时放下手中的其他工作，与自己的核心团队一同踏踏实实地坐下来，专门花些时间制订来年的工作计划，以求为下一年插上希望和成功的翅膀，让企业各项事业在当年业绩的基础上更上一层楼。但外部环境千变万化，内部条件变数难料，怎样制订"高明"的计划才能让企业在来年让所有的工作都能按部就班、一帆风顺呢？

S 公司是中国东部地区一家知名企业，原有的计划管理水平低下，粗放管理特征显著，计划管理与公司实际运营情况长期脱节。为实现企业计划制订与计划执行的良性互动，在管理咨询公司顾问的参与下，S 公司逐步开始推行全面滚动计划管理。

首先，S 公司以全面协同量化指标为基础，将各年度分解为 4 个独立的、相对完整的季度计划，并将其与年度紧密衔接。在企业计划偏离和调整工作中，S 公司充分运用了动态管理的方法。

所谓动态管理，就是 S 公司年度计划执行过程中要对计划本身进行 3 次定期调整：第一季度的计划执行完毕后，就立即对该季度的计划执行情况与原计划进行比较分析，同时研究、判断企业近期内外环境的变化情况。根据统一得出的结论对后 3 个季度计划和全年计划进行相应调整；第二季度的计划执行完毕后，使用同样的方法对后两个季度的计划和全年计划执行相应调整；第三季度的计划执行完毕后，仍然采取同样方法对最后一个季度的计划和全年计划进行调整。

S 公司各季度计划的制订是根据近细远粗、依次滚动的原则开展的。这就是说，每年年初都要制订一套繁简不一的四季度计划：第一季度的计划率先做到完全量化，计划的执行者只要拿到计划文本就可以——遵照执行，毫无困难或异议；第二季度的计划要至少做到50%的内容实现量化；第三季度的计划也要至少使20%的内容实现量化；第四季度的计划只要做到定性即可。同时，在计划的具体执行过程中，对各季度计划进行定期滚动管理——第一季度的计划执行完毕后，将第二季度的计划滚动到原第一计划的位置，按原第一季度计划的标准细化到完全量化的水平；第三季度的计划则滚动到原第二季度计划的位置并细化到至少量化50%内容的水平，依次类推。第二季度或第三季度计划执行完毕时，按照相同原则将后续季度计划向前滚动一个阶段并予以相应细化。本年度4个季度计划全部都执行完毕后，下年度计划的周期即时开始，如此周而复始，循环往复。

其次，S公司以全面协同量化指标为基础建立了三年期的跨年度计划管理模式，并将其与年度计划紧密对接。

跨年度计划的执行和季度滚动计划的思路一致。S公司每年都要对计划本身进行一次定期调整。第一年度的计划执行完毕后，就立即对该年度的计划执行情况与原计划进行比较分析。同时研究、判断企业近期内外环境的变化情况，根据统一得出的结论对后三年的计划和整个跨年度计划进行相应调整；当第二年的计划执行完毕后，使用同样的方法对后三年的计划和整个跨年度计划进行相应调整，依次类推。

S公司立足于企业长期、稳定、健康地发展，将季度计划—年度计划—跨年度计划环环相扣，前后呼应，形成了独具特色的企业计划管理体系，极大地促进了企业计划制订和计划执行相辅相成的功效，明显提升了企业计划管理、分析预测和管理咨询的水平，为企业整体效益的提高奠定了坚实的基础。

"凡事预则立，不预则废。"好的计划等于成功了一半。S公司的滚动计划给我们的思考很多很多。本章的内容将满足您对计划职能的学习愿望和需求。

# 任务一　认识计划

美国著名的管理学家哈罗德·孔茨（Harold Koontz）曾说："计划是一座桥梁，它把我们所处的这岸和我们要去的对岸连接起来，以克服这一天堑。"可见，计划给组织提供通向未来目标的明确道路，使模糊不清的未来变得清晰实在。

## 一、计划的含义

计划（Planning）具有两重含义，其一是计划工作，是指根据对组织外部环境与内部条件的分析，提出在未来一定时期内要达到的组织目标以及实现目标的方案途径。其二是计划形式，是指用文字和指标等形式所表述的组织以及组织内不同部门和不同成员，在未来一定时期内关于行动方向、内容和方式安排的管理事件。

计划的内容常用"5W1H"来表示，即为什么做（Why to do it）？做什么（What to do it）？在什么地方做（Where to do it）？什么时间执行（When to do it）？由谁执行（Who to do it）？怎样执行（How to do it）？简称为"5W1H"。这六个方面的具体含义如下：

（一）为什么做（Why）

"Why"明确计划工作的宗旨、目标和战略，并论证可行性。实践表明，计划工作人员对组织和企业的宗旨、目标和战略了解得越清楚，认识得越深刻，就越有助于他们在计划工作中发挥主动性和创造性。正如通常所说的"要我做"和"我要做"的结果是大不一样的，其道理就在于此。

（二）做什么（What）

"What"是要弄清楚计划工作的对象，要明确计划工作的具体任务和要求，明确每一个时期的中心任务和工作重点。例如，企业生产计划的任务主要是确定生产哪些产品，生产多少，合理安排产品投入和产出的数量和进度，在保证按期、按质和按量完成订货合同的前提下，使得生产能力得到尽可能充分的利用。

（三）在什么地方做（Where）

"Where"规定计划的实施地点或场所，了解计划实施的环境条件和限制，以便合理安排计划实施的空间组织和布局。

（四）什么时间执行？什么时间完成（When）

"When"规定计划中各项工作的开始和完成的进度，以便进行有效的控制和对能力及资源进行平衡。

（五）由谁执行（Who）

"Who"不仅要明确规定目标、任务、地点和进度，还应规定由哪个主管部门负责。例如，开发一种新产品，要经过产品设计、样机试制、小批试制和正式投产几个阶段。在计划中要明确规定每个阶段由哪个部门负主要责任，哪些部门协助，各阶段交接时，由哪些部门与哪些人员参加鉴定和审核等。

（六）怎样执行？采取哪些有效措施（How）

"How"制订实现计划的措施和方法以及相应的政策和规则，对资源进行合理分配和集中使用，对人力、生产能力进行平衡，对各种派生计划进行综合平衡等。

实际上，一个完整的计划还应包括控制标准和考核指标的制定，也就是告诉实施计划的部门或人员，做成什么样，达到什么标准才算是完成了计划。

## 二、计划的性质

计划的根本目的，在于保证管理目标的实现。从事计划工作并使之有效地发挥作用，就必须把握计划的性质。它主要表现在以下四个方面。

（一）计划的普遍性

与计划的概念相对应，计划的普遍性也有两层含义：

1. 一是指社会各部门、各环节、各单位、各岗位，为有效实现管理目标，都必须具有相应的计划。上至国家，下至一个班组，甚至个人，无不如此。

2. 二是指所有管理者，从最高管理人员到第一线的基层管理人员都必须从事计划工作。计划是任何管理人员的一个基本职能，也许他们各自计划工作的范围不同、特点不同，但凡是管理者都要做计划工作，都必须在上级规定的政策许可的范围内做好自己的计划工作。

**（二）计划的预见性**

计划不是对已经形成的事实和状况的描述，而是在行动之前对行动的任务、目标、方法、措施所作出的预见性确认。但这种预想不是盲目的、空想的，而是以上级部门的规定和指示为指导，以本单位的实际条件为基础，以过去的成绩和问题为依据，对今后的发展趋势作出科学预测之后作出的。可以说，预见是否准确，决定了计划的成败。预见准确、针对性强的计划，在现实中才真正可行。如果目标定得过高、措施无力实施，这个计划就是空中楼阁；反过来说，目标定得过低，措施方法都没有创见性，实现虽然很容易，并不能因而取得有价值的成就。

**（三）计划的目标性**

组织是为了完成一种使命或是为达到某种目的而存在的，而计划工作的目的就是要促使组织去实现它的目标。计划帮助组织在它的行为过程中始终对准目标，统一协调地运转。

**（四）计划的效益性**

计划不仅要确保组织目标的实现，而且要从众多的方案中选择最优的方案，以求得合理利用资源和提高效率。因此，计划要追求效率。计划的效率，可以用计划对组织的目标的贡献来衡量。贡献是指实现的组织目标及所得到的利益，扣除制订和实施这个计划所需要的费用和其他因素后，能得到的剩余。在计划所要完成的目标确定的情况下，同样可以用制订和实施计划的成本及其他连带成本（如计划实施带来的损失、计划执行的风险等）来衡量效率。如果计划能得到最大的剩余，或者如果计划按合理的代价实现目标，这样的计划是有效率的。特别要注意的是，在衡量代价时，不仅要用时间、金钱或者生产来衡量，而且还要衡量个人和集体的满意程度。

**（五）计划的约束性**

计划一经通过、批准或认定，在其所指向的范围内就具有了约束作用，在这一范围内无论是集体还是个人都必须按计划的内容开展工作和活动，不得违背和拖延。

## 三、计划的作用

在管理实践中，计划是其他管理职能的前提和基础，并且还渗透到其他管理职能之中，它是管理过程的中心环节。因此，计划在管理活动中具有特殊重要的地位和作用。

**（一）计划预测变化，减少冲击**

我们正处在一个经济、政治、技术、社会变革与发展的时代。在这个时代里，变革与发展既给人们带来了机遇，也给人们带来了风险，特别是在争夺市场、资源、势力范围的竞争中更是如此。如果管理者在看准机遇和利用机遇的同时，又能最大限度地减少风险，即在朝着目标前进的道路上架设一座便捷而稳固的桥梁，那么，饭店就能立于不败之地，在机遇与风险的纵横选择中，得到生存与发展。如果计划不周，或根本没计划，那就会遭遇灾难性的后果。

**（二）计划指明方向，协调活动**

现代饭店内部的各个组成部分之间，分工越来越精细，过程越来越复杂，协调关系更趋严密。要把这些繁杂的有机体科学地组织起来，让各个环节和部门的活动都能在时

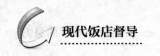

间、空间和数量上相互衔接，既围绕整体目标，又各行其职，互相协调，就必须要有一个严密的计划。管理中的组织、协调、控制等如果没有计划，其后果不可想象。

**（三）计划是指挥实施的准则**

计划的实质是确定目标以及规定实现目标的途径和方法。因此，如何朝着既定的目标步步逼进，最终实现组织目标，计划无疑是管理活动中人们一切行为的准则。它指导不同空间、不同时间、不同岗位上的人们，围绕一个总目标，秩序井然地去实现各自的分目标。行为如果没有计划指导，被管理者必然表现为无目的的盲动，管理者则表现为决策朝令夕改，随心所欲，自相矛盾。结果必然是组织秩序的混乱，事倍功半，劳民伤财。在现代饭店里，几乎每项事业，每个部门，乃至每个员工的活动都不能没有计划。

**（四）计划有利于有效地进行控制**

计划不仅是组织、指挥、协调的前提和准则，而且与管理控制活动紧密相联。计划为各种复杂的管理活动确定了数据、尺度和标准，它不仅为控制指明了方向，而且还为控制活动提供了依据。经验告诉我们，未经计划的活动是无法控制的，也无所谓控制。因为控制本身是通过纠正偏离计划的偏差，使管理活动保持与目标的要求一致。如果没有计划作为参数，管理者就没有"罗盘"，没有"尺度"，也就无所谓管理活动的偏差，那又何来控制活动呢？

**（五）增强饭店对环境变化的应变能力**

制订计划要有前瞻性，对饭店的状况要实事求是地进行评估，分析饭店的优势和劣势，明确饭店的机会和挑战。计划职能在确定饭店目标的同时，也规定了实现目标的途径和方法。这些途径和方法充分考虑了饭店内外环境的变化及其趋势，使饭店在市场竞争日趋激烈、客人需要日益多变的环境中求生存图发展。

# 任务二　计划的类型

计划的种类很多，可以按不同的标准进行分类。主要分类标准有：计划的重要性、时间、明确性和抽象性等。但是依据这些分类标准进行划分，所得到的计划类型并不是相互独立的，而是密切联系的。比如，短期计划和长期计划、战略计划和作业计划等。

## 一、按计划的层次划分

饭店企业里有各种各样的计划，这些计划是分层次的。一般可以分成战略层计划、战术层计划与作业层计划。

**（一）战略层计划**

战略层计划主要是企业长远发展规划，应用于整体组织的，为组织设立总体目标和寻求组织在环境中的地位的计划。战略计划趋向于包含持久的时间间隔，通常为5年甚至更长，它们覆盖较宽的领域和不规定具体的细节。此外，战略计划的一个重要任务是设立目标。

战略层计划涉及产品发展方向、生产发展规模、技术发展水平、新生产设备的建造等。企业长远发展规划是一种十分重要的计划，它关系到企业的兴衰。"人无远虑，必有近忧"，古人已懂得长远考虑与日常工作的关系。作为企业的高层领导，必须站得高，才能看得远。

（二）战术层计划

战术层计划是确定在现有资源条件下所从事的生产经营活动应该达到的目标，如产量、品种和利润等。战术层计划是实现企业经营目标的最重要的计划，是编制生产作业计划、指挥企业生产活动的龙头，是编制物资供应计划、劳动工资计划和技术组织措施计划的重要依据。

（三）作业层计划

作业层计划是确定日常的生产经营活动的安排。作业计划假定目标已经存在，只是提供实现目标的方法。

三个层次的计划各有不同的特点，如下表所示。由表中可以看出，从战略层到作业层，计划期越来越短，计划的时间单位越来越细，覆盖的空间范围越来越小，计划内容越来越详细，计划中的不确定性越来越小。

**不同层次计划的特点**

| 项　目 | 计划期 | 计划时间单位 | 空间范围 | 详细程度 | 不确定性 | 管理层次 | 特　点 |
|---|---|---|---|---|---|---|---|
| 战略层计划 | 长：≥5 年 | 粗（年） | 企业、公司 | 高度综合 | 高 | 企业高层领导 | 涉及资源获取 |
| 战术层计划 | 中：1 年 | 中（月、季） | 工厂 | 综合 | 中 | 中层部门领导 | 资源利用 |
| 作业层计划 | 短：月、周 | 细（工作日、班次、小时、分） | 车间、工段、班组 | 详细 | 低 | 低层班组领导 | 日常活动处理 |

## 二、按计划的时间划分

根据计划时间的长短，可将计划分为长期计划、短期计划和中期计划。

（一）长期计划

长期计划描述组织在较长时期（通常 5 年以上）的发展方向和方针，规定了组织的各个部门在较长时期内从事某种活动应达到的目标和要求，绘制了组织长期发展的蓝图。

（二）短期计划

短期计划具体地规定了组织的各个部门在目前到未来的各个较短的时期阶段，特别是最近的时段中，应该从事何种活动，从事该种活动应达到何种要求，因而为各组织成员在近期内的行动提供了依据。短期计划一般指 1 年以内。

（三）中期计划

中期计划则介于长期计划和短期计划之间。

### 三、按计划内容的明确性划分

根据计划内容的明确性指标，可以将计划分为具体性计划和指导性计划。

（一）具体性计划

具体性计划具有明确规定的目标，不存在模棱两可。比如，企业销售部经理打算使企业销售额在未来6个月中增长15%，他会制定明确的程序、预算方案以及日程进度表，这便是具体性计划。

（二）指导性计划

指导性计划只规定某些一般的方针和行动原则，给予行动者较大自由处置权，它指出重点但不把行动者限定在具体的目标上或特定的行动方案上。比如，一个增加销售额的具体计划可能规定未来6个月内销售额要增加15%，而指导性计划则可能只规定未来6个月内销售额要增加12%~16%。

相对于指导性计划而言，具体性计划虽然更易于执行、考核及控制，但缺少灵活性，它要求的明确性和可预见性条件往往很难满足。

### 四、按计划由抽象到具体的层次划分

哈罗德·孔茨（Harold Koontz）和海因茨·韦里克（Heinz Weihrich）从抽象到具体，把计划划分为目的或使命、目标、战略、政策、程序、规则、方案和预算等，如图3-1所示。

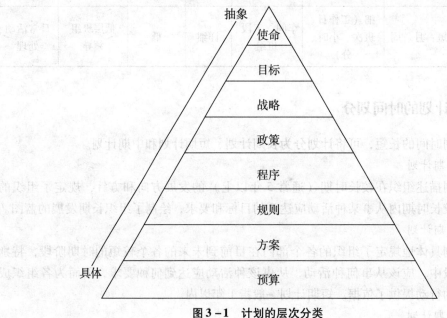

图3-1　计划的层次分类

（一）目的或使命

它指明一定的组织机构在社会上应起的作用、所处的地位。它决定组织的性质，决

定此组织区别于彼组织的标志。各种有组织的活动，如果要使它有意义的话，至少应该有自己的目的或使命。比如，大学的使命是教书育人和科学研究，研究院所的使命是科学研究，医院的使命是治病救人，法院的使命是解释和执行法律，企业的目的是生产和分配商品和服务。

（二）目标

组织的目标或使命往往太抽象、太原则化，它需要进一步具体为组织一定时期的目标和各部门的目标。组织的使命支配着组织各个时期的目标和各个部门的目标。而且组织各个时期的目标和各部门的目标是围绕组织存在的使命所制定的，并为完成组织使命而努力的。虽然教书育人和科学研究是一所大学的使命，但一所大学在完成自己使命时会进一步具体化不同时期的目标和各院系的目标，比如最近 3 年培养多少人才，发表多少论文等。

（三）战略

战略是为了达到组织总目标而采取的行动和利用资源的总计划，其目的是通过一系列的主要目标和政策去决定和传达一个组织期望自己成为什么样的组织。战略并不打算确切地概述组织怎样去完成它的目标，这是无数主要的和次要的支持性计划的任务。

（四）政策

政策是指导或沟通决策思想的全面的陈述书或理解书。但不是所有政策都是陈述书，政策也常常会从主管人员的行动中含蓄地反映出来。比如，主管人员处理某问题的习惯方式往往会被下属作为处理该类问题的模式，这也许是一种含蓄的、潜在的政策。政策能帮助主管人员事先决定问题的处理方法，这一方面减少对某些例行问题时间上处理的成本，另一方面把其他计划统一起来了。政策支持了分权，同时也支持了上级主管对该项分权的控制。政策允许对某些事情处理的自由，一方面我们切不可把政策当做规则，另一方面我们又必须把这种自由限制在一定的范围内。自由处理的权限大小一方面取决于政策本身，另一方面取决于主管人员的管理艺术。

（五）程序

程序是制订处理未来活动的一种必须方法的计划。它详细列出必须完成某类活动的切实方式，并按时间顺序对必要的活动进行排列。它与战略不同，它是行动的指南，而非思想指南。它与政策不同，它没有给行动者自由处理的权利。出于理论研究的考虑，我们可以把政策与程序区分开来，但在实践工作中，程序往往表现为组织的政策。比如，一家制造企业的处理定单程序、财务部门批准给客人信用的程序、会计部门记载往来业务的程序等，都表现为企业的政策。组织中每个部门都有程序，并且在基层，程序更加具体化、数量更多。

（六）规则

规则没有酌情处理的余地。它详细、明确地阐明必须行动或无须行动，其本质是一种管理决策。规则通常是最简单形式的计划。规则不同于程序。其一，规则指导行动但不说明时间顺序；其二，可以把程序看做是一系列的规则，但是一条规则可能是也可能不是程序的组成部分。比如，"禁止自带酒水"是一条规则，但和程序没有任何联系；而一个规定为客人服务的程序可能表现为一些规则，如在接到客人需要服务的信息后 30 分

钟内必须给予答复。

规则也不等于政策。政策的目的是指导行动，并给执行人员留有酌情处理的余地；而规则虽然也起指导作用，但是在运用规则时，执行人员没有自行处理之权。

必须注意的是，就其性质而言，规则和程序均旨在约束思想；因此只有在不需要组织成员使用自行处理权时，才使用规则和程序。

（七）方案（或规划）

方案是一个综合的计划，它包括目标、政策、程序、规则、任务分配、要采取的步骤、要使用的资源以及为完成既定行动方针所需要的其他因素。一项方案可能很大，也可能很小。通常情况下，一个主要方案（规划）可能需要很多支持计划。在主要计划进行之前，必须要把这些支持计划制订出来，并付诸实施。所有这些计划都必须加以协调和安排时间。

（八）预算

预算是一份用数字表示预期结果的报表。预算通常是为规划服务的，其本身可能也是一项规划。

# 任务三　计划的制订和实施

## 一、计划的编制方法

实践中，计划的编制方法主要有滚动计划法、目标管理法和网络计划技术等。

（一）滚动计划法

1. 滚动计划法的含义

滚动计划法是按照"近细远粗"的原则制订一定时期内的计划，然后按照计划的执行情况和环境变化，调整和修订未来的计划，并逐期向后移动，把短期计划和中期计划结合起来的一种计划方法。

这种方法根据计划的执行情况和环境变化定期修订未来的计划，并逐期向前推移，使短期计划、中期计划有机地结合起来。由于在计划工作中很难准确地预测将来影响组织生存与发展的经济、政治、文化、技术、产业、客人等各种变化因素，而且随着计划期的延长，这种不确定性就越来越大。因此，如机械地按几年以前编制的计划实施，或机械地、静态地执行战略性计划，则可能导致巨大的错误和损失。滚动计划法可以避免这种不确定性带来的不良后果。具体做法是用近细远粗的办法制订计划。

2. 滚动计划法的流程

滚动计划法根据一定时期计划的执行情况，考虑企业内外环境条件的变化，调整和修订出来的计划，并相应地将计划期顺延一个时期，把近期计划和长期计划结合起来的一种编制计划的方法。在计划编制过程中，尤其是编制长期计划时，为了能准确地预测影响计划执行的各种因素，可以采取近细远粗的办法，近期计划订得较细、较具体，远期计划订得较粗、较概略。在一个计划期终了时，根据上期计划执行的结果和产生条件，市场需求的变化，对原订计划进行必要的调整和修订，并将计划期顺序向前推进一期，如此不断滚动、不断延伸。例如，某企业在 2012 年年底制订了 2013—2017 年的五年计划，如采用滚动计划法，到 2013 年年底，根据当年计划完成的实际情况和客观条件的变化，对原订的五年计划进行必要的调整，在此基础上再编制 2014—2018 年的五年计划。其后以此类推，如图 3-2 所示。

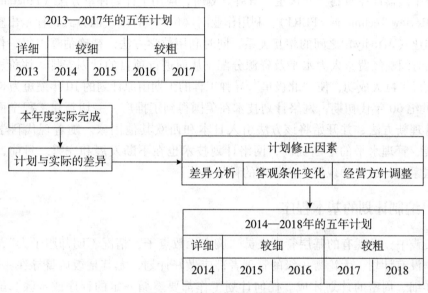

**图 3-2 滚动计划法的流程**

可见，滚动式计划法能够根据变化了的组织环境及时调整和修正组织计划，体现了计划的动态适应性。而且，它可使中长期计划与年度计划紧紧地衔接起来。

滚动计划法，既可用于编制长期计划，也可用于编制年度、季度生产计划和月度生产作业计划。不同计划的滚动期不一样，一般长期计划按年滚动；年度计划按季滚动；月度计划按旬滚动等。

（二）目标管理

目标管理（Management By Objectives，MBO）是以美国管理学家泰勒（Taylor）的科学管理和行为科学管理理论为基础形成的一套管理制度，其概念是美国管理专家彼得·德鲁克（Peter Drucker）1954 年在其名著《管理实践》中最先提出的，其后他又提出"目标管理和自我控制"的主张。

彼得·德鲁克认为，并不是有了工作才有目标，而是相反，有了目标才能确定每个人的工作。所以"企业的使命和任务，必须转化为目标"，如果一个领域没有目标，这个领域的工作必然被忽视。因此管理者应该通过目标对下级进行管理，当组织最高层管理者确定了组织目标后，必须对其进行有效分解，转变成各个部门以及各个人的分目标，管理者根据分目标的完成情况对下级进行考核、评价和奖惩。

（三）网络计划技术

网络计划技术是 20 世纪 50 年代后期在美国产生和发展起来的。这种方法包括各种以网络为基础判定的方法，如关键路径法、计划评审技术、组合网络法等。网络计划技术是一种科学的计划管理方法，它是随着现代科学技术和工业生产的发展而产生的。20 世

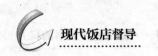

纪 50 年代，为了适应科学研究和新的生产组织管理的需要，国外陆续出现了一些计划管理的新方法。1956 年，美国杜邦公司（DuPont Company）研究创立了网络计划技术的关键线路方法（Critical Path Method，CPM），通过分析项目过程中哪个活动序列进度安排的总时差最少来预测项目工期，并试用于一个化学工程上，取得了良好的经济效果。1958 年美国海军武器部在研制"北极星"导弹计划时，应用了计划评审方法（Program Evaluation and Review Technique，PERT），利用作业网（Net – Work）的方式，标示出整个计划中每一作业（Activity）之间的相互关系，同时利用数学方法，精确估算出每一作业所需要耗用的时间、经费、人力水平及资源分配，从而进行项目的计划安排、评价、审查和控制，获得了巨大成功，使"北极星"导弹工程的工期由原计划的 10 年缩短为 8 年。

20 世纪 60 年代初期，网络计划技术在美国得到了推广，一切新建工程全面采用这种计划管理新方法，并开始将该方法引入日本和西欧其他国家。随着现代科学技术的迅猛发展、管理水平的不断提高，网络计划技术也在不断发展和完善。目前，它已成为发达国家盛行的一种现代生产管理的科学方法。

## 二、编制计划的基本程序

在实践中，发现有的基层管理人员"胸有无数点子，情况不明却胆子大"，这些都属于工作没有计划。无论哪一级的管理者都应做好计划，尤其是饭店督导在一线操作，更应有详细、周密的计划才成。任何计划工作都要遵循一定的程序或步骤。虽然小型计划比较简单，大型计划复杂些，但是，管理人员在编制计划时，其工作步骤都是相似的。做计划的基本程序具体包括：

（一）调查研究，发现问题，认清机会

彼得·德鲁克指出，问题要分清楚是常见的还是偶发的，常见的要提到政策的水平上处理，偶发的具体情况要具体处理。通过调查研究，可以预测到未来可能出现的变化，并能清晰而完整地认识到组织发展的机会，搞清组织的优势、弱点及所处的地位，认识到组织利用机会的能力，意识到不确定因素对组织可能发生的影响程度等。

（二）确定目标

制订计划的第二个步骤是在认识机会的基础上，为整个组织及其所属的下级单位确定目标，目标是指期望达到的成果，它为组织整体、各部门和各成员指明了方向，描绘了组织未来的状况，并且作为标准可用来衡量实际的绩效。计划的主要任务，就是将组织目标进行层层分解，以便落实到各个部门、各个活动环节，形成组织的目标结构，包括目标的时间结构和空间结构。

（三）确定前提条件

所谓计划工作的前提条件就是计划工作的假设条件，简而言之，即计划实施时的预期环境。负责计划工作的人员对计划前提了解得愈细愈透彻，并能始终如一地运用它，则计划工作也将做得越协调。

按照组织的内外环境，可以将计划工作的前提条件分为外部前提条件和内部前提条件；还可以按可控程度，将计划工作前提条件分为不可控的、部分可控的和可控的三种前提条件。外部前提条件大多为不可控的和部分可控的，而内部前提条件大多数是可控的。不可控的前提条件越多，不肯定性越大，就愈需要通过预测工作确定其发生的概率和影响程度的大小。

（四）拟订可供选择的可行方案

编制计划的第四个步骤是寻求、拟订、选择可行的行动方案。"条条道路通罗马"，描述了实现某一目标的方案途径是多条的。通常最显眼的方案不一定就是最好的方案，对过去方案稍加修改和略加推演也不会得到最好的方案，一个不引人注目的方案或通常人提不出的方案，效果却往往是最佳的，这里体现了方案创新性的重要。此外，方案也不是越多越好。编制计划时没有可供选择的合理方案的情况是不多见的，更加常见的不是寻找更多的可供选择的方案，而是减少可供选择方案的数量，以便可以分析最有希望的方案。即使用数学方法和计算机，我们还是要对可供选择方案的数量加以限制，以便把主要精力集中在对少数最有希望的方案的分析方面。

（五）评价可供选择的方案

在找出了各种可供选择的方案和检查了它们的优缺点后，下一步就是根据前提条件和目标，权衡它们的轻重优劣，对可供选择的方案进行评估。评估实质上是一种价值判断，它一方面取决于评价者所采用的评价标准；另一方面取决于评价者对各个标准所赋予的权重。一个方案看起来可能是最有利可图的，但是需要投入大量现金，而回收资金很慢；另一方案看起来可能获利较少，但是风险较小；第三个方案眼前看没有多大的利益，但可能更适合公司的长远目标。应该用运筹学中较为成熟的矩阵评价法、层次分析法、多目标评价法，进行评价和比较。

如果唯一的目标是要在某项业务里取得最大限度的当前利润，如果将来不是不确定的，如果无须为现金和资本可用性焦虑，如果大多数因素可以分解成确定数据，那么评估将是相对容易的。但是，由于计划工作者通常都面对很多不确定因素，资本短缺问题以及各种各样无形因素，评估工作通常很困难，甚至比较简单的问题也是这样。一家公司主要为了声誉，而想生产一种新产品；而预测结果表明，这样做可能造成财产损失，但声誉的收获是否能抵消这种损失，仍然是一个没有解决的问题。因为在多数情况下，存在很多可供选择的方案，而且有很多应考虑的可变因素和限制条件，评估会极其困难。

评估可供选择的方案，要注意考虑以下几点：第一，认真考察每一个计划的制约因素和隐患；第二，要用总体的效益观点来衡量计划；第三，既要考虑到每一个计划的有形的可以用数量表示出来的因素，又要考虑到无形的、不能用数量表示出来的因素；第四，要动态地考察计划的效果，不仅要考虑计划执行所带来的利益，还要考虑计划执行所带来的损失，特别注意那些潜在的、间接的损失。

（六）选择方案

计划工作的第六步是选定方案。这是在前五步工作的基础上，作出的关键一步，也是决策的实质性阶段——抉择阶段。可能遇到的情况是，有时会发现同时有两个以上可取方案。在这种情况下，必须确定出首先采取哪个方案，而将其他方案也进行细化和完善，以作为后备方案。

（七）制订派生计划

基本计划还需要派生计划的支持。比如，一家公司年初制订了"当年销售额比上年

增长15％"的销售计划，与这一计划相连的有许多计划，如生产计划、促销计划等。再如当一家公司决定开拓一项新的业务时，这个决策需要制订很多派生计划作为支撑，比如雇佣和培训各种人员的计划、筹集资金计划、广告计划等。

（八）编制预算

在做出决策和确定计划后，计划工作的最后一步就是把计划转变成预算，使计划数字化。编制预算，一方面是为了计划的指标体系更加明确，另一方面是使企业更易于对计划执行进行控制。定性的计划往往在可比性、可控性和进行奖惩方面比较困难，而定量的计划具有较硬的约束力。

## 三、计划的实施

计划制订好了，实施更重要。如果实施不力，再好的计划也不能发挥作用。

（一）浴盆曲线规律

在计划实施过程中常常会呈现浴盆曲线规律，如图3-3所示。

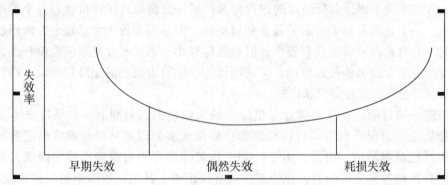

图3-3　浴盆曲线规律

纵轴是失效率，横轴是过程。在整个计划实施的过程中，早期的失效率比较高，因为计划本身有不甚完善的地方，这是正常现象。中期的失效率则降低了，即计划的有利条件和优越性已经充分显示出来。这就提醒管理者，防止半途而废，防止中途效应，一定要坚持，因为计划既然经过了充分论证，那么就要果断地坚持。后期的失效率又会升高，因为计划已经老化，需要被新的计划所取代。

（二）计划的执行

计划制订后，就应将计划分部门、分层次、分阶段层层分解，逐一落实到部门、班组和个人，分解至饭店业务活动的各个环节。饭店通过落实岗位责任制和经济责任制，要求各岗位员工按照规定的标准和时间完成工作任务，并承担一定的责任。

在执行过程中执行人员必然会遇到各种障碍和困难而改变计划。为确保饭店计划目标的实现，督导应善于应变，根据变化了的情况改变计划，但需要遵循相应的原则。

（1）积极原则。所谓积极原则是指既然有不适合实际情况的地方，一定要积极改正，但是一般情况下应以微调为主。

（2）慎重原则。大方向既然论证了就不要轻易改动，如果轻易改动大方向，就会给员工造成很多迷惑。中国有句古话叫"政多变则民惑"。政策变来变去，员工就会不知所措，另外政策的糊涂也证明管理者的头脑糊涂。

## 【复习与练习】

### 一、填空题

1. 计划的实质是确定目标以及规定达到目标的_____和_____。
2. 根据计划内容的明确性指标，可以将计划分为_____和_____。
3. 计划的编制方法主要有_____、_____和_____等。

### 二、选择题

1. 计划不是对已经形成的事实和状况的描述，而是在行动之前对行动的任务、目标、方法、措施所作出的确认。这反映了计划的（　　）?

A. 计划的普遍性　　　　　　　　　　B. 计划的预见性

C. 计划约束性　　　　　　　　　　　D. 计划效益性

2. （　　）主要是企业长远发展规划，应用于整体组织的，为组织设立总体目标和寻求组织在环境中的地位的计划。

A. 作业层计划　　　　　　　　　　　B. 短期计划

C. 战略层计划　　　　　　　　　　　D. 战术层计划

3. （　　）是为了达到组织总目标而采取的行动和利用资源的总计划，其目的是通过一系列的主要目标和政策去决定和传达一个组织期望自己成为什么样的组织。

A. 战略　　　　B. 政策　　　　C. 规则　　　　D. 程序

4. 计划工作的最后一步就是把计划转变成（　　），使计划数字化。

A. 方案　　　　B. 预算　　　　C. 目标　　　　D. 机会

5. "禁止自带酒水"是一条（　　）。

A. 目的　　　　B. 程序　　　　C. 政策　　　　D. 规则

### 三、名词解释

1. 计划。
2. 战略层计划。
3. 滚动计划法。

### 四、简答题

1. 简述计划内容5W1H的具体含义。
2. 简述计划的性质。
3. 简述编制计划的基本程序。
4. 简述浴盆曲线规律。

### 五、案例分析题

等待的代价

一对夫妇预订了一个20：00的晚餐并准时入座。他们环顾四周打量着装饰漂亮

的餐厅，看到白色的桌布上布置着鲜艳的花朵，餐厅里回响着经典乐曲，呈现在餐桌上的食物使人胃口大开而且菜量很足。从其他客人的表情可以看出，食物非常出色而且许多客人都过得很愉快。但是，他们等了10分钟也没有人前来为他们点饮料。最后，终于有人为他们点单和服务，但服务员放下饮料单15分钟后就踪影不见。20：32，服务员才回来为他们点菜，夫妇俩感觉每道菜之间的等待时间十分漫长。最终，主菜在22：03上了桌。服务员解释说，由于就餐的客人多，餐厅临时加了一些桌台，主管只告诉员工要为加桌服务，但每张桌台由谁来管却不明晰。服务的方式使人感觉是例行公事，毫无关注之情。食物的确一流、分量很足。你认为这对夫妇会如何告诉朋友们他们的就餐经历？他们还会再来享用另一顿晚餐吗？

思考题：

1. 请简要评价案例中餐厅服务的计划管理？

2. 如果你是这个餐厅的主管，你该如何做好餐厅服务计划？

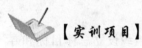【实训项目】

【实训名称】认知计划

【实训内容】

1. 培养创新能力与分析能力。

2. 掌握实际编制计划的方法。

【实训步骤】

学生3～6人组成一个小组，并推举小组负责人，各小组成员集体完成实训。

1. 通过各种渠道，获得一份企业近期计划。

2. 了解制订计划的相关背景，分析制订计划的方法、计划的类别。

3. 了解计划的目标及实施情况，分析讨论计划制订的优缺点。

4. 组织一次课堂交流，以小组为单位上台讲述，在课上进行交流与论证。

【实训点评】

1. 每个小组交一份讨论记录和一份计划方案。

2. 教师和学生根据各小组的计划方案及上台陈述表现情况给予评价打分，纳入学生实训课考核之中。

# 项目四　决策——督导工作的核心职责

【学习目标】

1. 充分认识决策的含义
2. 了解决策过程
3. 熟悉决策的类型
4. 掌握决策的分析和制定

【案例引导】

## 他该如何决策？

程志新近受聘担任一家有300间客房的高星级饭店的总经理。他的这一选择是不寻常的，因为除了作为饭店常客外，他从未有过从事饭店业的经历。这家饭店四年前开业，开业后曾以服务优良和富有传统特色而闻名。两年后店方的主管部门频繁替换总经理，已换了七任老总，其中包括从境外请了三家酒店管理公司。当程志就任时，该店服务质量已大大下降，与过去名声不相称。客人抱怨越来越多；老客人的续订率日趋下降；客人对员工的冷漠、缺乏礼貌与三言两语的草率回答、不规范的服务时常投诉。

第一个月，程志走遍饭店各部门，了解情况，尽量同员工接触交谈。他发现员工更衣室乱七八糟，地板肮脏不堪，卫生间无肥皂、毛巾，马桶坐圈丢失，房门破损。其他员工区也同样杂乱无章，墙壁的油漆、灰泥严重剥落。员工食堂的伙食差，厨具变形、不洁，食堂灯光暗淡。他完全可以设想，员工将美味可口的食物送进套房后，只能回到一个肮脏的"地牢"里去。

他惊异地发现，运作了几年的一家高星级饭店竟然没有一套适合本店的管理模式；对中高层管理者开业以来没有做过一次系统的培训；上司指挥下属很费劲，有时还要看下属的脸色行事，因为下属认为你今天在台上，明天还不一定在位。

程志向人事部门了解员工录用情况，发现员工只要填一张申请表就立即安排工作。为了节省劳动力成本，从乡镇招了不少临时工，也用了一些下岗"大嫂"，可岗前培训只有半天，甚至有时没有进行岗前培训。除了顶头上司的评语外，没有工作评估。原来打

算在人事部办公室外设立的布告栏从未设立过，重要的人事布告没有固定的张贴场所。骨干员工已流走不少，有些部门经理正在寻找合适单位。

程志还发现饭店存在严重语言的障碍，影响与客人的交流。在近1000名员工中，一线员工有1/3不会讲英语，员工之间相识而不知其部门和名字者甚多。

此外，他发现前台工作人员从未去过本店的客房，更不要说以客人身份在里面度过一夜，这怎能热情地向潜在客人介绍客房的特色呢？同样，饭店的6个餐厅经理只在本餐厅就餐，不了解其他餐厅的情况，也不了解其他饭店的餐饮经营情况。饭店的15个部门经理也同样不了解其他部门在干什么？信息不灵和缺乏协调使部门间问题成堆，而客人受害则首当其冲。

领导者作出决策，首先要解决的问题归根到底是人的问题，而处理好人的问题是领导决策得以实现的关键。请您带着"程志应该如何做出正确有效的决策?"等问题，学习和掌握本章相关知识，并提出具体解决方案。

# 任务一　认识决策

在一个充满不确定性的竞争环境中，管理者必须作出有效的决策与制订全面的计划，以便找到有效的竞争战略。决策是管理者的核心工作，在管理者的基本职能中，不管是参与计划、组织、领导还是控制活动，他们都需要不断地进行决策。为了应对这些来自组织内外的机遇和威胁，管理者必须进行决策。也就是说，他们必须从一系列备选方案中选择一种解决方法。

拿破仑·波拿巴（Napoléon Bonaparte）说过"做决定的能力最难获得，因此也最宝贵。"有一位农夫，他拥有一片良田，非常肥沃。可是在田的中间却有一块大石头，多年来给他造成了不少的麻烦，不仅折断了农夫的好几把犁头，有一次甚至还弄坏了农夫心爱的耕种机。这块大石不仅横亘在田间，也压在了农夫心中，有如芒刺在背，像是一个挥之不去的阴影，成了心病。终于有一天农夫的又一把犁头被打坏了，想起巨石给他带来的无尽麻烦，农夫下定决心要了结这块巨石。于是，他找来撬棍伸进巨石底下。此时，他惊讶地发现，石头埋在地里并没有想象的那么深，那么厚，稍一使劲就可以把石头撬起来，再用大锤打碎，清出地里。农夫脑海里闪过多年来被巨石困扰的情景，再一想其实可以更早把这桩头疼事处理掉，禁不住一脸的苦笑。如果农夫早做决定清理那块石头，就不会在付出了那么多的代价之后才有所行动，解决问题。可见，一个好的决策将带来正确的目标和行动方案选择，从而提高组织的绩效；而一个不好的决策则会降低组织的绩效。

## 一、决策的含义

决策（Decision Making），就是指组织或个人为了实现某种目标，借助于一定的科学手段和方法，对未来一定时期内有关活动的方向、内容及方式的选择和实施的过程。主体可以是组织也可以是个人。

管理就是决策。美国经济组织决策管理大师赫伯特·西蒙（Herbent Simon）说过：

"决策是管理的心脏。"也就是说,决策决定着组织的盛衰,关系组织的生死存亡。美国管理学家还曾断言:成功的80%取决于决策者,仅有20%依靠下属。由此可见,决策是督导的核心工作之一,督导要不断地决定做什么、谁来做、怎么样做、何时做和何地做。为实现饭店的经营目标和员工自身的目标,督导需要比其他层次的管理者更多地指导员工的行为和更频繁更迅速地做出决策。员工碰到问题时就会找督导,督导决定他们怎么做。员工不能或不愿按要求工作时,要决定是进行培训,激发他们的工作热情,还是用纪律来约束他们。有时,督导一整天的工作内容就是一个接一个的决策。要充分认识和理解决策的内涵,应把握以下几个关键。

1. 决策要有明确的目标

决策是为了解决某一问题,或是为了达到一定目标。确定目标是决策过程第一步。决策所要解决问题必须十分明确,所要达到的目标必须十分具体。没有明确的目标,决策将是盲目的。有这样一个故事:有一位父亲带着三个孩子,到沙漠去猎杀骆驼。当他们到了目的地时,父亲问老大:"你看到了什么?"老大回答:"我看到了猎枪,还有骆驼,还有一望无际的沙漠。"父亲摇摇头说:"不对。"父亲以同样的问题问老二。老二回答说:"我看见了爸爸、大哥、弟弟、猎枪,还有沙漠。"父亲又摇摇头说:"不对。"父亲又以同样的问题问老三。老三回答说:"我只看到了骆驼。"父亲高兴地说:"你答对了。"要使制定的决策目标能产生效果,关键就是"明确"二字,成功的目标,必须是明确的。进一步说,目标要具体化、要量化。只有这样,才能够确保企业或者团队成员调查自己的工作任务和努力程度,保证能始终朝着既定的目标前进。

2. 决策要有两个以上备选方案

决策实质上是选择行动方案的过程。如果只有一个备选方案,就不存在决策的问题。因而,至少要有两个或两个以上方案,人们才能从中进行比较、选择,最后选择一个满意方案为行动方案。

3. 选择后的行动方案必须付诸实施

如果选择后的方案,束之高阁,不付诸实施,这样,决策也等于没有决策。决策不仅是一个认识过程,也是一个行动的过程。

## 二、决策的要素

我们平时讲"决策",多数情况下只是指做出某个决定。彼得·德鲁克(Peter Drucker)所讲的"决策",范围比我们平时意义上理解的要宽泛得多,它主要包含了以下七个要素。

(一)判断决策是否必要

管理者做决策,就好像外科医生决定是否要对病人进行手术一样。外科医生在决定动手术前,都会非常慎重,因为他们知道,外科手术不可能没有风险,所以必须避免那些不必要的手术。在决定患者是否需要手术时,外科医生大都遵照几条古老而有效的规则:

(1)如果疾病能够自动痊愈,而且不会对患者产生什么风险和巨大的疼痛,动手术是没有必要的,而只须定期检查。

（2）如果病情恶化或者有生命危险，而医生又可以对这种病采取一些措施，那么他就应该马上给病人动手术，不仅要快，而且还要彻底。在这种情况下，尽管手术存在风险，却是必要的。

（3）第三种情况介于以上两者之间，可能是最常见的一种情况：病情既没有恶化也不会危及生命，但是也不会自动痊愈，而且相当严重。这时外科医生就要在机会和风险之间进行权衡。在这个时刻，他必须做出一个决策。正是这种决策才把一流的外科医生和平庸之辈区分开来。

这种外科医生使用的基本原理同样可以应用到管理中的决策上来。

（二）对问题进行分类

如果一开始对问题的分类错了，最后的决策也会是错误的。管理者遇到的问题一般可以分为四种基本类型：

（1）无论是在企业内部还是在整个行业中都比较普遍的事件。

（2）对于某个企业具有特殊性，但对于整个行业具有普遍性的事件。

（3）完全特殊的事件。

（4）看上去是特殊事件，但实际上只不过是一个首次出现的普通事件。

除了完全特殊的事件之外，其他类型的问题都分别有其普遍性的解决方法。

完全特殊的问题非常罕见。事实上一个组织所遇到的大部分问题都是别人已经解决过的。所以，卓有成效的决策者要认真分析问题，判断它究竟是普遍性问题还是特殊问题。如果问题是普遍性的，就只能通过一项建立规则或原则的决策才能解决。

（三）界定问题

界定问题是所有七个决策要素中最重要的一个，也是最容易被管理者忽视的要素。一个卓有成效的决策者，总是首先从最高层次的观念方面去寻求问题的解决办法。问题找对了，即使解决方法上有所失误，这种失误也可以得到纠正或挽救；但是如果问题找错了，即使解决方案是对的，这个问题也得不到解决。借用医学上的话来说，就是对疾病的诊断要正确。同样，决策也必须要对问题先有一个正确的"界定"，然后才能"对症下药"。

优秀的决策者并不会做很多决策，他们只做那些重要的决策。而且他们知道什么时候必须做决策。在需要做决策的时候，他们绝不会举棋不定，而是会马上采取行动。优秀的决策者知道决策中最重要、最困难的地方并不在于做出决策本身，而是要确保所做出的决策的确能解决真正的问题。

2011 年 8 月 15 日，谷歌（Google）以 125 亿美元收购摩托罗拉移动（Motorola Mobility）。新任 CEO 拉里·佩奇（Larry Page）因此被誉为"最有效的决策者"。而他却认为，最有效的决策者是曾任美国贝尔电话公司（American Telephone & Telegraph Company, AT&T）总裁的费尔。20 世纪初费尔做了四项重大决策，创造了一个当时世界上最具规模的民营企业。

1. 提出了"为社会提供服务是公司的根本目标"

贝尔电话公司必须预测社会大众的服务要求，满足社会大众的服务要求。当初，费尔看清了一个民营的电话公司能站得住脚，不被政府收归国营，既不能采取防守政策，自食失败之果；也不应当采取防守政策，麻痹管理人员的创造力，而应该比任何政府企业都要更加照顾社会大众的利益，积极为其服务。

2. 把实现"公众管制"作为公司的目标

费尔认为一个全国性的电信事业，绝不能以传统的"自由企业"进行无拘无束的经营。他认为，为了避免一个垄断性的公司被政府收购，唯一的方法便是"公众管制"。费尔把有效的"公众管制"，作为贝尔公司的目标。这样，一方面确保公众利益，另一方面又能使公司顺利经营。

3. 建立了贝尔研究所

费尔替公司建立了贝尔研究所（Bell Labs），成为企业界最成功的科研机构之一。他这一项政策是以一个独瞻性民营企业必须自强不息才能保持活力的观念为出发点。他认为一个企业如果没有竞争力，便不能成长。电信工业的技术最为重要，视其有无前进，决定于技术能否日新月异。

4. 开创一个大众资本市场

费尔在20世纪20年代开创了一个大众资金市场，避免因为民营企业由于资金的问题而陷入困境。他认为许多企业之所以被政府接管，多数是由于无法取得所需要的资金。为确保贝尔公司民营形态的生存，必须筹措大量资金。费尔发行了一种美国电话电报公司普通股份，直到今天这个普通股份仍然是美国和加拿大中产阶级的投资对象，也使贝尔公司获得了大量资金。

费尔的四项重大决策都是有针对性的，都是为了解决公司和他当时所面临的问题。这些大决策的思想，充分体现了什么是真正的、有效的决策。

（四）判断什么是正确的决策

有的管理者在决策的时候，往往会情不自禁地问这样一些问题：老板能接受什么样的决策？我知道财务人员不会喜欢这个决策，那么我现在怎么做才能迎合他们的心意呢？我知道这与我们长期以来相信的东西相矛盾，我们该如何慢慢地在小范围内起步，以免惊动太多的人？谁会喜欢这个方案？彼得·德鲁克认为：一旦受到了这种问题的局限，决策将肯定会失败。决策的出发点应该是"什么是对的"，而绝不是"谁是对的"。

但是，这并不是说，妥协或者折中都是在决策中不可取的。实际上，妥协也有正确的与错误的之分。不管要做什么妥协，只要一个方案能够解决问题——尽管可能解决得不够完美——这种妥协就是正确的妥协。如果妥协不能解决问题，这个方案就可能比不做决策更有害处。

（五）让别人接受你的决策

我们如果从解决问题的角度看决策，除非你的组织接受了你的决策，否则你的决策就是无效的，它只不过仍然是一个良好的意愿而已。为了使一个决策发挥效力，应该从决策过程一开始，就考虑好如何使决策最后被接受。

远在做出最终决策之前，管理层在刚刚开始做决策的时候，就开始做准备工作来让人们接受他们决策。因此，组织中的每一个将要受到决策影响的人，不管是否赞成这个决策，他都会十分清楚决策的内容，也会为这个决策做好准备。这样一来，管理层根本不需要游说，因为人们已经十分了解这个决策了。

（六）落实执行决策的具体行动

在采取正确的行动之前，决策还不能算已经完成。如果没有把执行决策的任务和责任分配下去，并且为实施决策规定一个最后期限，制定决策只是一句空谈，决策也只能算是一种希望。我们平时可以见到这样的情况：公司请了某著名的咨询公司，对公司的某个方面做出了一个决策。于是，公司郑重其事地又开会，又发文，大张旗鼓地宣传，公司领导也出面表态，对这项决策表示全力支持。然而，最后每个人都把关于这项新政策的文件束之高阁。

要想使一项决策有成效，就必须在决策过程的一开始就考虑需要采取的行动。确实，在把执行决策的具体步骤转换成某些人的任务和责任之前，决策根本还没有完成，这时，决策只不过是一纸空文。

将决策转化为行动需要回答以下几个问题。

（1）谁必须了解这项决策？

（2）实施决策需要采取哪些行动？

（3）谁来采取这些行动？

（4）为了便于员工执行，这些行动应该采取何种方式？

（七）根据实际结果对决策进行检验

即使是有效的管理者也可能做出不正确的决策。毕竟，每一个决策都有风险，因为它将现有的资源托付给不确定的、未知的将来。因此，决策做出后，还需要经过实践的检验。一个重要决策的结果往往要在未来才能显示出来，而且经常是在多年以后。所以，在决策过程中要注意跟踪记录并及时汇报有关信息，从而不断用真正发生的结果检验决策者原来的期望。

当管理者做重要的决策时，他都应该把对结果的期望以及希望实现的时间写下来。在9个月或者一年之后，这位管理者应该把真正发生的结果同原来期望的结果进行比较，而且要持续地做这种比较，直到决策已经实施完毕。

# 任务二　决策过程

决策制定是一个过程而不是简单的选择方案的行为。决策过程（Decision – Making Process）从发现问题开始，到选择能解决问题的方案，最后结束于评价决策效果，如下图所示。

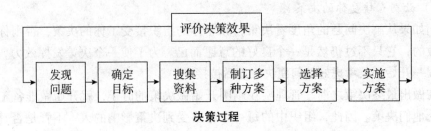

决策过程

## 一、发现问题

决策过程始于一个存在的问题（Problem），所谓问题，是指期望状态（应有状况）与实际状况之间的差距。问题的发现和识别是主观的。除了来自于外部环境中的变化，它还可能来自于组织内部管理者的行为。不管主动还是被动，重要的一点是，他们必须认识到决策的需要，并以一种及时和恰当的方式做出反应。

在某些事情被认为是问题前，管理者必须意识到差异，他们不得不承受采取行动的压力，同时，他们必须有采取行动所需的资源。

研究组织活动中存在的不平衡，要着重思考以下几个方面的问题。

（1）组织在何时何地已经或将要发生何种不平衡？

（2）这种不平衡会对组织产生何种影响？

（3）不平衡的原因是什么？

（4）其主要根源是什么？

（5）针对不平衡的性质，组织是否有必要改变或调整其活动的方向和内容？

## 二、确定目标

发现问题后，接着就要确定目标。所谓目标，是指在一定条件下，根据需要和可能，在预测的基础上所企求的终极要求，或决策所要获得的结果。

确定目标是决策中的重要一环，目标一错，失之毫厘，谬以千里。明智的决策者有这样的体会，"目标一旦定好，决策问题已经解决一半"。确立目标要注意以下几个问题。

（1）要有层次结构，建立目标体系。目标是由总目标、子目标、二级子目标从总到分、从上到下组成的一个有层次的目标体系，是一个动态的复杂系统。大文豪列夫·托尔斯泰（Lev Tolstoy）说："要有生活目标，一辈子的目标，一段时期的目标，一个阶段的目标，一年的目标，一个月的目标，一个星期的目标，一个小时的目标，一分钟的目标，还得为大目标牺牲小目标。"决策目标固然不必分得这样细，但必须有总有分，目标之间相互衔接，使整体功能得到有效发挥。

（2）目标是可以计量其成果、规定其时间、确定其责任的。

（3）要规定目标的约束条件。如把产值、利润增长一倍作为目标，同时要规定在产品的品种、结构、质量、规格符合一定的前提条件下来完成。执行的结果如不符合这些条件，那么即使产值、利润的计划已经完成，也不算达到了目标。约束条件主要有资源条件、质量规格、时间要求及法律、制度、政策等限制性规定。

（4）建立衡量决策的近期、中期、远期效果的三级价值标准，建立科学价值、经济价值及社会价值指标，并进行综合权衡，以构成价值系统，以此作为评价标准。

（5）目标的确定，要经过专家与领导的集体论证。

## 三、搜集资料，掌握情报信息

搜集与决策有关的经济、技术、社会等各方面的情报资料，是进行科学决策的重要

依据。情报信息量的大小、正确与否，直接影响到决策的质量。要想在决策上不失误，必须有丰富可靠的情报来源、迅速的情报传递、准确的情报研究，这是决策科学化的重要物质技术基础。没有一批定量的数据，就不可能为决策作出定性分析。因而，要尽可能大量占有数据和资料。资料来源，一方面是统计调查资料，一方面是预测资料。搜集情报信息资料要达到以下要求。

（1）资料必须具有完整性，凡与目标要求有关的直接或间接资料，都要尽可能搜集齐全。

（2）资料情报必须具有可靠性，要有依据，要具有时间、地点、对象的连续性要求，数字要准确无误。

（3）对资料要做系统分析，着重从事实的全部总和、从事实的联系去掌握事实，从事物的发展中全面估计各种对比关系，以保证掌握情报信息的科学性。

（4）对一些不确切的问题或疑难问题，要召集专家及有关人员进行集体会诊，以做出定性分析和概率估计。

做好预测工作，是确定目标和搜集资料两个阶段都十分必要的事情。

科学的决策要有科学的预测。科学决策需要的科学依据包括经济依据、现状依据、预测依据。对事物的过去和现状进行定量定性分析是重要的，但还是不够的。决策是在今后执行的，分析历史和现状是为了预测未来。没有科学的预测，就没有科学的决策。我国过去一些决策上的失误，其中一个重要原因，就是科学依据不足，尤其缺乏预测依据。只有通过科学的预测从而获得决策所必要的未来发展的信息，才能有可靠的科学依据。

## 四、拟订多种备选方案

拟订供选择用的各种可能方案，是决策的基础。没有恰当地拟订不同的备选方案并对其进行分析是许多管理者有时候做出错误决策的原因之一。如果只有一个方案，就没有比较和选择的余地，也就无所谓决策。国外常有这样的说法："没有选择就没有决策。"一些经理人物也常用这样的格言来提醒自己："如果你感到似乎只有一条路可走，那很可能这条路就是不该走的。"我们过去经常是一个方案，一上一下，这种做法是应改进的。

拟订方案阶段的主要任务是对信息系统提供的数据、情报，进行充分的系统分析，并在这个基础上制订出备选方案。要求做到：

（1）必须制订多种可供选择的方案，方案之间具有原则区别，便于权衡比较。

（2）每一种方案以确切的定量数据反映其成果。

（3）要说明本方案的特点、弱点及实践条件。

（4）各种方案的表达方式必须做到条理化和直观化。

在制订方案的步骤上一般分两大步。

第一步，设想阶级。

要求有创新精神和丰富的想象力。这些都取决于参谋人员的知识、能力、智慧和胆识。既要实事求是，又不能因循守旧。思想要敏锐、有洞察力并富于远见。

第二步，精心设计。

如果第一步需要大胆设想，这一步却更要冷静思索、反复计算、严密论证和细致推敲，即经得起怀疑者和反对者的挑剔。这一步，主要搞好两项工作：一是确定方案的细节；二是估计方案的结果。既要有好的主意，又要有好的结果。

这里还有一个主要问题，管理者很难对特定问题提出具有创造性的解决方案。因为他们中的一些人也许已经习惯于从单一的角度来看待这个世界，即形成了某种特定的"管理思维定式"。根据美国管理学家彼得·圣吉（Peter Senge）的观点，我们每一个人的思想和行为都受到个人世界观模式的制约。

## 五、选择方案

方案一旦拟订后，决策者必须批评性地分析每一方案，让每一个方案的优缺点变得明显。接下来就评价每个方案。美国国家航空航天局（National Aeronautics and Space Administration，NASA）和莫顿聚硫橡胶公司（Morton Thiokol Inc.）的管理者希望向美国公众展示其太空计划的成功，从而保证未来的拨款（经济可行性）。而这一标准和确保宇航员安全的要求（合乎道德）是相互冲突的。管理者们认为经济标准更为重要，并最终决定发射"挑战者号"（STS Challenger）航天飞机，悲剧就此发生。对管理者来说，选择评价备选方案的正确标准组合并不是一件容易的事情。

评价和比较的主要内容有以下几个方面。

（1）方案实施所需要的条件是否已经具备，建立和利用这些条件需要组织付出多少成本。

（2）方案实施能给组织带来哪些长期和短期的利益。

（3）方案实施中可能遇到的风险及活动失败的可能性。

在方案比较和选择过程中，决策者以及决策的组织者要注意处理好以下几个方面的问题。

（1）要统筹兼顾。

（2）要注意反对意见。

（3）要有决断的魄力。

## 六、实施方案

在选定了最佳备选方案之后，就须要将其付诸实施。在实施方案的过程中，还须要做出许多后续的相关决策。没有切实地实施这些决策，这和不做决策其实没什么两样。因此，还须做好以下工作：

（1）采取相应的具体措施，保证方案的正确执行。围绕目标和实施目标的优化方案，制订具体的实施方案，明确各部门的职责、分工和任务，做出时间和进度安排。交方案同时要交办法，层层要有落实方案的具体措施，使总目标有层层保证的基础。

（2）确保有关方案和各项内容为参与实施的人充分接受和彻底了解。把决策的目标、价值标准以及整个方案向下属交底，动员群众、干部和科技人员为实现目标而共同努力，以求实现。

（3）运用目标管理方法将决策目标层层分解，落实到每一个执行单位和个人。制定各级各部门及执行人员的责任制，确立规范，严明制度，赏罚分明。切忌吃"大锅饭"及粗放管理。要把统一指挥同调动群众的积极性结合起来，加强思想政治工作。

（4）随时纠正偏差，减少偏离目标的震荡。建立重要工作的报告制度，以便随时了解方案进展情况，及时调整行动。

## 七、评价决策效果

即使是一个优化方案，在执行过程中，由于主客观情况的变化，发生这样那样与目标偏离的情况也是常有的。因此，必须做好反馈和追踪检查工作，以评价决策效果。这个阶段的任务，就是要准确及时地把方案实施过程中出现的问题、执行情况的信息，输送到决策机构，以进行追踪检查。通过评价决策效果，我们就会发现出现问题，要么是执行人员没有按规定完成任务；要么是执行中遇到实际困难，发现方案中有不妥当的地方；要么是已经按方案执行了，但未达到预定目标。因此，所采取的对策，要么是教育和落实；要么是修正方案，使其更加切合实际、日臻完善；要么是需要对决策进行根本性的修正，甚至是要推倒重来。

追踪决策和评价决策效果是正常的。对追踪决策和评价决策效果要有正确的看法，采取冷静审慎的态度。决策是一个动态的依赖于时空变化的复杂的过程，把决策看成一个凝固僵化的东西，是不切实际的。因此，评价决策效果和对方案进行必要的修正是不鲜见的。就是对决策进行根本性修正的追踪决策，也是不奇怪的。经过评价决策效果和追踪决策使方案达到双重优化，不但会减少损失，而且可以获得更佳效果。

## 八、从反馈中学习

决策过程的最后一个步骤就是从反馈中学习。为了避免这些问题，管理者必须建立起一种可以从过去决策的结果中进行学习的正式程序。这种程序一般应包括以下几个步骤。

（1）将实施一项决策后的实际结果与期望的结果进行比较。

（2）分析为什么有些决策期望落空了。

（3）从中总结出有助于未来决策的指导方针。

# 任务三　决策的特征和类型

## 一、决策的特征

一般来说，决策有以下的特征或属性。

（一）目标性

决策的目的是为了解决领导活动中出现的问题，达成一定的目标，决策中的一切行为都是为实现这一目标服务。所以，目标是贯穿全部决策过程的主线，任何活动都要围绕目标进行。决策目标首先应是明确的，即简单明了，最好具有可测性，并且任何人都能对其有相同的理解；其次目标要有可行性，满足于约束条件，经过努力能够实现。

（二）预见性

决策是一种立足现实却又面向未来的活动，而未来对任何人来说都是一个未知的领域。然而，人们进行决策的目的就是不甘心在未知领域面前无所作为，他们希望能够对未来作出判断，以把握自己行动的方向。决策者面对未来并不是脱离现实去凭空设想，而是立足于现实又不停留于现实，以现实作为通向未来的起点，根据现有的知识和经验进行预测。

（三）选择性

一个问题的解决往往有多种途径，决策是从这些途径中选择一个最好的作为行动的方案，没有选择就没有决策。在选择中往往都追求最佳，实际上最佳方案是很难确定的。因为，第一，人们没有可能把所有的方案都制订出来，而遗漏的也有可能是最佳方案；第二，最佳是相比较而存在的，各方案往往是都有优点和不足，并且有些方面无法定量比较，排出优劣。因而决策中有时只能以"满意"为选择标准，即选择可以接受的途径作为实施方案，并努力使其成为现实。选择性是决策的灵魂，决策过程实质上就是选择的过程。

（四）主观性

决策是由人作出的，所以必然受到人的主观因素的影响。从未来的多种可能性中选择哪一种，都必须考虑其客观的条件，但绝不能因这些客观因素的存在就否定决策中人的主观作用。作为决策者的人是一个复杂的系统，一般具有自己的价值标准、偏好等特点，这些特点会对决策结果产生影响。比较悲观的决策者可能选取相对保守的方案，比较乐观的决策者可能选择相对激进的方案。

（五）实践性

决策是基于现实和未来的需要，是对现实和未来实践活动的一种设计、选择，是指导、控制实践活动的准绳。决策时必须考虑实施的可行性，研究决策实施环境的变迁、组织系统内部的变化以及决策管理者与执行者的利益和积极性。根据不同的决策对象、决策环境，决策也要相应地进行变化。

（六）动态性

决策一般不是瞬间完成的，而是经过一定的过程，即决策者从收集信息开始，通过分析信息、寻找方案、比较不同方案等步骤，最后确定实施方案。这些步骤总是需要一定的时间。根据以上分析，我们可以说，决策是决策者在某种特定的时间，为了达到一定目的所进行的收集信息、制订方案、选择并实施方案的过程。现代决策所面对的环境越来越复杂，在一定的时间内，人们难以找到一个较满意的决策应该具备的基本约束条件，所以，决策的动态性还表现在它应是一个不断完善的一系列的决断过程。

（七）优化性

决策总是在界定的条件下寻求优化的目标和实现目标的途径。不追求优化，决策是没有意义的。优化有两层含义：

（1）在同样的约束条件下，寻找以最低的代价、最短的时间、最优的效果实现既定的目标；

（2）把决策实施后可能产生的消极后果减少到最低限度。

（八）风险性

决策可能实现目标，也可能出现意想不到的结果，给组织带来损失。造成这种现象的原因有很多，比如目标错误，方案不佳，选择不当，实施不利，信息不准，环境变化等。所有决策都有失误的可能性，领导者应采取各种措施，谨慎从事，努力减少失误。但是也不能害怕失误而回避问题，举棋不定，贻误时机。

## 二、决策的类型

现代饭店经营管理活动的复杂性、多样性，决定了管理者的决策也是多种多样的。分类方法不同，决策类型也不同。

（一）战略决策、管理决策和业务决策

按决策的作用不同，分为战略决策、管理决策和业务决策。

1. 战略决策

战略决策（Strategic Decision）是指对企业发展方向和发展远景做出的决策，是关系到企业发展的全局性、长远性、方向性的重大决策。如对企业的经营方向、经营方针、新产品开发等决策。战略决策由企业最高层领导作出。它具有影响时间长、涉及范围广、作用程度深刻的特点，是战术决策的依据和中心目标。它的正确与否，直接决定企业的兴衰成败，决定企业发展前景。

2. 管理决策

管理决策（Management Decision）是指企业为保证战略决策的实现而对局部的经营管理业务工作做出的决策。它是指在提高企业的管理效能，以实现企业内部各环节生产技术经济活动的高度协调及资源的合理配置与利用，如企业原材料和机器设备的采购，生产、销售的决策，商品的进货来源，人员的调配，中层干部的任免，组织机构的调整等属此类决策。管理决策一般由企业中层管理人员做出的，也称中层决策。管理决策大多涉及组织的局部问题，主要为战略决策服务。

3. 业务决策

业务决策（Business Decision）是指企业为解决日常工作和作业任务中的问题，提高工作效率和经济利益所作的决策。它属于局部性、短期性、业务性的决策，一般由基层人员所进行。

（二）个人决策和集体决策

按决策的主体不同，决策分为个人决策和集体决策。

1. 个人决策

个人决策（Personal Decision）是指在最后选定决策方案时，由决策机构的主要领导成员最终作出决定的一种决策形式。个人决策主要凭借企业领导者个人的判断力、智慧、经验及所掌握的信息，决策速度快、效率高，适用于日常工作中程序化的决策、管理者职责范围内的事情的决策以及紧迫性问题的决策。

个人决策具有合理性，是因为它具有简便、迅速、责任明确的特点。科学意义上的个人决策，是领导者在集中多数人的正确意见，经过反复思考后作出的，它并不意味着不负责任的独断专行。

个人决策的最大缺点是带有主观和片面性，因此，对全局性重大问题则不宜采用。个人决策的局限性主要体现在两个方面。

（1）个人决策所需的条件难以充分具备。其具体表现是企业难以找到杰出的个人决策者，那些具备条件的个人又不一定能成为掌握权力的个人决策者。

（2）决策者受到个人的经验、知识和能力的限制。

2. 群体决策

群体决策（Group Decision Making）是为充分发挥集体的智慧，由多人共同参与决策分析并制定决策的过程。其中，参与决策的人组成了决策群体。对于那些复杂的决策问题，往往涉及目标的多重性、时间的动态性和状态的不确定性，这是单纯个人的能力远远不能驾驭的。为此，群体决策因其特有的优势得到了越来越多的决策者的认同并日益受到重视。集体决策的优点是能充分发挥集团智慧，集思广益，决策慎重，从而保证决策的正确性、有效性；缺点是决策过程较复杂，耗费时间较多。它适宜于制定长远规划、全局性的决策。

个人决策与群体决策的优劣性比较如下表所示。

**个人决策与群体决策的优劣性比较**

| 方 式 | 个人决策 | 群体决策 |
|---|---|---|
| 速 度 | 快 | 慢 |
| 准确性 | 较差 | 较好 |
| 创造性 | 较高。适于工作不明确，需要创新的工作 | 较低。适于工作结构明确，有固定程序的工作 |
| 方 式 | 个人决策 | 群体决策 |
| 效 率 | 任务复杂程度决定。通常费时少，但代价高 | 从长远看，费时，但代价低。效率高于个人决策 |
| 风险性 | 视个人气质、经历而定 | 视群体性格（尤其是领导）而定 |

（三）程序性决策和非程序性决策

按决策问题是否重复，分为程序性决策和非程序性决策。

1. 程序性决策

程序性决策（Programmed Decision），又叫常规决策，是指决策的问题是经常出现的问题，已经有了处理的经验、程序、规则，可以按常规办法来解决。它一般是指对例行公事所作的决策。例如，饭店生产的产品质量不合格如何处理？商店销售过期的食品如何解决？就属程序性决策。一般组织中，约有80%的决策可以成为程序性决策。

程序性决策涉及的都是大量重复进行的活动，可以建立一定的程序。遇到此类问题时，按照规定的程序和手续解决就可以了。这类决策在基层管理活动中比较常见，高层管理人员较少使用。

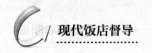 

**2. 非程序性决策**

非程序性决策（Unprogrammed Decision），又叫非常规决策，是指为解决不经常重复出现的、非例行的新问题所进行的决策。这类决策的问题一般是不经常出现的，没有先例可鉴，也没有固定的模式、经验去解决，要靠决策者根据掌握的资料，个别研究，做出新的判断来处理和解决。非程序性化决策也叫非常规决策，如饭店开辟新的市场、选择新的促销方式等属于非常规决策。

**（四）确定型决策、不确定型决策和风险型决策**

按照决策依据的相关信息的多少，决策可以分为确定型决策、不确定型决策和风险型决策。

**1. 确定型决策**

确定型决策（Decision Making under Certainty）是指在决策过程中，提出各备选方案在确知的客观条件下，每个方案只有一种结果，比较其结果优劣作出最优选择的决策。确定型决策是一种肯定状态下的决策。决策者对被决策问题的条件、性质、后果都有充分的了解，可供选择方案之间的优劣比较和预期结果是明确的，各个备选的方案只能有一种结果。譬如员工 A 得到奖金 200 元，他可以用这些钱买一份礼物送给父母，以示孝心；或者可以给儿子买他向往已久的玩具汽车；或者可以一家三口出去吃一顿；或者还可以为自己买些资料；他采用了以上的其中一条，作出一个决策，买礼物送给父母，那么结果就是表示了孝心，这就是一个确定型决策。这类决策的关键在于选择肯定状态下的最佳方案。

**2. 不确定型决策**

不确定型决策（Decision Making under Uncertainty）是指在决策过程中提出各个备选方案，每个方案有几种不同的结果，但每一结果发生的概率（可能性）是无法估计和测算的。在这样的条件下，决策就是未确定型的决策。它与风险型决策的区别在于：在风险型决策中，每一方案产生的几种可能结果及其发生概率（可能性）都是明确的，不确定型决策只知道每一方案会产生哪几种可能结果，但发生的概率（可能性）并不明确。这类决策是由于人们对市场需求的几种客观状态出现的随机性规律认识不足，从而增大了决策的不确定性程度。

**3. 风险型决策**

风险型决策（Risk Type Decision），是指在决策过程中提出各个备选方案，每个方案都有几种不同结果可以知道，哪种结果会发生是不确定的，但是其发生的概率（可能性）大小是可以估计和测算的，在这样的条件下的决策，就是风险型决策。例如某企业为了增加利润，提出两个备选方案：一个方案是扩大老产品的销售，另一个方案是开发新产品。不论哪一种方案都会遇到市场需求高、市场需求一般和市场需求低几种不同的可能性。它们发生的概率都可以估计和测算。若遇到市场需求低，企业就要亏损。因为在上述条件下的决策，带有一定的风险性，故称为风险型决策。风险型决策之所以存在，是因为影响预测目标的各种市场因素是复杂多变的，因而每个方案的执行结果都带有很大的随机性。决策中，不论选择哪种方案，都存在一定的风险性。

**（五）定性决策和定量决策**

按照决策者作决策时依据的基础，决策可以分为定性决策和定量决策。

1. 定性决策

定性决策（Qualitative Decision）是一种直接利用决策者本人或有关专家的智慧来进行决策的方法，即是决策者根据所掌握的信息，通过对事物运动规律的分析，在把握事物内在本质联系的基础上进行决策的方法。定性决策是指依靠决策者（个人或集体）的丰富经验、智慧、直感和判断等进行决策的方法。这种方法适用于受社会经济因素影响较大的因素错综复杂以及涉及社会心理因素较多的综合性的战略问题，是企业界决策采用的主要方法。

常用的定性决策方法主要有德尔菲法和头脑风暴法。

（1）德尔菲法。德尔菲法（Delphi Method）是由美国著名的兰德公司（RAND Corporation）首创并用于预测和决策的方法。该法以匿名方式通过几轮函询征求专家的意见，组织预测小组对每一轮的意见进行汇总整理后作为参考再发给各专家，供他们分析判断，以提出新的论证。几轮反复后，专家意见渐趋一致，最后供决策者进行决策。

（2）头脑风暴法。头脑风暴法（Brain Storming，BS）又称思维共振法，即通过有关专家之间的信息交流，引起思维共振，产生组合效应，从而导致创造性思维。头脑风暴法是比较常用的群体决策方法，它利用一种思想的产生过程，鼓励提出任何种类的方案设计思想，同时禁止对各种方案的任何批判。因此，这种方法主要用于收集新设想。

采用头脑风暴法组织群体决策时，要集中有关专家召开专题会议，主持者以明确的方式向所有参与者阐明问题，说明会议的规则，尽力创造融洽轻松的会议气氛。一般不发表意见，以免影响会议的自由气氛。由专家们"自由"提出尽可能多的方案。

2. 定量决策

定量决策是指决策者对各种信息和数据进行加工、取舍，经过分析、归纳，使之具备系统性、可用性，并通过科学化的计算和分析，在作出正确的判断后再作出的决策。

定量决策方法的优点有：

（1）可以提高决策的准确性、最优性、可靠性。

（2）可以使决策者从常规决策中解脱出来，把注意力集中在关键性、全局性的重大战略决策方面，这又帮助了领导者提高重大战略决策的正确性和可靠性。

定量决策方法也有其局限性：

（1）有些变量难以定量。

（2）数学手段本身深奥难懂。

（3）花钱多，不适合一般决策问题。

# 任务四　制定决策

## 一、影响决策的因素

有一部叫做《爱在心灵深处》的电影，其中有一个很有趣的片段：第二次世界大战时盟军轰炸德国的德累斯顿，那个地方已被夷为平地，工厂、民宅等都已被炸毁了，结果盟军还是不断地在那个地方投下炸弹。轰炸机的投手很费解，去问参谋本部的军官，

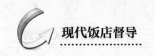

说德国已经被打成这个样子，德累斯顿已经被炸得一塌糊涂，为什么还要不停地在那里轰炸呢？那个军官回答："所有重大的决定都是出于私人恩怨。"

原来有一个高级军官曾经在德累斯顿交了一个女朋友，后来这个女朋友和他分手了，他因此就特别憎恨德累斯顿这个地方，在这个城市被炸成一片废墟后，他仍然下命令继续轰炸。这个案例里决策者已经受到个人恩怨的影响了。

尽管这是一个故事，但说明了一个道理，在需要做出重大决策时，常常有很多因素会影响管理者制定决策。在制定决策的过程中，影响决策的因素是比较多的，其中最重要的有以下几个：

（一）环境

环境对组织决策的影响是双重的。环境特点首先影响组织活动的选择。比如，在一个相对稳定的市场环境中，企业的决策相对简单，大多数决策都可以在过去决策的基础上作出；如果市场环境复杂，变化频繁，那么企业就可能要经常面对许多非程序性的、过去所没有遇到过的问题。

此外，对环境的习惯反应模式也影响着组织活动的选择。即使在相同的环境背景下，不同的组织也可能作出不同的反应。而这种组织与环境之间关系的模式一旦形成，就会趋向固定，影响人们对行动方案的选择。

（二）过去的决策

过去决策所带来的良好效果和记忆必然给未来的决策以有益的借鉴，过去失败的决策必然给未来的决策带来心理的阴影和消极影响。在大多数情况下，组织决策不是在一张白纸上进行初始决策，而是对初始决策的完善、调整或者是改革。组织过去的决策是当前决策的起点；过去选择的方案的实施，不仅伴随着人力、物力、财力等资源的消耗，而且伴随着内部状况的改善，带来了对外部环境的影响。

过去决策对目前决策的制约程度，主要由过去决策与现任决策者的关系决定的。如果过去的决策是由现任的决策者制定的，由于决策者通常要对自己的选择及其后果负责，也为了保证决策的连续性，因此决策者一般不愿对组织的活动进行重大的调整，而趋向于仍将大部分资源投入到过去未完成的方案执行中。相反，如果现在的主要决策者与组织过去的重大决策没有很深的渊源关系，则会易于接受重大改变。

（三）决策者的风险态度

未来条件并不是总能事先预料。现实生活中，许多管理决策是在风险条件下做出的。如何对各种各样的行动方案进行概率估计呢？如果情形相似的话，决策者可以依靠过去的经验或是对二手资料的分析。

风险（Risk）是指一个决策所产生的特定结果的概率。根据决策者对风险的态度可以将其分为以下三种。

1. 风险喜好型

风险喜好型的决策者敢于冒风险，敢于承担责任，因此有可能抓住机会，但也可能遭到一些损失。

2. 风险厌恶型

风险厌恶型决策者不愿冒风险，不敢承担责任，虽然可以避免一些无谓的损失，但也有可能丧失机会。

3. 风险中性

风险中性的决策者对风险采取理性的态度，既不喜好也不回避。

不同的决策者对风险的态度，决定了其决策的方式。由此可见，决策者对风险的态度影响了决策活动。

（四）组织成员对组织变化所持的态度

任何决策的制定与实施，都会给组织带来某种程度的变化。组织成员对这种可能产生的变化会表现出抵制或者是欢迎两种截然不同的态度。组织成员通常会根据过去的标准来判断现在的决策，总是会担心在变化中会失去什么，对将要发生的变化产生抵御的心理，则可能给任何新决策、特别是创新决策的实施带来灾难性的后果。相反，如果组织成员以发展的眼光来分析变化的合理性并希望在可能的变化中得到什么而支持变化，这就有利于新决策的实施，特别是创新决策的实施。因此，组织成员对组织变化所持的态度对决策的影响是较大的。在前一种情况下，为了有效实施新的决策，首先必须做好大量的工作来改变组织成员的态度。美国福特公司（Ford）每年都要制订一个全年的"员工参与计划"（Employee Involvement），动员员工参与企业决策。此举引发了员工对企业的"知遇之恩"，员工投入感、合作性不断提高。

（五）时间

决策受时间的制约。决策是在特定的情况下，把组织的当前情况与组织未来可能的行动联系起来，并旨在解决问题或把握机会的管理活动。这就决定了决策必然受时间的制约，一旦超出了时间的限制，情况发生了变化，再好的决策也不可能实现预期目标。寓言《刻舟求剑》的故事就充分地说明了随着时间的改变、条件的改变，决策也必须随之变化的道理。

## 二、怎样做出正确的决策

（一）确定决策目标

决策目标是指在一定外部环境和内部环境条件下，在市场调查和研究的基础上所预测达到的结果。决策目标是根据所要解决的问题来确定的，因此，必须把握住所要解决问题的要害。只有明确了决策目标，才能避免决策的失误。

（二）拟订备选方案

决策目标确定以后，就应拟订实现目标的各种备选方案。拟订备选方案，第一步是分析和研究目标实现的外部因素和内部条件，积极因素和消极因素，以及决策事物未来的运动趋势和发展状况；第二步是在此基础上，将外部环境各种不利因素和有利因素、内部业务活动的有利条件和不利条件等，同决策事物未来趋势和发展状况的各种估计进行排列组合，拟订出实现目标的方案；第三步是将这些方案同目标要求进行粗略的分析对比，权衡利弊，从中选择出若干个利多弊少的可行方案，供进一步评估和抉择。

（三）评价备选方案

备选方案拟订以后，随之便是对备选方案进行评价，评价标准是看哪一个方案最有利于达到决策目标。评价的方法通常有三种：即经验判断法、数学分析法和试验法。

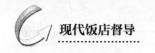

（四）选择方案

选择方案就是对各种备选方案进行总体权衡后，由决策者挑选一个最好的方案。

## 三、决策分析

决策分析（Decision Analysis），是指通过决策分析技术，如期望值法或决策树法等，从若干可能的方案中选择其一的定量分析方法。

（一）决策分析的步骤

决策分析一般分四个步骤：

1. 形成决策问题，包括提出方案和确定目标。

2. 判断自然状态及其概率。

3. 拟订多个可行方案。

4. 评价方案并做出选择。

（二）决策分析技术

常用的决策分析技术有：确定型情况下的决策分析、风险型情况下的决策分析、不确定型情况下的决策分析。

1. 确定型情况下的决策分析

确定型决策问题的主要特征有四方面：

（1）只有一个状态。

（2）有决策者希望达到的一个明确的目标。

（3）存在可供决策者选择的两个或两个以上的方案。

（4）不同方案在该状态下的收益值是清楚的。

确定型决策分析技术包括用微分法求极大值和用数学规划等。

2. 风险型情况下的决策分析

这类决策问题与确定型决策只在第一点特征上有所区别：风险型情况下，未来可能状态不只一种，究竟出现哪种状态，不能事先肯定，只知道各种状态出现的可能性大小（如概率、频率、比例或权等）。常用的风险型决策分析技术有期望值法和决策树法。

期望值法是根据各可行方案在各自然状态下收益值的概率平均值的大小，决定各方案的取舍。

决策树法有利于决策人员使决策问题形象比，可把各种可以更换的方案、可能出现的状态、可能性大小及产生的后果等，简单地绘制在一张图上，以便计算、研究与分析；同时还可以随时补充在不确定型情况下的决策分析。如果不只一个状态，各状态出现的可能性的大小又不确知，这种决策便是不确定型决策。

常用的风险型决策分析方法有：

（1）乐观准则。比较乐观的决策者愿意争取一切机会获得最好结果。决策步骤是从每个方案中选一个最大收益值，再从这些最大收益值中选一个最大值，该最大值对应的方案便是入选方案。

（2）悲观准则。比较悲观的决策者总是小心谨慎，从最坏结果考虑。决策步骤是先从各方案中选一个最小收益值，再从这些最小收益值中选出一个最大收益值，其对应方案便是最优方案。这是在各种最不利的情况下又从中找出一个最有利的方案。

（3）等可能性准则。决策者对于状态信息毫无所知，所以对它们一视同仁，即认为它们出现的可能性大小相等。于是这样就可按风险型情况下的方法进行决策。

（4）四方五步分析表法。以确认、地点、时间、广度四个方面为纵轴以探询问题、明确绩效偏离现象、进行最接近的逻辑比较，明确有何差异之处、有何变动，为横轴进行决策分析。

【复习与练习】

**一、填空题**

1. 决策是督导的核心工作之一，督导要不断地决定＿＿＿＿＿、＿＿＿＿＿、＿＿＿＿＿、何时做和何地做。

2. 所谓＿＿＿＿＿，是指期望状态（应有状况）与实际状况之间的差距。

3. ＿＿＿＿＿，又叫常规决策，是指决策的问题是经常出现的问题，已经有了处理的经验、程序、规则，可以按常规办法来解决。

**二、选择题**

1. 决策的出发点应该是（　）。

A. 我是对的 B. 老板是对的

C. 谁是对的 D. 什么是对的

2. （　）是指在一定条件下，根据需要和可能，在预测的基础上所企求的终极要求，或决策所要获得的结果。

A. 目标 B. 问题 C. 方案 D. 结果

3. 非程序化决策涉及的是（　）。

A. 例行问题 B. 例外问题 C. 战略问题 D. 战术问题

4. 下列属于非程序化决策的是（　）。

A. 建筑工人施工 B. 医院接收病人的步骤

C. 企业中定期记录存货 D. 制定公司发展战略

5. 在决策过程中提出各个备选方案，每个方案都有几种不同结果可以知道，哪种结果发生是不确定的，但是其发生的概率（可能性）大小是可以估计和测算的。在这样的条件下的决策，就是（　）。

A. 确定型决策 B. 不确定型决策 C. 风险型决策 D. 群体决策

**三、名词解释**

1. 决策。

2. 管理决策。

3. 决策分析。

**四、简答题**

1. 简述决策的要素。

2. 简述决策的过程。

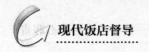

3. 简述决策的特征。

4. 简述常见的风险型决策分析方法。

**五、应用题**

如果你已经成为某饭店企业的一名主管，由你负责管理一个团队。在团队中一共有6人，在一次会议上，由于观点不同，产生了对立的两方。双方进行了激烈争论，这时，你作为领导者该如何协调？如果双方不能达成共识，你又该如何决策？

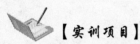【实训项目】

【实训名称】决策

【实训内容】培养学生集体解决问题的能力

【实训步骤】

1. 学生 3~6 人一组，每个小组提出一道饭店督导工作中的问题。

2. 教师把这些问题分给其他小组来解决。

3. 各小组对接受的问题进行研究，集体解决。再由小组推举 1 名主发言人陈述和答辩，其他成员辅助。

4. 提出问题的小组把问题的讨论结果记录下来。

【实训点评】教师和学生根据各组的表现给予评价打分，纳入学生实训课考核之中。

# 项目五 沟通——督导绩效成败的关键

 【学习目标】

1. 掌握沟通的含义
2. 熟悉沟通的过程
3. 掌握沟通的技巧

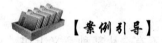 【案例引导】

## 沟通的重要

华克公司在费城承建一座办公大厦，就在大厦快要完工时，承包铜器装饰材料的供应商突然以种种理由停止供应铜材料。由于缺少铜材料，只能眼睁睁地看着工程停下来。如工程不能如期完成，除了要交付巨额的罚款之外，华克公司还要承担信誉上的损失，这对公司以后的发展恐怕比罚款所带来的损失更大。

打电话，对方一味地应付；发传真，对方也不予理睬。由于当初认为大厦的铜器装饰不过只是一个很小的工程，所以，并没有与铜商签订十分严密的供货合同。没想到正是这小小的疏忽，竟然在这节骨眼上缚住了公司的手脚。华克公司决定派卡伍到勃洛克林市，与铜商当面交涉。

第二天上午，卡伍走进了铜商的办公室，一进门就兴奋地说："你知道吗？我在勃洛克林市发现了一个极大的秘密。"铜商瞪大了眼睛，好奇地问："是什么秘密呀？"

卡伍说："今天早晨，我翻看电话号码簿时意外地发现，在整个勃洛克林市，只有你一个人叫这个名字。看来你是一个独一无二的人啊！"铜商听后心里乐滋滋的："我还从来没注意过呢。"于是，他饶有兴趣地打开了办公桌上的电话号码簿："哈，还真是这么一回事呢！"接着，他很自豪地谈论起了他的家世。

等这个话题谈完，卡伍又说："许多人谈起你的企业都赞不绝口，说同行中你们是设备最完善的一家。"铜商笑着说："是的，这工厂的确花去了我很多精力和心血，如果你高兴的话，我愿陪你一起去看看。"

于是，他们一起来到了工厂。卡伍非常专业地指出哪些方面要比别家工厂先进，特

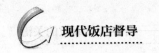 

别是对几种特殊的机器设备，更是赞不绝口。卡伍的赞赏，使铜商感到遇上了知音，他告诉卡伍，那几台机器是自己用几年的时间研制发明的，也是他的得意之作。卡伍由衷地说："我们公司能遇上像你这样既能干又智慧超群的合作者，真是我们的幸运啊！"

铜商执意要请卡伍吃午餐，卡伍也不推辞。餐后，铜商自己先笑了起来，他说："我原以为我们之间一定会爆发一场口舌之战，我也早已做好了应战的准备。没想到见面后竟然谈得如此愉快。好了，你先回费城吧，我保证你们的订货会准时送到，尽管有人等着出更高的价格要货呢。"

与人沟通时，除基本能力要求外，赞赏同样是一个有效沟通的重要方法和技巧。一位心理学家说："赞赏是对一个人价值的肯定，而得到你肯定评价的人，往往也会怀着一种潜在的快乐心情来满足你对他的期待。这在心理学上叫做赞赏效应。"当你对某个人有意见或准备指责他的时候，你不妨试一试赞赏他。首先看看你想责备的那个人还有哪些值得敬佩和赞赏之处，然后真诚地表达出来，把你对他的批评或责备变成一种你对他的期待，并让他感到自己是一个值得你有所期待的人，你一定会收到比预想的还要好的交际效果。

# 任务一　认识沟通

沟通是一个永恒的话题。沟通在企业内部无处不在，无时不有。从某种意义上讲，管理就是各个部门、各个层次之间的相互沟通，管理人员必须不断寻找部属的需求，了解员工对企业的意见，使部属知道正在进行哪些活动，让他们参与管理决策活动。由此可见，沟通就是现代企业管理的核心、实质和灵魂。

## 一、沟通的内涵

### （一）沟通的含义

沟通（Communication）是为了一个设定的目标，将信息、思想和情感在个人或群体之间传递，并寻求反馈以达到相互理解及达成共同协议的过程。它包含三大要素：

（1）要有一个明确的目标。

（2）达成共同的协议。

（3）沟通信息、思想和情感。

### （二）沟通的要素

沟通的要素包括沟通的内容、沟通的方法、沟通的动作。就其影响力来说，沟通的内容占7%，影响最小；沟通的动作占55%，影响最大；沟通的方法占38%，居于两者之间。

## 二、沟通的作用

素有"经营之神"之称的日本松下电器公司（Panasonic）总裁松下幸之助（Konosuke Matsushita）有句名言："企业管理过去是沟通，现在是沟通，未来还是沟通。"管理者的真正工作就是沟通。不管到了什么时候，企业管理都离不开沟通。沟通艺术是管理艺术中非常重要的一种。管理者只有掌握了沟通艺术，才能成为一个真正优秀的管理者。有资料表明，企业管理者70%的时间用在沟通上，主要包括开会、谈判、谈话、做报告等。虽然管理者投入了大量精力用于沟通，但企业中70%的问题仍然是由沟通障碍引起的，无论是工作效率低，还是执行力差等问题。具体而言，沟通的作用主要表现在以下几个方面。

（一）沟通有助于提高决策的质量

任何决策都会涉及干什么、怎么干、何时干等问题。每当遇到这些急需解决的问题，管理者就需要从广泛的企业内部的沟通中获取大量的信息情报，然后进行决策，或建议有关人员作出决策，迅速解决问题。下属人员也可以主动与上级管理人员沟通，提出自己的建议，供领导者作出决策时参考，或经过沟通，取得上级领导的认可，自行决策。企业内部的沟通为各个部门和人员进行决策提供了信息，增强了判断能力。

（二）沟通促使企业员工协调有效地工作

企业中各个部门和各个职务是相互依存的，依存性越大，对协调的需要越高，而协调只有通过沟通才能实现。没有适当的沟通，管理者对下属的了解也不会充分，下属对领导分配给他们的任务和要求他们完成的工作可能就会有错误的理解，使工作任务不能正确圆满地完成，给企业带来损失。

（三）提高员工的士气

沟通有利于领导者激励下属，建立良好的人际关系和组织氛围。除了技术性和协调性的信息外，企业员工还需要鼓励性的信息。它可以使领导者了解员工的需要，关心员工的疾苦，在决策中考虑员工的要求，以提高他们的工作热情。人一般都会要求对自己的工作能力有一个恰当的评价。如果领导的表扬、认可或者满意能够通过各种渠道及时传递给员工，就会造成某种工作激励。同时，企业内部良好的人际关系更离不开沟通。思想上和感情上的沟通可以增进彼此的了解，消除误解、隔阂和猜忌，即使不能达到完全理解，至少也可取得谅解，使企业有和谐的组织氛围，所谓"大家心往一处想，劲往一处使"就是有效沟通的结果。

## 三、沟通的功能

松下幸之助（Konosuke Matsushita）有一次在一家餐厅招待客人，一行六个人都点了牛排。等六个人都吃完主餐，他让助理去请烹调牛排的主厨过来，还特别强调："不要找经理，找主厨。"助理注意到，松下幸之助的牛排只吃了一半，心想一会儿的场面可能会很尴尬。主厨来时很紧张，因为他知道请自己的客人来头很大。"是不是牛排有什么问题？"主厨紧张地问。"烹调牛排，对你已不成问题，"松下幸之助说，"但是我只能吃一半。原因不在于厨艺，牛排真的很好吃，你是位非常出色的厨师，但我已80岁了，胃口大不如前。"主厨与其他的五位用餐者困惑得面面相觑，大家过了好一会儿才明白怎么一回事。"我想当面和你谈，是因为我担心，当你看到只吃了一半的牛排被送回厨房时，心里会难过。"

如果你是那位主厨，听到松下幸之助的如此说明，会有什么感受？是不是觉得备受

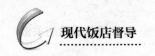

尊重？客人在旁听见他如此说，更佩服他的人格，更喜欢与他做生意了。时刻真情关怀部属感受的领导，将完全捕获部属的心，并让部属心甘情愿为他赴汤蹈火！对别人表示关心和善意，比任何礼物都能产生更多的效果，这就是沟通的功能。

沟通对于饭店督导所具有的功能主要有：信息传递、情感交流、控制功能、激励功能。

**（一）信息传递**

沟通与决策角色有关，它为个体和群体提供决策所需要的信息，使决策者能够确定并评估各种备选方案。

**（二）情感交流**

对很多员工来说，工作群体是主要的社交场所，员工通过群体内的沟通来表达自己的挫折感和满足感。因此，沟通提供了一种释放情感的情绪表达机制，并满足了员工的社交需要。

**（三）控制功能**

沟通可以控制员工的行为。员工们必须遵守组织中的权力等级和正式指导方针，比如他们首先要与上级交流工作方面的困难，要按照工作程序工作，要遵守公司的政策法规等，通过沟通可以实现这种控制功能。另外，非正式沟通也控制着员工的行为。

**（四）激励功能**

在沟通中明确告诉员工做什么、如何做、没有达到标准时应如何改进，可以激励员工努力工作。

## 四、沟通的分类

**（一）按结构分类**

沟通的基本结构包括信息、通道、反馈三个方面，缺少任何一方都完不成沟通。沟通按具体结构划分可分为正式沟通和非正式沟通。

**1. 正式沟通**

正式沟通（Formal Communication）是指按照组织明文规定的渠道进行信息的传递和交流。例如组织内部的文件传达，上下级之间例行的汇报、总结，工作任务分配以及组织之间的信函往来等都属于正式沟通。正式沟通具有组织的严肃性、程序性、稳定性、可靠性及信息不易失真的特点。它是组织内沟通的主要方式。正式沟通网络有链式（Chain）、环式（Circle）、轮式（Wheel）、全通道式（All Channel）、Y式（Y）等形式。正式的沟通网络，信息的传递速度较快，群体成员的满意度较高。

**2. 非正式沟通**

非正式沟通（Informal Communication）是指在正式沟通渠道以外自由进行的信息传递和交流，它是正式沟通的补充。例如，员工之间私下交换意见，交流思想感情或传播小道消息等。其特点是自发性、灵活性、不可靠性。非正式沟通作为正式沟通的补充有其积极的作用，通过它可以掌握群体成员的心理状况，并在一定程度上为组织决策提供依据。但由于在非正式沟通中信息失真比较大，因而作为管理人员既不能完全依赖它获得必要的信息，又不能完全忽视它。通过对"小道消息"的研究，我们发现，非正式沟通网络主要有集束式、流言式、偶然式等典型形式。

（二）按信息流动方向分类

沟通按信息流动方向分类可分为上行沟通、下行沟通和平行沟通三种。

1. 上行沟通

上行沟通（Upward Communication）是指在组织或群体中从较低层次向较高层次的沟通。一般是指下级的意见向上级反映，即自下而上的沟通。饭店督导作为饭店的基层管理人员，首先面对的是自己的上级，如何与自己的上级沟通？具体体现在什么地方？在这里，向上沟通既不是常人所说的"拍马屁"，也不是单纯为了"功利"目的。在饭店中，向上沟通是群体成员向上级提供信息、发表意见和反映情况。如果上行沟通渠道畅通，可使下级员工向上级反映自己的意见和愿望，获得某种心理上的满足，同时也可使领导者及时、准确地掌握下级情况，为做出符合实际的决策和改进管理创造条件。上行沟通是一个组织领导者了解和掌握组织全面情况，以做出正确决策的重要环节。因此，组织领导者应大力鼓励下级向上级反映情况，从而确保上行沟通渠道的畅通无阻。

2. 下行沟通

下行沟通（Downward Communication）是指组织或群体中从较高层次向较低层次传递信息的过程。通常下行沟通的目的是为了控制、指示、激励及评估。它是组织的领导者把组织的目标，规章制度、工作程序向下传达的沟通方式。其形式包括管理政策宣示、备忘录、任务指派、下达指示等。下行沟通是使下级员工明确工作任务、目标、增强责任感和组织归属感，而且可以协调组织各层次的活动，加强各级间的有效协作。

3. 平行沟通

平行沟通（Horizontal Communication），也称横向沟通，是指组织或群体中各平行机构之间的交流及员工在工作中相互交谈等。在任何一个组织中，同级管理人员之间的矛盾与竞争都是存在的。每个部门都要努力完成各自的目标，又需要得到其他部门的支持与合作。例如某饭店前厅部经理抱怨："人力资源部经常把招聘来的最佳人选提供给客店部，而提供给前厅部的人选总是不尽如意。"但是人力资源部经理解释："客房部经理知道部门间如何配合，而前厅部经理似乎总想凌驾于别人之上，只想别人给他方便。"平行沟通通常可以节省时间和促进协调，能够保证部门间的相互通气，相互配合和支持，从而减少矛盾和冲突，有利于组织各种关系的平衡和稳定。

（三）按沟通方式分类

沟通按沟通方式分包括语言沟通和非语言沟通。

1. 语言沟通

语言沟通（Verbal Communication）是包括口头沟通和书面沟通。

（1）口头沟通。口头沟通（Oral Communication）是指借助于口头语言实现的信息交流，它是最常采用的一种沟通形式。主要包括口头汇报、会谈、讨论、演讲、电话联系等。人们借助口头语言的表达方式彼此传递着不同的信息、情感和思想。口头沟通的优点是信息发送和反馈快捷和及时。其缺点是信息传递经过的中间环节越多，信息被曲解的可能性就越大。

（2）书面沟通。书面沟通（Written Communication）与口头沟通都属于语言沟通的过

程，但书面沟通更加规范、正式和完整。书面沟通是以书面文字为媒介的沟通，例如通知、文件、备忘录等。在组织和群体正式的、比较规范的沟通中通常用书面沟通。书面沟通的优点是沟通的内容具体化、直观化；沟通信息能够被永远保存，便于查询。其缺点是花费大量时间，缺乏及时的反馈，而且不能保证接收者完全正确地理解信息。

2. 非语言沟通

非语言沟通（Non-verbal Communication）是指通过身体动作、体态、语气语调、空间距离等方式交流信息、进行沟通的过程。包括声音语气（比如音乐）、肢体动作（比如手势、舞蹈、武术、体育运动等）。在沟通中，信息的内容部分往往通过语言来表达，而非语言则作为提供解释内容的框架，来表达信息的相关部分。

最有效的沟通是语言沟通和非语言沟通的结合。

（四）按信息发送者与接受者的位置是否变换分类

按信息发送者与接受者的位置是否变换，沟通可分为单向沟通和双向沟通。

1. 单向沟通

单向沟通（Unilateral Communication）是指信息的发送者与接受者之间相对位置不发生变化的沟通，即信息的交流是单向的流动。例如演讲、作报告、广播消息等都属于单向沟通。单向沟通的优点是信息传递快，其缺点是缺少信息反馈，沟通的信息准确性差，当接受者不愿接受意见或任务时，容易引起不满与抗拒。

2. 双向沟通

双向沟通（Bilateral Communicate）是指信息的发送者与接收者的位置不断变化的沟通，即信息交流是双向的活动。例如组织间的协商、讨论或是两个人之间的谈心等都属于双向沟通。双向沟通的优点是沟通信息准确性较高，接受者有反馈意见的机会，产生平等感和参与感；沟通信息准确性较高，通过沟通有助于建立、联络和巩固双方的感情。其缺点是信息完整传递速度较慢；接受者可以反对信息发送者的意见，在一定条件下可能给发送者造成心理上的压力。

（五）按信息沟通的过程是否需要第三者加入分类

按信息沟通的过程是否需要第三者加入，沟通可分为直接沟通和间接沟通。

1. 直接沟通

直接沟通（Direct Communication）是指信息发送者与接收者直接进行信息交流，无须第三者传递的沟通方式。例如面对面的交谈、电话交谈等。直接沟通的优点是沟通迅速，双方可以充分交换意见，交流信息，迅速取得相互了解。其缺点是信息的有效传递需要时间和空间的一致性，有时直接沟通存在一定困难。

2. 间接沟通

间接沟通（Indirect Communication）是指信息发送者必须经过中间人或借助中介技术手段（如书信、电话等个人媒介和电视、广播、报刊、网络等大众媒介）的中转才能把信息传递给接收者。间接沟通为非面谈式沟通，常见的形式为书信类、文件报告式沟通。间接沟通的优点是不受时间和空间条件的限制，沟通交流观点比较系统。其缺点是缺少情感交流，较浪费人力和时间，且可能使信息失真。

# 任务二　沟通过程

沟通过程（Communication Process）是指沟通主体对沟通客体进行有目的、有计划、有组织的思想、观念、信息交流，使沟通成为双向互动的过程。

## 一、沟通过程的要素

沟通过程应包括五个要素，即沟通主体、沟通客体、沟通介体、沟通环境、沟通渠道。

（一）沟通主体

沟通主体是指有目的地对沟通客体施加影响的个人和团体，诸如饭店企业、行政组织、家庭、社会文化团体及社会成员等。沟通主体可以选择和决定沟通客体、沟通介体、沟通环境和沟通渠道，在沟通过程中处于主导地位。

（二）沟通客体

沟通客体即沟通对象，包括个体沟通对象和团体沟通对象。团体的沟通对象还有正式群体和非正式群体的区分。沟通对象是沟通过程的出发点和落脚点，因而在沟通过程中具有积极的能动作用。

（三）沟通介体

沟通介体即沟通主体用以影响、作用于沟通客体的中介，包括沟通内容和沟通方法。作为沟通主体与客体间的联系，沟通介体保证沟通过程的正常开展。

（四）沟通环境

沟通环境既包括与个体间接联系的社会整体环境（政治制度、经济制度、政治观点、道德风尚、群体结构），又包括与个体直接联系的区域环境（学习、工作、单位或家庭等）、对个体直接施加影响的社会情境及小型的人际群落。

（五）沟通渠道

沟通渠道即沟通介体从沟通主体传达给沟通客体的途径。沟通渠道不仅能使正确的思想观念尽可能全、准、快地传达给沟通客体，而且还能广泛、及时、准确地收集客体的思想动态和反馈的信息，因而沟通渠道是实施沟通过程、提高沟通功效的重要一环。沟通渠道很多，诸如谈心、座谈等。

## 二、沟通过程解析

沟通就是传递信息的过程，在这个过程中至少存在一个发送者和一个接受者，即发出信息一方和接受信息一方。有这样一个故事：一条船在海上遇难了，有三个幸存者被海浪冲到三个相距很远的孤岛上。第一个人大声呼救，但周围什么也没有。第二个人也高声呼救，恰好一架飞机飞过天空，但飞机上的人听不到他的声音。第三个人在呼救的同时点燃了一堆篝火，飞机上的人发现了孤岛上的浓烟，通知海上救护队把他救了出来。虽然遇难的三个人都在向外联系请求救命，但由于沟通方式不同，效果截然不一样。第

一个人没有信息的接受者，第二个人发出的信息未被对方辨认，只有第三个人既有信息的接受者，发出的信息又能被对方辨认，才实现了有效的沟通。一般而言，有效的沟通经常要经历七个基本环节，如下图所示。

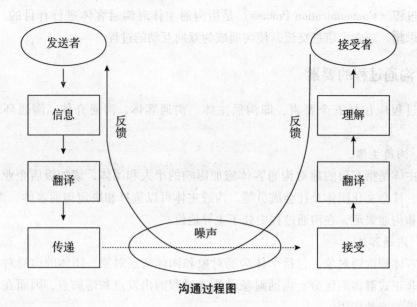

沟通过程图

（1）发送者需要向接受者传递信息或者需要接受者提供信息。这里所说的信息是一个广义的概念，它包括观点、想法、资料等内容。

（2）发送者将所要发送的信息译成接受者能够理解的一系列符号。为了有效地进行沟通，这些符号必须适应媒体的需要。例如，如果媒体是书面报告，符号的形式应选择文字、图表或照片；如果媒体是讲座，就应选择文字、投影胶片和板书。

（3）发送的符号传递给接受者。由于选择的符号种类不同，传递的方式也不同。传递的方式可以是书面的，如信、备忘录等，也可以是口头的，如交谈、演讲、电话等，甚至还可以通过身体动作来表述，如手势、面部表情、姿态等。

（4）接受者接受符号。接受者根据发送来的符号的传递方式，选择相应的接受方式。例如，如果发送来的符号是口头传递的，接受者就必须仔细地听，否则，符号就会丢失。

（5）接受者将接受到的符号译成具有特定含义的信息。由于发送者翻译和传递能力的差异，以及接受者接受和翻译水平的不同，信息的内容和含义经常被曲解。据传，澳大利亚某位定居者看到一只奇形怪状的动物，就问一位过路的土著人是什么。回答是"kangaroo"。这位定居的移民万万没有想到，"kangaroo"在当地土语里是"我不知道"的意思，而这却成了我们所知道的"袋鼠"的名字。

（6）接受者理解被翻译的信息内容。

（7）发送者通过反馈来了解他想传递的信息是否被对方准确地接受。

一般来说，由于沟通过程中存在许多干扰和扭曲信息传递的因素（通常把这些因素称为噪声），这使得沟通的效率大为降低。因此，发送者了解信息被理解的程度也是十分必要的。沟通过程图中的反馈，构成了信息的双向沟通。

# 任务三 沟通技巧

工作生活中的一切矛盾、误会和冲突都与沟通不当有关，而结束矛盾和冲突的最好方法就是沟通。一个成功的管理者必须具备良好的沟通技能，才能应对激烈竞争的挑战。饭店督导需要掌握适当的沟通技巧，让沟通成为企业的润滑剂，使得管理者与员工之间，员工与员工之间的关系更为融洽。

## 一、沟通的技巧

### （一）自信的态度

一般经营事业相当成功的人士，他们不随波逐流或唯唯诺诺，有自己的想法与作风，但却很少对别人吼叫、谩骂，甚至连争辩都极为罕见。他们对自己了解相当清楚，并且肯定自己，他们的共同点是自信，日子过得很开心，有自信的人常常是最会沟通的人。

### （二）体谅他人的行为

这其中包含"体谅对方"与"表达自我"两方面。所谓体谅是指设身处地为别人着想，并且体会对方的感受与需要。在经营"人"的事业过程中，当我们想对他人表示体谅与关心，唯有我们自己设身处地为对方着想。由于我们的了解与尊重，对方也相对体谅你的立场与好意，因而做出积极而合适的回应。

### （三）适当地提示对方

产生矛盾与误会的原因，如果出自于对方的健忘，我们的提示正可使对方信守承诺；反之若是对方有意食言，提示就代表我们并未忘记事情，并且希望对方信守诺言。

### （四）有效地直接告诉对方

一位知名的谈判专家分享他成功的谈判经验时说道："我在各个国际商谈场合中，时常会以'我觉得'（说出自己的感受）、'我希望'（说出自己的要求或期望）为开端，结果常会令人极为满意。"其实，这种行为就是直言无讳地告诉对方我们的要求与感受，若能有效地直接告诉你所想要表达的对象，将会有效帮助我们建立良好的人际网络。但要切记"三不谈"：时间不恰当不谈；气氛不恰当不谈；对象不恰当不谈。

### （五）善用询问与倾听

询问与倾听的行为，是用来控制自己，让自己不要为了维护权力而侵犯他人。尤其是在对方行为退缩，默不作声或欲言又止的时候，可用询问行为引出对方真正的想法，了解对方的立场以及对方的需求、愿望、意见与感受，并且用积极倾听的方式，来诱导对方发表意见，进而对自己产生好感。一位优秀的沟通好手，绝对善于询问以及积极倾听他人的意见与感受。

一个人的成功，20%靠专业知识，40%靠人际关系，另外40%需要观察力的帮助。因此为了提升我们个人的竞争力，获得成功，就必须不断地运用有效的沟通方式和技巧，随时有效地与"人"接触沟通，只有这样，才有可能使你事业成功。

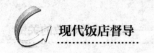

## 二、沟通障碍

在日常的管理沟通行为中，常常因为一些"意外"而使沟通无法实现，甚至会出现相反的效果。许多企业领导发现，决策层做出的新决策或会议决议，在传达到下面时早已经"变了味"。这些情况都表明，沟通出现了障碍，有一些因素影响了信息的有效传递。实现有效沟通的障碍主要是由以下原因造成的。

（一）个人原因

个人原因又有以下几种情况。

（1）人们对人对事的态度、观点和信念不同造成沟通的障碍。知觉选择的偏差是指人们有选择地接受，例如，人们在接受信息时，符合自己利益需要又与自己切身利益有关的内容很容易被接受，而对自己不利或可能损害自己利益的则不容易被接受。

（2）个人的个性特征差异引起沟通的障碍。在组织内部的信息沟通中，个人的性格、气质、态度、情绪、兴趣等差别，都可能引起信息沟通的障碍。

（3）语言表达、交流和理解造成沟通的障碍。在一个组织中，员工常常来自于不同的背景，有着不同的说话方式和风格，对同样的事物有着不一样的理解，这些都造成了沟通的障碍。有这样一个案例，一天一位香港客人来到前台办理入住登记，负责接待的员工照例向客人询问所需要的房间类型，但因客人不懂国语，而该员工粤语水平又欠佳，在尝试用蹩脚的粤语向客人解释客人仍听不懂后，乘客人转身拿回乡证时，该员工向精通粤语的行李员求救，请他们帮忙解释。该员工把要向客人说明的事情告诉行李员，然后由他转讲给客人听，该员工的本意是想减少由于沟通困难产生的尴尬，并节省时间，但没顾及此举动让客人觉得不被尊重。由于不熟练粤语又不大明白客人的心理，导致被客人投诉。在为客人服务的过程中，我们应尽量用客人的语言与客人沟通。由于地域等各种因素的原因，员工或许不能完全掌握一种语言。因此，饭店平时应加强语言技能的培训与学习。

（二）人际原因

人际原因主要包括沟通双方的相互信任程度和相似程度。

沟通是发送者与接收者之间"给"与"受"的过程。信息传递不是单方面而是双方的事情，因此，沟通双方的诚意和相互信任至关重要。在组织沟通中，当面对来源不同的同一信息时，员工最可能相信他们认为的最值得信任的那个来源的信息。上下级之间的猜疑只会增加抵触情绪，减少坦率交谈的机会，也就不可能进行有效的沟通。沟通的准确性与沟通双方间的相似性也有着直接的关系。沟通双方的特征，包括性别、年龄、智力、种族、社会地位、兴趣、价值观、能力等相似性越大，沟通的效果也会越好。

（三）结构原因

信息传递者在组织中的地位、信息传递链、团体规模等结构因素也都影响了有效的沟通。许多研究表明，地位的高低对沟通的方向和频率有很大的影响。例如，人们一般愿意与地位较高的人沟通。地位悬殊越大，信息趋向于从地位高的流向地位低的。信息传递层次越多，它到达目的地的时间也越长，信息失真率则越大，越不利于沟通。另外，组织机构庞大，层次太多，也影响信息沟通的及时性和真实性。

## 三、团队沟通

美国西南航空（Southwest Airlines）的内部杂志经常以"我们的排名如何"这个部分让西南航空的员工知道他们的表现如何。在这里，员工可以看到运务处针对准时、行李处置、旅客投诉案三项工作的每月例行报告和统计数字。并将当月和前一个月的评估结果做比较，制订出西南航空公司整体表现在业界中的排名。还列出业界的平均数值，以利员工掌握趋势，同时比较公司和平均水准的差距。西南航空的员工对这些数据具有十足的信心，因为他们知道，公司的成就和他们的工作表现息息相关。当某一家同行的排名连续高于西南航空几个月时，公司内部会在短短几天内散布这个消息。到最后，员工会加倍努力，期待赶上人家。西南航空第一线员工的消息之灵通是许多同行无法相比的。在实际工作中，要实现团队的有效沟通，可以通过以下几个方面来努力。

（一）团队领导者的责任

领导者要认识到沟通的重要性，并把这种思想付诸行动。企业的领导者必须真正地认识到与员工进行沟通对实现组织目标十分重要。如果领导者通过自己的言行认可了沟通，这种观念会逐渐渗透到组织的各个环节中去。

（二）团队成员提高沟通的心理水平

团队成员要克服沟通的障碍必须注意以下心理因素的作用。

（1）在沟通过程中要认真感知，集中注意力，以便信息准确而又及时地传递和接受，避免信息错传和接受时减少信息的损失。

（2）增强记忆的准确性是消除沟通障碍的有效心理措施，记忆准确性水平高的人，传递信息可靠，接受信息也准确。

（3）提高思维能力和水平是提高沟通效果的重要心理因素，高的思维能力和水平对于正确地传递、接受和理解信息，起着重要的作用。

（4）培养镇定情绪和良好的心理气氛，创造一个相互信任、有利于沟通的小环境，有助于人们真实地传递信息和正确地判断信息，避免因偏激而歪曲信息。

（三）正确地使用语言文字

语言文字运用得是否恰当直接影响沟通的效果。使用语言文字时要简洁、明确，叙事说理要言之有据，条理清楚，富于逻辑性；措辞得当，通俗易懂，不要滥用辞藻，不要讲空话、套话。在进行非专业性沟通时，少用专业性术语。可以借助手势语言和表情动作，以增强沟通的生动性和形象性，使对方容易接受。

（四）学会有效的倾听

有效的倾听能增加信息交流双方的信任感，是克服沟通障碍的重要条件。要提高倾听的技能，可以从以下几方面去努力。

（1）使用目光接触。

（2）展现赞许性的点头和恰当的面部表情。

（3）避免分心的举动或手势。

（4）要提出意见，以显示自己不仅在充分聆听，而且在思考。

（5）复述，用自己的话重述对方所说的内容。

（6）要有耐心，不要随意插话和随便打断对方的话。

（7）不要妄加批评和争论。

（8）使听者与说者的角色顺利转换。

**（五）缩短信息传递链，拓宽沟通渠道**

信息传递链过长，会减慢流通速度并造成信息失真。因此，要减少组织机构重叠，拓宽信息渠道。在惠普公司（Hewlett-Packard，HP），总裁的办公室从来没有门，员工受到顶头上司的不公正待遇或看到公司发生问题时，可以直接提出，还可越级反映。这种沟通渠道使得人与人之间相处时，彼此之间都能做到互相尊重，消除了对抗和内讧。另外，团队管理者应激发团队成员自下而上地沟通。例如，运用交互式广播电视系统，允许下属提出问题，并得到高层领导者的解答。如果是在一个公司，公司内部刊物应设立有问必答栏目，鼓励所有员工提出自己的疑问。此外，在利用正式沟通渠道的同时，可以开辟非正式的沟通渠道，让领导者走出办公室，亲自和员工们交流信息。坦诚、开放、面对面的沟通会使员工觉得领导者理解自己的需要和关注，取得事半功倍的效果。

总之，有效的沟通在团队的运作中起着非常重要的作用。成功的团队领导把沟通作为一种管理的手段，通过有效的沟通来实现对团队成员的控制和激励，为团队的发展创造良好的心理环境。因此，团队成员应统一思想，提高认识，克服沟通障碍，实现有效沟通，为实现个人和团队的共同发展而努力。

## 四、改进督导管理的沟通

在团队里，要进行有效沟通，必须明确目标。对于团队领导来说，目标管理是进行有效沟通的一种解决办法。在目标管理中，团队领导和团队成员讨论目标、计划、对象、问题和解决方案。由于整个团队都着眼于完成目标，这就使沟通有了一个共同的基础，彼此能够更好地了解对方。即便团队领导不能接受下属成员的建议，他也能理解其观点，下属对上司的要求也会有进一步的了解，沟通的结果自然得以改善。如果绩效评估也采用类似办法的话，同样也能改善沟通。

在团队中身为领导者，善于利用各种机会进行沟通，甚至创造出更多的沟通途径，与成员充分交流等并不是一件难事。难的是创造一种让团队成员在需要时可以无话不谈的环境。

对于饭店督导来说，要进行有效沟通，可以从以下几个方面着手。

（1）必须知道说什么，就是要明确沟通的目的。如果目的不明确，就意味着你自己也不知道说什么，自然也不可能让别人明白，自然也就达不到沟通的目的。

（2）必须知道什么时候说，就是要掌握好沟通的时间。在沟通对象正大汗淋漓地忙于工作时，你要求他与你商量下次聚会的事情，显然不合时宜。所以，要想很好地达到沟通效果，必须掌握好沟通的时间，把握好沟通的火候。

（3）必须知道对谁说，就是要明确沟通的对象。虽然你说得很好，但你选错了对象，自然也达不到沟通的目的。

（4）必须知道怎么说，就是要掌握沟通的方法。你知道应该向谁说、说什么，也知道该什么时候说，但你不知道怎么说，仍然难以达到沟通的效果。沟通是要用对方听得懂的语言——包括文字、语调及肢体语言，而你要学的就是透过对这些沟通语言的观察来有效地使用它们进行沟通。

以上四个问题，可以用来自我检测，看看你是否能进行有效的沟通。

【复习与练习】

**一、填空题**

1. 沟通对于饭店督导所具有的功能主要有：＿＿＿＿＿、＿＿＿＿＿、＿＿＿＿、＿＿＿＿。

2. 沟通的基本结构包括＿＿＿＿、＿＿＿＿、＿＿＿＿三个方面，缺少任何一方都完不成沟通。

3. 沟通过程应包括五个要素，即＿＿＿＿、＿＿＿＿、＿＿＿＿、＿＿＿＿、＿＿＿＿。

**二、选择题**

1. 组织内部的文件传达，上下级之间例行的汇报、总结，工作任务分配以及组织之间的信函往来等都属于（　　）。

A. 直接沟通　　　　　　　　　　　　B. 口头沟通

C. 正式沟通　　　　　　　　　　　　D. 非正式沟通

2. （　　）是指组织或群体中各平行机构之间的交流及员工在工作中相互交谈等。

A. 上行沟通　　　　B. 下行沟通　　　　C. 平等沟通　　　　D. 间接沟通

3. （　　）即沟通介体从沟通主体传达给沟通客体的途径。

A. 沟通主体　　　　B. 沟通客体　　　　C. 沟通环境　　　　D. 沟通渠道

4. 沟通按（　　）分类可分为上行沟通、下行沟通和平行沟通三种。

A. 信息流动方向　　B. 具体结构　　　　C. 沟通方式　　　　D. 位置变换

5. （　　）是指通过身体动作、体态、语气语调、空间距离等方式交流信息、进行沟通的过程。

A. 单向沟通　　　　B. 非语言沟通　　　C. 口头沟通　　　　D. 书面沟通

**三、名词解释**

1. 沟通。

2. 沟通过程。

3. 双向沟通。

**四、简答题**

1. 简述沟通的作用。

2. 简述沟通的功能。

3. 简述有效的沟通的基本环节。

4. 简述有效沟通障碍的原因。

**五、案例分析题**

一次部门会议

某酒店后勤部经理是刘志强，他是从一个国有企业转岗过来的。在刘经理管理手下的服务员方面好像有点问题。尤其是工作时间的安排令员工们感到痛苦，而且后勤部和宴会部之间的关系有点紧张。刘经理决定在周三下午3点召开一次会议以解决后勤部现在面临的一些问题。刘经理说此次会议的目的就是要征求所有员工的意见，以改善目前的工作环境。大部分的员工对刘经理能征求他们的意见感到高兴，因为能够自由探讨，所以会议在轻松愉快的气氛中开始。刘军是已经工作了多年的老员工，他说："宴会部的服务员总是把碟子、玻璃杯扔在宴会厅的托盘及餐车里，这种做法不仅使我的工作量无形中增大，而且还把很多餐具都碰坏了。"刘经理马上说道："我这次开会可不是让大家来发牢骚的，我们这次会议的主题是如何改善我们的现状。"刘军将两手抱在胸前，无话可说。部门领班张杨说："在三个餐厅里所使用的口杯各式各样，使得很多价格昂贵的杯子在洗涤的过程都损坏了。为什么我们酒店不把使用的杯子统一起来？"刘经理草草地记下她的意见，可他一边记却一边摇着头。马文是部门里性格比较开朗的。他说："有的时候，我们好像没有太多的人干活；可有的时候，并没有太多的活让我们去干，大家是否有同感？"有几个人很赞同他的说法。刘经理插言道："这可是个棘手的事，有时你就是不知道什么时候该忙些什么！"员工们都靠在椅背上不再说话。"谁还有什么要说的吗？"刘经理又问，可回答他的却是一片沉默。这里，刘军又一次大声提出自己的意见："刘经理，你来这之前，有时候大家还可以有个正常轮休。现在我却没有更多的时间休息了。"刘军的意见引起了在座许多人的共鸣，刘经理看了看大家，说"注意了，各位，我并不徇私偏心啊！现有的制度实际上很公平。大家不这样认为吗？"房间里又是沉默。

对如何改善本部门工作的现状，刘经理开始阐述自己的观点。可所有在座的员工都靠在椅子上，几乎没人注意听他说什么。即便有人想说点什么，可刘经理根本就不理他，只有没完没了地谈论他未来的计划。下午4：25，会议结束了。刘经理感谢大家来参加会议并发表了各自的意见，他认为此次会议很成功，并决定以后每个月的第一个周二都将举行一次这样的部门会议。

**思考题：**

1. 请简要评价刘经理工作方式。
2. 如果你是刘经理，你应该怎样做？

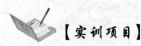 【实训项目】

【实训名称】就职演讲

【实训内容】增强学生对沟通的感性认识，培养沟通能力

【实训步骤】

1. 模拟饭店中层或基层管理者到一个新的部门任职后，第一次在部门全体员工面前讲话。

2. 每个学生准备一份演讲稿。

3. 以模拟饭店公司为单位，组织演讲训练。

4. 再以班级为单位组织演讲比赛。

**【实训点评】**

1. 能运用沟通的理论与方法，并尽可能搜集较多的模拟任职部门与职务的信息。

2. 每个学生的演讲稿可作为一次作业。

3. 教师根据学生的演讲稿与演讲表现给予评价打分，纳入学生实训课考核之中。

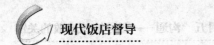 

# 项目六 激励——点燃员工激情的法宝

【学习目标】

> 1. 充分认识和掌握激励的内涵
> 2. 熟悉激励的理论
> 3. 了解和熟悉激励理论的应用

【案例引导】

## 期望定律试验

美国曾经由一位教授主持在一所高中做了一次试验，教授首先找来三位教师，告诉他们学校对所有的教师进行了一次评选，他们正是当选的三位最好的教师。接着，教授向三位当选的教师提出了一项试验计划，并告诉他们这次试验的主要目的是考察好老师教好学生的教学效果如何。这个试验的具体内容是要他们来接手三个高中班，这三个班的新生是从全校的新生中挑选出来的最好的一批学生。同时，教授要求三位教师对他讲的事情严格保密，保密时间为一年。

这三个老师欣然答应了这个试验计划，在这一年当中，他们每当遇到学生听不懂自己讲课的情况，总是会抛弃掉过去那种认为学生愚笨的念头，不断地去改进自己的教学方式；如果遇到学生调皮捣蛋的情况，他们会觉得聪明的学生总是很调皮，作为全校最好的老师他们一定能让调皮的学生好好学习。

所以，在这一年中，这些老师发挥出了绝对的热情和自信，非常耐心地教育和照顾这些学生。一年之后，这三个班的学生，不管是在课业上、体育上、团队的运作上，都表现得非常优良，而且超过历届的平均水平。

暑假的时候，主事的教授告诉这三位老师他们的试验计划已经结束，而且取得了令人惊讶的好成果。更富戏剧性的是，教授告诉三位教师，他们的学生和他们三个本身都是学校随机抽选的对象，并不是所谓的全校最好。这个试验就是心理学上非常著名的期望定律试验。

当一个人觉得自己非常棒，而且对他所领导的人有高度期望的时候，他们就会使身边的整个氛围散发出一种非常健康、非常良性的感觉。这正说明了当领导者和被领导者的心态都很健康的时候，他们之间的关系也会是一种健康的关系。

# 任务一 认识激励

## 一、什么是激励

### （一）激励的定义

激励（Motivate）一词，《辞海》解释为"激发使振作"。从生理学的角度看，激励就是激发人的动机，诱导人的行为，使其产生一种内在的动力，朝着所期望的目标努力的过程。激励概念用于饭店督导，就是指激发员工的工作动机，通过满足员工的各种需要，使员工努力去完成组织的任务，实现组织的目标。

### （二）激励的内涵

彼得·德鲁克（Peter Drucker）曾说："对员工最大的激励就是帮助他们获得业绩，只有业绩才能让他获得成就感。不是加薪，不是晋升，不是奖励，那只是结果而已。"饭店督导中的激励包含以下几方面的内容。

（1）激励的出发点是满足组织成员的各种需要，即通过系统地设计适当的外部奖酬形式，来满足企业员工的外在性需要和内在性需要。

（2）科学的激励工作需要奖励和惩罚并举，既要对员工表现出来的符合企业期望的行为进行奖励，又要对不符合员工期望的行为进行惩罚。

（3）激励贯穿于企业员工工作的全过程，包括对员工个人需要的了解、个性的把握、行为过程的控制和行为结果的评价等。因此，激励工作需要耐心。赫兹伯格说，如何激励员工：锲而不舍。

（4）信息沟通贯穿于激励工作的始末，从对激励制度的宣传、企业员工个人的了解，到对员工行为过程的控制和对员工行为结果的评价等，都依赖一定的信息沟通。企业组织中信息沟通是否通畅，是否及时、准确、全面，直接影响着激励制度的运用效果和激励工作的成本。

（5）激励的最终目的是在实现组织预期目标的同时，也能让组织成员实现其个人目标，即达到组织目标和员工个人目标在客观上的统一。

## 二、激励的作用

某足球队教练将该队队员分成三个集训小组，并在训练时做了一个心理实验。教练对第一小组队员的表现大加赞赏，说："你们表现卓越，配合度非常高，太棒了！你们是一流的球员。"对第二小组则说："你们也不错，如果你们运球速度快一点，步伐再稳一点，就更好了。"对第三小组则说："你们怎么搞的，总是抓不到要领，靠你们，我什么时候才有出头之日呀！"其实这三个小组成员的素质、能力都一样。但是经过这样一个实验之后，结果第一小组获得最好的成绩，第二小组次之，第三小组最差。从这个实验我们不难看出，激励对行为具有不可估量的作用。对一个企业来说，科学的激励制度至少

具有以下几个方面的作用。

**（一）吸引优秀的人才到企业来**

在发达国家的许多企业中，特别是那些竞争力强、实力雄厚的企业，通过各种优惠政策、丰厚的福利待遇、快捷的晋升途径来吸引企业需要的人才。彼得·德鲁克（Peter Drucker）认为，每一个组织都需要三个方面的绩效：直接的成果、价值的实现和未来的人力资源发展。缺少任何一方面的绩效，组织注定非垮不可。因此，每一位管理者都必须在这三个方面均有贡献。在三方面的贡献中，对"未来的人力资源发展"的贡献就是来自激励工作。

**（二）员工激励可以提高企业绩效**

管理学家的研究表明，员工的工作绩效是员工能力、受激励程度和工作环境的函数，即

$$P = f\ (M \times Ab \times E)$$

[ $P$ 员工工作绩效、$M$ 激励水平（积极性）、$Ab$ 员工个人能力、$E$ 工作环境]

从中可以看到，好的绩效水平不仅取决于员工的个人能力，还与激励水平、工作环境有很大的关系。如果把激励制度对员工创造性、革新精神和主动提高自身素质的意愿的影响考虑进去的话，激励对工作绩效的影响就更大了。员工能力再高，如果没有工作积极性，也是不可能优良好的行为表现的。

**（三）开发员工的潜在能力，提高人力资源质量**

美国哈佛大学的威廉·詹姆斯（William James）教授在对员工激励的研究中发现，按时计酬的分配制度仅能让员工发挥20%~30%的能力；如果受到充分激励的话，员工的能力可以发挥出80%~90%，两种情况之间60%的差距就是有效激励的结果。由此可见，激励是开发员工潜在能力的重要途径。日本索尼公司（Sony Corporation）鼓励每一位员工对产品提出任何意见，由此，便有了随身听（Walkman）的诞生，这便是挖掘潜力非常成功的一个案例。

**（四）造就良性的竞争环境**

科学的激励制度包含有一种竞争精神，它的运行能够创造出一种良性的竞争环境，进而形成良性的竞争机制。在具有竞争性的环境中，组织成员就会收到环境的压力，这种压力将转变为员工努力工作的动力。正如麦格雷戈（Douglas M. Mc Gregor）所说："个人与个人之间的竞争，才是激励的主要来源之一。"在这里，员工工作的动力和积极性成了激励工作的核心内容。

## 三、激励的类型

不同的激励类型对行为过程会产生程度不同的影响，所以激励类型的选择是做好激励工作的一项先决条件。

**（一）物质激励与精神激励**

虽然二者的目标是一致的，但是它们的作用对象却是不同的。前者作用于人的生理方面，是对人物质需要的满足；后者作用于人的心理方面，是对人精神需要的满足。随着人们物质生活水平的不断提高，人们对精神与情感的需求越来越迫切。比如期望得到

爱、得到尊重、得到认可、得到赞美、得到理解等。美国国际商业机器公司（International-al Business Machines Corporation，IBM）有一个"百分之百俱乐部"，当公司员工完成他的年度任务，他就被批准成为该俱乐部的成员，他和他的家人将被邀请参加隆重的各种聚会。这使得公司的雇员都将获得"百分之百俱乐部"会员资格作为第一目标，以获取那份光荣，取得了良好的激励效果。

（二）正激励与负激励

所谓正激励就是当一个人的行为符合组织的需要时，通过奖赏的方式来鼓励这种行为，以达到持续和发扬这种行为的目的。所谓负激励就是当一个人的行为不符合组织的需要时，通过制裁的方式来抑制这种行为，以达到减少或消除这种行为的目的。

正激励与负激励作为激励的两种不同类型，目的都是要对人的行为进行强化，不同之处在于二者的取向相反。正激励起正强化的作用，是对行为的肯定；负激励起负强化的作用，是对行为的否定。

（三）内激励与外激励

所谓内激励是指由内酬引发的、源自于工作人员内心的激励。所谓外激励是指由外酬引发的、与工作任务本身无直接关系的激励。

内酬是指工作任务本身的刺激，即在工作进行过程中所获得的满足感，它与工作任务是同步的。追求成长、锻炼自己、获得认可、自我实现、乐在其中等内酬所引发的内激励，会产生一种持久性的作用。

外酬是指工作任务完成之后或在工作场所以外所获得的满足感，它与工作任务不是同步的。如果一项又脏又累、谁都不愿干的工作有一个人干了，那可能是因为完成这项任务，将会得到一定的外酬——奖金及其他额外补贴，一旦外酬消失，他的积极性可能就不存在了。所以，由外酬引发的外激励是难以持久的。

# 任务二　激励理论

## 一、激励的过程

激励的目标是使组织中的成员充分发挥出其潜在的能力。激励是"需求→行为→目标"的一个连锁过程。激励的过程如下图所示。

一个人从有需要直到产生动机这是一个"心理过程"，比如当一个下属做了一件自认为十分漂亮的事情后，他渴望得到上司或同事的赞赏、认可和肯定，这就是他渴望被上司激励的心理"动机"。这时，如果上司及时而得体地用表扬"激励"了他，他在今后的工作会更卖力，其至做得更好，这就使他产生了努力工作的"行为"。而这种行为肯定会导致好的"结果"，最后达到下属和上司都"满意"的目标。日本松下公司（Panasonic）总裁松下幸之助（Konosuke Matsushita）很注意表扬人，如果当面碰上进步快或表现好的员工，他会立即给予口头表扬；如果不在现场，他还会亲自打电话表扬下属。

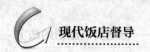 

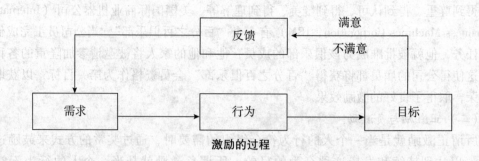

激励的过程

## 二、激励机制

激励机制就是在激励中起关键性作用的一些因素，由时机、频率、程度、方向等因素组成。它的功能集中表现在对激励的效果有直接和显著的影响，所以认识和了解激励的机制，对搞好激励工作是大有益处的。

（一）激励时机

激励时机是激励机制的一个重要因素。激励在不同时间进行，其作用与效果是有很大差别的。打个比方，厨师炒菜时，不同的时间放入味料，菜的味道和质量是不一样的。超前激励可能会使下属感到无足轻重。迟到的激励可能会让下属觉得画蛇添足，失去了激励应有的意义。

激励如同发酵剂，何时该用、何时不该用，都要根据具体情况进行具体分析。根据时间上快慢的差异，激励时机可分为及时激励与延时激励；根据时间间隔是否规律，激励时机可分为规则激励与不规则激励；根据工作的周期，激励时机又可分为期前激励、期中激励和期末激励。激励时机既然存在多种形式，就不能机械地强调一种而忽视其他，而应该根据多种客观条件，进行灵活的选择，更多的时候还要加以综合的运用。

（二）激励频率

所谓激励频率是指在一定时间里进行激励的次数，它一般是以一个工作周期为时间单位的。激励频率的高低是由一个工作周期里激励次数的多少所决定的，激励频率与激励效果之间并不完全是简单的正相关关系。

激励频率的选择受多种客观因素的制约，这些客观因素包括工作的内容和性质、任务目标的明确程度、激励对象的素质情况、劳动条件和人事环境等。一般来说有下列几种情形。

（1）对于工作复杂性强，比较难以完成的任务，激励频率应当高；对于工作比较简单、容易完成的任务，激励频率就应该低。

（2）对于任务目标不明确、较长时期才可见成果的工作，激励频率应该低；对于任务目标明确、短期可见成果的工作，激励频率应该高。

（3）对于各方面素质较差的工作人员，激励频率应该高；对于各方面素质较好的工作人员，激励频率应该低。

（4）在工作条件和环境较差的部门，激励频率应该高；在工作条件和环境较好的部门，激励频率应该低。

当然，上述几种情况，并不是绝对的划分，通常情况下应该有机地联系起来，因人、因事、因地制宜地确定恰当的激励频率。

（三）激励程度

所谓激励程度是指激励量的大小，即奖赏或惩罚标准的高低。它是激励机制的重要因素之一，与激励效果有着极为密切的联系。能否恰当地掌握激励程度，直接影响激励作用的发挥。超量激励和欠量激励不但起不到激励的真正作用，有时甚至还会起反作用。比如，过分优厚的奖赏，会使人感到得来全不费功夫，丧失了发挥潜力的积极性；过分苛刻的惩罚，可能会导致人的摔破罐心理，挫伤下属改善工作的信心；过于吝啬的奖赏，会使人感到得不偿失，多干不如少干；过于轻微的惩罚，可能导致人的无所谓心理，不但不改掉毛病，反而会变本加厉。

所以从量上把握激励，一定要做到恰如其分，激励程度不能过高也不能过低。激励程度并不是越高越好，超出了这一限度，就无激励作用可言了，正所谓"过犹不及"。

（四）激励方向

所谓激励方向是指激励的针对性，即针对什么样的内容来实施激励，它对激励效果也有显著影响。马斯洛的需要层次理论（Maslow's Hierarchy of Needs）有力地表明，激励方向的选择与激励作用的发挥有着非常密切的关系。当某一层次的优势需要基本上得到满足时，应该调整激励方向，将其转移到满足更高层次的优先需要，这样才能更有效地达到激励的目的。比如对一个具有强烈自我表现欲望的员工来说，如果要对他所取得的成绩予以奖励，奖给他奖金和实物不如为他创造一次能充分表现自己才能的机会，使他从中得到更大的鼓励。还有一点需要指出的是，激励方向的选择是以优先需要的发现为其前提条件的，所以及时发现下属的优先需要是经理人实施正确激励的关键。

## 三、激励理论

激励理论的基本思路，是针对人的需要来采取相应的管理措施，以激发动机、鼓励行为、形成动力。因为人的工作绩效不仅取决于能力，还取决于受激励的程度，通常用数学公式表示：

$$工作绩效 = f（能力 \times 激励）$$

因此，行为科学中的激励理论和人的需要理论是紧密结合在一起的。

（一）马斯洛的需要层次理论（Maslow's Hierarchy of Needs）

著名心理学学家亚伯拉罕·马斯洛（Abraham Harold Maslow）把人的需要由低到高分为五个层次，即：生理需要、安全需要、社交和归属需要、尊重需要、自我实现需要。他认为人的需要有轻重层次之分，在特定时刻，人的一切需要如果都未得到满足，那么满足最主要的需要就比满足其他需要更迫切；只有排在前面的那些属于低级的需要得到满足，才能产生更高一级的需要。

当一种需要得到满足后，另一种更高层次的需要就会占据主导地位。从激励的角度看，没有一种需要会得到完全满足，但只要其得到部分的满足，个体就会转向追求其他方面的需要了。按照马斯洛的观点，如果希望激励某人，就必须了解此人目前所处的需要层次，然后着重满足这一层次或在此层次之上的需要。比如一个濒临饿死的人你给他

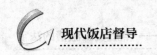

一座金山，还不如给他一个面包来的更直接、更有效。因为他们此时的需求是养家糊口，让自己生存下来。因此，他们可以做最累、最脏、最不体面的工作。他们只需要一份收入不错的工作，他们只需要挣足够多的钱来承担家庭和生活的责任。这种类型的员工一般为基础人员或经济有困难的员工，对于他们最有效的激励就是物质激励方式。如果缺少物质激励，不能满足他们的物质需求，给予再多的精神激励也不会有任何作用的。

（二）双因素理论（Two Factor Theory）

激励因素——保健因素理论（Motivator – Hygiene Theory）是美国的行为科学家弗雷德里克·赫茨伯格（Fredrick Herzberg）提出来的，又称双因素理论（Two Factor Theory），双因素理论是他最主要的成就。

20 世纪 50 年代末期，弗雷德里克·赫茨伯格和他的助手们在美国匹兹堡（Pitts-burgh）地区对 200 名工程师、会计师进行了调查访问。结果他发现，使员工感到满意的都是属于工作本身或工作内容方面的；使员工感到不满的，都是属于工作环境或工作关系方面的。他把前者叫做激励因素，后者叫做保健因素。

1. 保健因素

保健因素包括公司政策、管理措施、监督、人际关系、物质工作条件、工资、福利等。当这些因素恶化到人们认为可以接受的水平以下时，就会产生对工作的不满意。但是，当人们认为这些因素很好时，它只是消除了不满意，并不会导致积极的态度。这就形成了某种既不是满意、又不是不满意的中性状态。

2. 激励因素

那些能带来积极态度、满意和激励作用的因素就叫做"激励因素"，这是那些能满足个人自我实现需要的因素，包括：成就、赏识、挑战性的工作、增加的工作责任以及成长和发展的机会。如果这些因素具备了，就能对人们产生更大的激励。从这个意义出发，弗雷德里克·赫茨伯格认为传统的激励假设，如工资刺激、人际关系的改善、提供良好的工作条件等，都不会产生更大的激励；它们能消除不满意，防止产生问题，但这些传统的"激励因素"即使达到最佳程度，也不会产生更大的激励。

根据弗雷德里克·赫茨伯格的研究发现，经理人应该认识到保健因素是必需的，不过它一旦使不满意中和以后，就不能产生更积极的效果。只有"激励因素"才能使人们有更好的工作成绩。

双因素理论告诉我们，满足各种需要所引起的激励深度和效果是不一样的。物质需求的满足是必要的，没有它会导致不满，但是即使获得满足，它的作用往往是很有限的、不能持久的。要调动人的积极性，不仅要注意物质利益和工作条件等外部因素，更重要的是要注意工作的安排、量才使用、个人成长与能力提升等；注意对人进行精神鼓励，给予表扬和认可；注意给人以成长、发展、晋升的机会。随着人们物质"小康"问题的解决，人们对精神"小康"的需求也越来越迫切。

（三）期望理论（Expectancy Theory）

美国心理学家维克多·弗鲁姆（Victor H. Vroom）于 1964 年提出了期望理论（Expectancy Theory）。该理论认为，激发的力量来自效价与期望值的乘积，即

$$激励的效用 = 期望值 \times 效价$$

就是说，推动人们去实现目标的力量，是两个变量的乘积，如果其中有一个变量为零，激励的效用就等于零。效价是企业和团队的目标达到后，对个人有什么好处或价值，及其价值大小的主观估计。期望值是达到企业目标的可能性大小，以及企业目标达到后兑现个人要求可能性大小的主观估计。这两种估计在实践过程中会不断修正和变化，发生所谓"感情调整"。比如，我认为我有能力完成这项任务，完成任务后我估计老板肯定会兑现他给我增加工资的诺言，而增加工资正是我的最大期望，所以，我工作的积极性肯定很高；反之，任何一个变量的变化，就会影响到工作的积极性。管理者的任务就是要使这种调整有利于达到最大的激发力量。因此，期望理论是过程型激励理论。

# 任务三　激励理论的应用

## 一、激励的原则

### （一）目标结合原则

在激励机制中，设置目标是一个关键环节。目标设置必须同时体现组织目标和员工需要的要求。

### （二）物质激励和精神激励相结合的原则

物质激励是基础，精神激励是根本。在两者结合的基础上，逐步过渡到以精神激励为主。

### （三）引导性原则

外激励措施只有转化为被激励者的自觉意愿，才能取得激励效果。因此，引导性原则是激励过程的内在要求。

### （四）合理性原则

激励的合理性原则包括两层含义：

（1）激励的措施要适度。要根据所实现目标本身的价值大小确定适当的激励量。

（2）奖惩要公平。

### （五）明确性原则

激励的明确性原则包括三层含义：

（1）明确。激励的目的是需要做什么和必须怎么做。

（2）公开。特别是分配奖金等大量员工关注的问题时，更为重要。

（3）直观。实施物质奖励和精神奖励时都需要直观地表达它们的指标、总结与授予奖励和惩罚的方式。直观性与激励影响的心理效应成正比。

### （六）时效性原则

要把握激励的时机，"雪中送炭"和"雨后送伞"的效果是不一样的。激励越及时，越有利于将人们的激情推向高潮，使其创造力连续有效地发挥出来。

### （七）正激励与负激励相结合的原则

所谓正激励就是对员工的符合组织目标的期望行为进行奖励。所谓负激励就是对员工违背组织目的的非期望行为进行惩罚。正负激励都是必要而有效的，不仅作用于当事

人，而且会间接地影响周围其他人。

（八）按需激励原则

激励的起点是满足员工的需要，但员工的需要因人而异、因时而异，并且只有满足最迫切需要（主导需要）的措施，其效价才高，其激励强度才大。因此，领导者只有深入地进行调查研究，不断了解员工需要层次和需要结构的变化趋势，有针对性地采取激励措施，才能收到实效。

## 二、正确运用激励原则

正确地运用激励原则，可以提高激励的效果，达到预先设定的目标。激励原则的运用应注意到以下因素：

（一）准确地把握激励时机

从某种角度来看，激励原则如同化学实验中的催化剂，要根据具体情况决定采用时间。管理实际中，并不存在一种绝对有效的、时时适宜的激励时机，激励时机的选择是随机而灵活的。从事饭店督导管理，应根据具体客观条件，灵活地选择激励的时机或采用综合激励的形式，以有效地发挥激励的作用。激励原则在不同时间进行，其作用与效果有很大的区别。根据时间上的快慢差异，激励时机分为及时激励和延时激励。根据时间间隔，可分为规则激励与不规则激励；根据工作周期可分为期前激励、期中激励和期末激励。

（二）相应采取激励频率

激励频率是指在一定时间进行激励的次数，它一般以一个工作学习周期为其时间单位的。激励频率与激励效果之间并不是简单的正比关系，在某些特殊条件下，两者可能成反比关系。因此，只有区分不同情况，采取相应的激励频率，才能有效发挥激励的作用。激励频率选择受到多种客观因素的制约，包括工作的内容和性质、任务目标的明确程度、激励物件的自身素质、工作学习状况及人际关系等。一般来说，如果工作学习性质比较复杂，任务比较繁重，激励频率应相应提高，反之，则相反。对于目标任务比较明确，短期见效的工作，激励频率应当高，反之，则相反。在具体的管理中，应具体情况具体分析，采取恰当的激励频率。

（三）恰当地运用激励程度

激励程度是激励机制的重要因素之一，与激励效果有极为密切的联系。所谓激励程度是激励量的大小，即奖赏或惩罚标准的高低。能否恰当地掌握激励程度，直接影响激励作用的发挥，过量激励和不足量激励不但起不到激励的真正作用，有时甚至会起反作用，造成对工作积极性的挫伤。在饭店督导管理过程中，如果设定的激励程度偏低，就会使被激励者产生不满足感、失落感，从而丧失继续前进的动力；如果设定的激励程度偏高，就会使被激励者产生过分满足感，感到轻而易举，也会使之丧失上升的动力。所以要求饭店督导从量上把握激励要做到恰如其分，激励程度要适中，超过了一定的限度或不到一定程度，激励的作用就不能得到充分的发挥。

（四）正确地确定激励方向

所谓激励方向是指激励的针对性，即针对什么样的内容来实施激励。它对激励的效果具有显着的影响作用。根据美国心理学家马斯洛的需要层次理论（Maslow's Hierarchy of Needs），人的行为动机起源于五种需要，即：生理需要、安全需要、归属需要、尊重需要和自我实现需要。人的需要并不是一成不变的，它是一个由低到高的发展过程，但这一过程并不是一种间断的阶梯式的跳跃，而是一种连续的、波浪式的演进。不同的需要通常是同时并存的，但在不同的时期，各种需要的刺激作用是不同的，总存在一种起最大刺激作用的优势需要。一般来说，当较低层次的需要相对满足以后，较高层次的优势需要才会出现。这一理论表明，激励方向选择与激励作用的发挥有着非常密切的关系，当某一层次的优势需要基本得到满足时，激励的作用就难以继续保持，只有把激励方向转移到满足更高层次的优势需要，才能更有效地达到激励的目的。需要指出的是，激励方向选择是以优势需要的发现为其前提条件的。因此，饭店督导在管理实践中要努力发现不同阶段的优势需要，正确区分个体优势需要与群体优势需要，以提高激励的效果。

## 三、员工的激励需求和员工激励的方法

### （一）员工的激励需求

一般说来，每个员工都有其比较偏重的追求目标，有的追求成就，有的追求职位，而有人却追求融洽的关系与真诚的友谊。作为管理者，应设法了解员工各种不同的需求，以便为他们创造条件，激励他们实现更高的目标。下面是大多数员工的共同需求：

1. 公平的报酬

报酬是一种有效的刺激物，无论管理者多么高明，都必须以物质力量为后盾，而稳定的工资收入，是员工工作动力的永久源泉。大多数员工都希望他们工作能得到公平的报偿，即：同样的工作获得同样的报酬。员工不满的是别人干同类或同样的工作，却获得更多的报酬。偏离按劳分配准则是令人恼火的。如果人们认为惟惟诺诺、玩弄手腕和攀附上级就可以加薪的话，他们就会产生这样做的动机。在这样的体系中，员工不会进取，企业难有活力。

2. 升迁的机会

多数员工都希望在工作中有晋升的机会，没有前途的工作会使员工产生不满，最终可能导致辞职。如果企业不能为员工提供足够的升迁机会，多半是因为企业整体或某些部门停滞不前之故。这时企业就必须下定决心采取行动，腾出位子，为提拔优秀员工创造条件。除了有提升机会外，员工还希望工作有保障，对于身为一家之主并有沉重的家庭负担的员工来说，情况更是这样。

3. 有趣的工作

热爱一项工作是做好这项工作的前提，许多员工把这一点排在许多要素的前列。当然，不同的工作对不同的员工有不同的吸引力，同样的东西对这个人来说是馅饼，对另一个人可能是糟糠。"工作的报酬就是工作本身！"管理者必须为员工寻求工作的内在意义，也就是要为员工创造工作的意义和价值。员工只有体会到工作的内在价值与意义，才会真正为了这份工作而积极努力，发挥自己的最大力量。

4. 饭店的赏识

人与人之间如果维持冷漠的态度，不仅自己活得很累，也会在无意中伤害别人。员工谋求饭店的承认和同事的认可，希望自己出色的工作被企业"大家庭"所接受。如果得不到这些，他们的士气就会低落，工作效率就会降低。他们不仅需要自己归属于员工群体，而且还需要归属于饭店整体，是饭店整体的一部分。所有的员工都希望得到饭店的赏识，甚至需要与他们的上司一起研究工作，直接从领导那里了解企业生产经营情况。这种做法有助于拉近管理者与员工之间的距离，使员工感到自己是饭店的主人，而不是苦力。

5. 开放的管理

让下属全面了解饭店的发展计划及努力方向，才能激发他们的工作热情。一个饭店要想快速发展，就必须将饭店经营理念和发展目标明确化，把企业发展目标转化为员工的使命。员工越了解饭店目标，使命感越强，饭店的向心力越大。下属非常希望管理者和他们所服务的饭店都是开放的，能不断提供给他们与工作有关的饭店重大信息。如能充分告知，员工不会浪费精力打听小道消息，从而更专心地投入工作；若未充分告知，员工会对饭店缺乏归属感，能混就混，混不下去就"跳槽"。

6. 更大的权力

企业的成长，要靠员工的努力，管理者充分信任员工，放权给他们，这样才能培养员工独立工作的能力。授权不仅仅是封官任命，管理者在向下属分派工作时，也要授予他们权力，否则就不算授权。管理者要帮被授权者消除心理障碍，让他觉得自己是在"独挑大梁"，肩负着一项完整的职责。授权应注意把握好两点：一是让所有相关人士知道被授权者的权责；二是一旦授权就不再干涉。

7. 正面的回馈

企业管理千头万绪，其中最困难的是用人。认可下属的努力，不但可以提高工作效率和士气，同时可以有效地建立其信心，提高员工的忠诚度，激励他们接受更大的挑战。有些员工总是抱怨说，领导只有在员工出错的时候，才会注意到他们的存在。管理者有责任对下属的工作给予正面的回馈，以加强他们的自信。为了充分调动员工的积极性，必须使他们相信，他们的努力会使工作富有成效。

8. 必要的培训

一家不肯花钱培训职员成才的饭店，不可能成为有前途的优秀企业。成千上万的企业，包括那些曾经盛旺一时的大企业，都因为不舍得在人才培训方面作投资，先后在企业界衰退以致消失。支持员工参加职业培训，如岗位培训或饭店付费的各种学习班、研讨会等，有助于减轻疲惫情绪，降低工作压力，提高员工的创造力。下属的最大心愿，并不是高薪水，而是取得更大成就的能力，谁能给他能力，他就会给谁卖命。

不同的员工对这些需求和愿望的侧重有所不同。对一位员工来说，晋升的机会或许最为重要，而对另一位来说，工作保障可能是第一重要。鉴别个人需求对管理者来说并非易事，员工嘴上说想要的，与他们实际想要的可能是两回事。作为管理者，不要以为多发奖金、多说好话就能调动员工的积极性，要让他们为你效力，需要更细心地体察。采用何种方式激励员工，应视他们的情况而定。

（二）员工激励的方法

管理者要成功地实施激励，必须恰当、有效地运用激励方法。激励的方法多种多样，大体上可分为物质激励与精神激励两大类。

1. 物质激励

物质激励是组织激励员工最基本的手段，它以货币和实物形式对员工良好行为给予奖励或对员工不良行为进行处罚。物质利益是人们从事一切社会活动的最基本动因。物质激励就是通过满足或限制个人物质利益的需求，来激发员工的积极性和创造性。员工为了获得或者避免失去物质利益，就会自觉用道德、法律、规章制度来约束自己，规范自己的言行，积极努力地工作，从而实现组织管理的目的。常见的物质激励形式有薪酬、奖品、奖金、津贴、福利以及休假、疗养、旅游等正激励，还有诸如罚款、降薪等负激励。物质激励是激励的主要模式，也是目前我国企业内部使用的非常普遍的一种激励模式。

物质激励的重要性是显而易见的，但物质激励也存在边际效果递减、短时性、不经济性、恶性循环等一些缺陷。因此，一些学者认为物质激励只是一种较原始的表层激励方式，他们更注重"关心人、爱护人、理解人、尊重人"的精神激励方式，提倡用人性管理来提高管理水平。

事实上人类不但有物质上的需要，更有精神方面的需要。企业单用物质激励不一定能起作用，必须把物质激励和精神激励结合起来才能真正起到调动广大员工积极性的作用。

2. 精神激励

与物质激励主要作用于人的生理、满足人的物质需要不同，精神激励主要作用于人的心理、满足人的精神需要。它从精神上对员工进行鼓励或处罚，从而激发其工作积极性。在现代管理中，精神激励是必不可少的，组织管理不能"见物不见人"。

精神激励不仅可以弥补物质激励的不足，而且可以成为长期起作用的力量。它能激发员工的工作热情，满足员工自我发展需要，提高工作效率，具有物质激励不可替代的作用。精神激励主要有以下几种方法。

（1）目标激励。组织目标是组织凝聚力的核心，它体现了员工工作的意义，能够在理想和信念的层次上激励全体员工。实施目标激励，首先应宣传组织的长远目标、中期目标和近期目标，使员工更加了解组织目标，了解自己在目标的实现过程中应起到的作用。其次，应注意把组织目标和个人目标结合起来，宣传两者的一致性，使大家认识到只有在完成组织目标的过程中，才能实现个人目标；使员工认识到个人事业的发展、待遇的改善与组织事业的发展、效益的提高息息相关，这样员工就会产生强烈的责任感，不用别人监督就能自觉地把工作搞好，自觉地关心组织的利益和发展前途。

（2）工作激励。雪恩说过，人们只有在工作中充分表现自己的才能，才会感到最大的满足。因此，为了更好地发挥员工的工作积极性，管理者应更多地考虑如何才能使工作本身变得更具内在意义和更具挑战性，给员工一种自我实现的优越感。

（3）参与激励。现代企业管理的实践经验和研究表明，现代的员工都有参与管理的要求和愿望，创造和提供一切机会让员工参与管理是调动他们积极性的有效方法。通过

参与，形成员工的归属感、认同感，可以进一步满足他们自我实现的需要。

（4）培训激励。通过基本和高级的训练计划，提高员工的工作能力，并且从饭店内部选拔有资格担任领导工作的人才。素质提高的员工会产生更高层次的需要，从而起到激励的作用。

（5）尊重激励。每个员工内心都有一种把工作做好的欲望。尊重员工就是让员工学会对工作负责，自己主动承担工作，提高自我管理水平。尊重是加速员工自信力爆发的催化剂，尊重激励是一种基本激励方式。上下级之间的相互尊重是一种强大的精神力量，它有助于企业员工之间的和谐，有助于企业团队精神和凝聚力的形成。

（6）领导行为激励。领导者行为通过榜样作用、暗示作用、模仿作用等心理机制激发下属的动机，以调动工作、学习积极性，这被称为领导行为激励。领导的良好行为、模范作用、以身作则就是一种无声的命令，可以有力地激发下属的积极性。

（7）授权和参与激励。适当授权，让下属肩负起与其才能相适应的重任，为其提供个人获得成就和发展的机会，激发其献身精神，满足其事业心与成就感。让员工恰当地参与管理，通过参与，形成员工对企业的归属感、认同感，可以进一步满足自尊和自我实现的需要。建立和完善员工参与管理、提出合理化建议的制度和员工持股制度，加强员工各层次与领导层的交流沟通，提高员工主人翁参与意识。

（8）关心激励。对员工工作和生活的关心，如建立员工生日情况表，总经理签发员工生日贺卡，关心员工的困难和慰问或赠送小礼物。这被管理学家称之为"爱的经济学"，即无须投入资本，只要注入关心、爱护等情感因素，就能获得产出。

（9）文化激励。文化激励是所有激励因素中作用最为持久的，也是最需要高超的操作艺术的。企业要注重培养独具特色的企业文化并贯彻到管理中，使其得到员工的认可并融入其中，使企业文化成为员工的一种精神动力。这是管理的最高境界，让员工在各自的领域真正处于主导地位，尊重人的价值，提高人的素质，发挥人的主观能动性，力求使每个员工的聪明才智都有用武之地，使他们各得其所，各尽所能，使员工对企业有归属感、安全感和荣誉感。

（10）建立学习型组织激励。学习型组织是彼得·圣吉（Peter Senge）在《第五项修炼》（The Fifth Discipline）中提出的理论模式，是指通过培养弥漫于整个组织的学习气氛而建立起来的一种符合人性的、有机的组织。在学习型组织中，提倡员工主动学习，主动做事，不断拓展他们的能力，增强合作精神，激发员工灵感，活跃思维，提升员工与企业的创新能力，实现个人与企业的共同发展。

## 四、几种错误的激励理念

### （一）单纯的物质激励便可以

如果能付给员工足够多的薪酬，他们当然会愿意从事任何工作；倘若在肯定其工作的同时，辅以一定的奖金刺激，员工们将会非常开心（除非他们对奖金原本有更高的期待）。当薪酬提升时，员工们确实工作起来更加卖力。

但研究发现，物质激励只能带来短期的快乐。半年以后，这种动力将会逐步消失，员工们不但不像刚刚获得奖金时那么欢呼雀跃，甚至他们连奖金的具体数目都记不起来了。这是因为，金钱本身并不能对一个人产生持续的刺激作用。

没有人甘心落后，没有人愿意失败。为了比周围的人更出色，为了让周围的人能认可，舍得付出辛劳，可以加倍努力，这本身就是一种需求，一种对成就感的需求，而不仅仅是为了钱。马斯洛的需求理论认为，人的最高需求是实现个人价值。心理学家赫兹伯格说，钱只是保健因素，而不是激励因素。

那么，作为管理者的你该怎么办？应该建立起一套健全的机制，让员工获得某种程度的成就感。给他们一种认同感、让他们工作得很充实；同时给予进步的机会及上升的空间，员工将会十分珍惜这些机会。

（二）让员工保持快乐就能带来更高的生产力

管理者往往不遗余力地推行一些举措，让员工保持快乐的心情。比如，设立娱乐室或者允许员工免费拨打长途电话等。管理者一相情愿地认为，工作间歇中员工的愉悦感，很容易转化为一种工作动力。

员工们确实都很享受休息时间，并期待这一时刻的到来，有些甚至还会拖延上班时间。但这些满足感并不一定就会转化为更高的生产力，也不意味着在工作中会有更好的表现。

（三）忽略冲突便万事大吉

很少有人喜欢冲突，在职场上尤其如此。老板和员工几乎都怀有这两种心态——"就这样算了吧"、"睁一只眼闭一只眼吧"，大家都缺乏解决问题的态度。管理层关心的往往是自己是否受人欢迎，而非快速指出员工实际存在的问题。但如果忽视员工存在的一些缺陷，长远来看，对其成长反而是不利的。

（四）一些人简直无药可救

对某些员工存有偏见，对他们彻底失去信心——这是一个最普遍存在的误区。其实，每个人都是可塑之才，只是点燃他们激情的火种有所差异。倘若管理者巡视整个办公室时，看到员工在玩电脑游戏或者发送私人邮件，他可能会在心里认定："这个人对工作没有积极性，因为他根本就没有认真工作。"其实不然，这些看起来在"玩耍"的员工，一样有饱满的激情，甚至比那些正在埋头苦干的人更有积极性。只不过他们没有把精力直接投入到工作中来而已。

如果这位员工有可取之处，那么，企业领导者应该找出激发他们工作热情的窍门，并尽可能投其所好，让他们在工作中尽情释放自己的激情。

（五）响鼓无须重锤

几乎每个企业主都渴望吸引聪明人加入，因为这些人学得更快、上手也快。于是，老板们便想当然地认为这部分人不需要费心了，他们会自律。

然而，高智商与良好的自我管理能力之间并没有必然的联系。不仅如此，一部分聪明的员工往往不清楚自己保持工作热情的动力何在，他们反而更容易迷失自己或者厌倦工作，最终导致对工作兴致寥寥，效率低下。

那么，究竟该如何动员员工的积极性？聪明的老板应该了解怎样去营造良好的工作氛围，以让每个员工都活力十足。同时洞悉员工们的"动力阀门"，知道他们的优点及兴趣点，人尽其才，让每个人都在自己钟爱的岗位上发光发热。

### 五、如何有效地进行激励

（一）以员工需要为基础进行激励

员工为什么可以被激励？怎样才算是有效的激励？心理学研究表明：人的动机是由于他所体验的某种未满足的需要或未达到的目标所引起的。马斯洛的需要层次论（Maslow's hierarchy of needs）是激励理论中最基本、最重要的理论。它把员工的需要从低到高依次分为：生理需要、安全需要、社交需要、尊重需要、自我实现需要五个层面。在众多的需要中有一种是对行为起决定作用的需要，称为优势需要。员工工作的动机正是为了达到需要的满足，尤其是优势需要的满足。只有需要达到满足，员工才有较高的积极性。

激励之所以有效，原因在于人们在事关自己切身利益的时候，就会对事情的成败格外关注，而趋利避害的本能会使面临的压力变为动力。比如单位规定全年无迟到早退病事假可以拿到"满勤奖"，这样员工就会很重视每一次考勤记录。员工各式各样的需求正是激励的基础。激励手段必须针对员工的需要，才会产生积极的效果。只有让员工满意的激励措施才是有效的。

（二）有效激励的保障是科学的评价系统

有效的激励还必须以科学的评价体系为保证。这里所指的评价体系包括绩效评估体系和对激励手段有效性的评价。客观、公正的绩效评价是对员工努力工作的肯定，是对员工进行奖惩的依据。以员工绩效为依据，对员工进行奖惩，才能起到激励员工的目的。而激励的根本目的就是为了让员工创造出高的绩效水平。没有一个科学的绩效评价体系也就无法评定激励是否有效。这就需要制订一整套完善的企业激励制度和评价体制。随着企业的发展，员工的需要也会随之变化，通过对激励手段的评价，可以随时把握激励手段的有效性和员工需要的变化，调整激励政策，以达到激励员工的最好效果。

（三）人岗匹配

员工的技能特点、性格特点要与岗位的任职条件相匹配。我们可以假想一下，让一个高素质人才去干一份平淡、简单的工作，结果会是怎样。长时间工作后，这位人才一定会弃企业而去。现代企业的岗位需要的是最适合的人来干。员工素质过高，对工作提不起兴趣；素质过低，无法完成工作，也不会对工作有兴趣。只有与员工的个人能力相匹配的工作，才会激起员工的工作兴趣，员工才会更有积极性。

（四）处理好保健因素和激励因素的关系

弗雷德里克·赫茨伯格（Fredrick Herzberg）通过实验发现，使员工感到满意的都是属于工作本身或工作内容方面的；使员工感到不满的，都是属于工作环境或工作关系方面的。他把前者叫做激励因素，后者叫做保健因素。

弗雷德里克·赫茨伯格把那些能带来积极态度、满意和激励作用的因素就叫做"激励因素"，这是那些能满足个人自我实现需要的因素，包括：成就、赏识、挑战性的工作、增加的工作责任以及成长和发展的机会。如果这些因素具备了，就能对人们产生更大的激励。激励因素基本上都是属于工作本身或工作内容的，保健因素基本都是属于工作环境和工作关系的。但是，弗雷德里克·赫茨伯格注意到，激励因素和保健因素都有若干重叠现象，如赏识属于激励因素，基本上起积极作用；但当没有受到赏识时，又可能起消极作用，这时又表现为保健因素。工资是保健因素，但有时也能产生使员工满意的结果。

处理好保健因素和激励因素的关系需要企业做好以下工作。

1. 提供一个良好的工作环境

企业必须为员工提供良好的工作场所、必要的工具、完整的工作信息以及饭店各部门的协调等。员工所处的工作环境是员工工作时随时可以感受到的。

2. 工作的内容要丰富、具有一定挑战性

调查表明，当员工按部就班地工作一段时间后，积极性会有下滑趋势。对工作内容的设计，可以缓解这一问题。例如，流水线上的工人每天从事一样的工作，较长时间后，积极性就会下降。如果适当调整其工作内容，采用工作轮换，就会再次提起工人对工作的兴趣。对于管理人员和技术人员，工作内容较为丰富，企业鼓励其在工作上的创新，增强工作的挑战性，就可以有效地激励他们。

3. 为员工制订职业生涯规划

有调查显示，高学历的求职者，选择工作时最看中的就是发展前途。没有员工会满意没有前途的工作。企业要把员工的工作前途告诉员工，就要制订职业生涯规划，让员工明白自己在企业中的发展机会。以往国内的企业很不重视这点，很多员工不知道自己将来的位置，发展存在很大盲目性。企业能够充分了解员工的个人需要和职业发展意愿，结合实际，为员工提供适合其要求的升迁道路，员工才有动力为企业贡献力量。员工职业生涯规划设计，是一种长期激励措施。

4. 提供员工培训的机会

知识经济时代，科技突飞猛进，如果不及时补充新知识，掌握新技能，必被淘汰。所以，员工很渴望得到培训机会。针对员工这一需要，建立符合自己企业实际的培训体系就很重要。培训只是手段，使用才是目的。只有学以致用，才能达到培训目的。

（五）制订激励性薪酬和福利制度

在企业里，报酬的高低在一定程度上代表员工价值的大小。合理的薪酬系统是具有很大激励效果的。

1. 激励性的薪酬政策

（1）在保证公平的前提下提高薪酬水平。从企业内部来讲，员工关心薪酬的差别程度高于对薪酬水平的关心。要想有激励效果，就要提高薪酬水平。高薪可以形成对外竞争优势，员工有优越感，认识到企业对自己很重视，就有高涨的积极性。

（2）薪酬要与绩效挂钩。绩效薪酬可以把饭店与员工利益统一起来，员工为自己目标奋斗的同时，也为饭店创造了价值，达到"双赢"目的。绩效薪酬实施过程中注意要有科学的绩效评估体系为依据。

（3）适当拉开薪酬层次。拉开薪酬层次可以鼓励后进者，勉励先进者。薪酬激励手段易于企业控制，可起到事半功倍的效果。

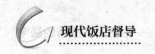

2. 设置具有激励性质的福利项目

（1）采取弹性福利制度。弹性福利制度给予员工选择福利的机会，允许员工把个人需要与所需福利结合起来。另外，企业还把福利与工作年限联系在一起，高年限高职务的员工更有较大的选择空间，充分体现了企业的人文关怀，更有利长期激励。

（2）保证福利的质量。举例来讲，很多饭店企业都为员工建立了免费浴室，这本来是一项很好的福利措施。但往往疏忽了管理，浴室里水忽冷忽热，员工抱怨不断。本来是好事，结果却很糟糕。因此，加强对福利项目的管理才能起到福利应有的作用。

（六）实施人性化管理

1. 授予员工恰当的权利，注意把握约束

人性化管理，就是以人为本，以员工需要为出发点。实践证明，现代员工都有参与管理的要求的愿望。任何员工都不想只是一个执行者，都有参与决策的需要。满足员工的这种需要，不仅可以激励员工，还有利于企业的长期发展。授权过程中一定要注意恰当。权利过大，员工无法驾驭；权利过小，员工无法完成工作。只有恰当的授权才有激励作用。授权后，不要对员工的权力乱加干涉，否则会使员工产生不信任的感觉。

2. 目标激励

目标激励是指通过设置恰当的目标，激发人的动机，达到调动积极性的目的。目标之所以能够起到激励作用，是因为目标是组织和个人的奋斗方向，完成目标是员工成就感的体现。目标激励关键在于目标设置，"跳一跳能够着"才有激励效果。

（1）员工的目标要与组织目标一致。企业与员工都在追求自己的利益，在这个过程中，两者之间往往会有矛盾，协调好这对矛盾，使企业与员工的目标相一致是目标激励得以实现的基础。在企业目标中分离出员工的个人目标是非常重要的。

（2）目标必须是恰当具体的。目标恰当是指难度不能太大也不能太小。过高的目标，员工无法完成，会挫伤员工积极性；过低的目标，员工无法在完成目标的同时体会到成就感。最好的目标应该是"跳一跳，够得着"的，既具有一定挑战性，还具有可实施性。这样不仅完成起来更有目的性，还便于评估。要求管理者在制定目标时，要注意与目标执行者的沟通，了解其需要和能力，这样才能制定出恰当的目标。

（3）当员工取得阶段性成果时，企业还要及时反馈给员工，有助于他们进一步实现自己的目标。另外要对完成目标的员工予以奖励，认可其工作成果。

3. 鼓励竞争

只要管理者对竞争进行合理引导，竞争还可以起到激励员工的作用。对于企业中的后进员工，管理者要鼓励他们迎头赶上；对于企业里的先进员工，管理者要勉励他们继续领先。在企业内提倡个人竞争，提倡团队竞争，激发员工的工作激情，可以使企业形成良好的竞争氛围。在企业内创造一个公平的竞争环境，竞争的有序性除了靠道德约束外，企业也可以制定奖惩措施，规范竞争。

4. 营造有归属感的企业文化

企业文化的塑造已经成为现代化企业精神激励的重要手段。实践表明，有着良好文化的企业，人才的流失是明显低于那些不重视企业文化塑造的企业的。当企业文化充分体现到对员工的尊重时，员工会与企业融为一体，为企业感到骄傲，愿意奉献自己的智慧。

### 【复习与练习】

**一、填空题**

1. 员工的工作绩效是_____、_____和_____的函数。

2. 马斯洛的需求层次理论把人需要由低到高分为五个层次，即：_____、_____、_____、_____、_____。

3. 激励的方法多种多样，大体上可分为_____与_____两大类。

**二、选择题**

1. （　）是指在一定时间里进行激励的次数，它一般是以一个工作周期为时间单位的。

A. 激励频率　　　　　B. 激励时机　　　　　C. 激励程度　　　　　D. 激励方向

2. 下列（　）属于激励因素？

A. 工资

B. 工作条件

C. 生活条件

D. 晋升的可能

3. （　）认为，激发的力量来自效价与期望值的乘积。

A. 保健因素

B. 期望理论

C. 激励因素

D. 马斯洛的需求层次理论

4. 下列（　）属于精神激励？

A. 工资　　　　　B. 资金　　　　　C. 目标　　　　　D. 罚款

5. （　）就是当一个人的行为不符合组织的需要时，通过制裁的方式来抑制这种行为，以达到减少或消除这种行为的目的。

A. 正激励　　　　　B. 负激励　　　　　C. 内激励　　　　　D. 外激励

**三、名词解释**

1. 激励。

2. 激励机制。

3. 目标激励。

**四、简答题**

1. 简述激励的作用。

2. 如何正确运用激励原则？

3. 简述员工激励的方法。

4. 如何有效地进行激励？

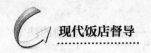

### 五、案例分析题
## 失误的奖励方案

小李是某大酒店的前厅部经理。在每一次的部门会议上，酒店都要对反馈回来的客人意见卡进行分析。上个月，有好几个投诉都是关于登记入住和结账时间方面的问题。这些投诉让小李很烦躁，她要尽力减少针对自己部门的投诉。最近她刚刚参加了一个为期3天的酒店管理培训班，培训回来后，她的脑子里充满了如何提高前厅部服务质量的想法，让她考虑最多的就是如何将业绩同奖金联系起来。这一点非常重要，因为老师在课堂上不断强调"想让员工付出得更多，就要让员工得到合理的回报"。为了实现这个目标，她决定把自己在学校里学到的理论知识应用在自己的工作之中。

小李设计了一套前厅管理方案，希望激发前厅员工的内在动力，挖掘员工的内在潜力，以至员工最后能为顾客提供最贴心、最快捷的服务，提高酒店的知名度与美誉度。在接下来的部门会议上她介绍并说明了她的新计划。例如，在每8小时一次的轮班中，登记客人人数最多和办理客人结账手续最多的两个员工将得到额外奖金。这个体系运作得十分顺利，员工的工作速度比以前快得多了，虽然她的员工之间似乎不像过去那样友善并互相帮助了。由于新体系的激励，客人办理入住结账手续似乎迅速了许多，但他们现在开始抱怨说前台人员缺乏友善的态度和礼貌。一名客人评价说："我感觉自己像正在被赶过河的鸭子一样，这不是我期待的想从这样级别的酒店中所得到的服务。"

小李感到很困惑：我们怎么能兼顾两方面利益？我们怎样做客人才会100%满意呢？随后麻烦又来了，财务处审计员查账时发现在记账问题上，前台存在失误。为了在结账程序上加快速度，很多费用没有登记在账单上，这样做的结果是不仅产生了很多错误，而且给酒店收入带来了不少损失。同时，在登记入住的时候很多重要的信息没有被输入到计算机系统中。小李很快就对自己的经营管理理论失去了信心。

**思考题：**

1. 请你说说前厅部经理小李的奖励方案存在哪些失误？
2. 如果你是前厅部经理小李，你该如何面对这种困境？
3. 你认为饭店应该如何建立奖励制度？

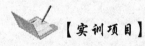 【实训项目】

【实训名称】饭店激励调研

【实训内容】调查一家饭店，研究这家饭店在员工激励方面有哪些经验与不足，不足之处应该如何改进。

【实训步骤】

1. 学生3~6人为一小组，其中一人为督导，其余为员工。
2. 小组成员共同讨论，形成调研方案。

3. 小组通过各种途径，获取目标饭店在员工激励方面的经验与不足。

4. 小组集体讨论和研究，分析该饭店员工激励的不足之处应该如何改进。

5. 每小组形成书面汇报材料，并上台向全班汇报相关成果，回答教师和其他同学的提问。

【实训点评】教师和学生根据各组的汇报材料及汇报表现给予评价打分，纳入学生实训课考核之中。

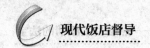

# 项目七　团队建设——构建饭店发展的基石

【学习目标】

1. 充分认识团队
2. 熟悉团队的形成与发展
3. 理解和掌握团队建设
4. 熟悉团队精神

【案例引导】

## 蚂蚁靠什么搬动巨蟒

蚂蚁驻地遭到了蟒蛇的攻击。蚁王在卫士的保护下来到宫殿外，只见一条巨蟒盘在峭壁上，正用尾巴用力地拍打峭壁上的蚂蚁，躲闪不及的蚂蚁无一例外丢掉了性命。

正当蚁王无计可施时，军师把在外劳作的数亿只蚂蚁召集起来，指挥蚂蚁爬上周围的大树让成团成团的蚂蚁从树上倾泻下来，砸在巨蟒身上，转眼之间，巨蟒已经被蚂蚁裹住，变成了一条"黑蟒"。它不停地摆动身子，试图逃跑，但很快，动作就缓慢下来了，因为数亿只蚂蚁在撕咬它，使它浑身鲜血淋漓，最终因失血过多而死亡。

一条巨蟒，足够全国蚂蚁一年的口粮了，这次战争虽然牺牲了两三千只蚂蚁，但收获也不小。

蚁王命令把巨蟒扛回宫殿，在军师的指挥下，近亿只蚂蚁一齐来扛巨蟒。它们并不费力地把巨蟒扛起来了。

然而，扛是扛起来了，并且每一只蚂蚁都很卖力，巨蟒却没有前移，因为虽然有近亿只蚂蚁在用力，但这近亿只蚂蚁的行动不协调，它们并没有站在一条直线上，有的蚂蚁向左走，有的向右走，有的向前走，有的则向后走，结果，表面上看到巨蟒的身体在挪动，实际上却只是原地"摆动"。

于是军师爬上大树，告诉扛巨蟒的蚂蚁："大家记住，你们的目标是一致的，那就是把巨蟒扛回家。"从而统一了大家的目标。

军师又找来全国嗓门最高的一百只蚂蚁，让它们站成一排，整齐地挥动小旗，统一指挥前进的方向。

这一招立即见效，蚂蚁们很快将巨蟒拖成一条直线，蚂蚁们也站在一条直线上。然后，指挥者们让最前面的蚂蚁起步，后面的依次跟上，蚂蚁们迈着整齐的步伐前进，很快将巨蟒抬回了官殿。

蚂蚁凭什么能够战胜巨蟒？单靠一只是无法完成的，必须由无数只蚂蚁形成一个具有共同目标并为之奋斗的团队才能完成。你可以小看一只蚂蚁，但你绝不能轻视一群蚂蚁，这种团队力量是不可战胜的。

# 任务一　认识团队

## 一、团队和群体

团队（Team）就是由两个或者两个以上的、相互作用、相互依赖的个体，为了特定目标而按照一定规则结合在一起的组织。团队是由员工和管理层组成的一个共同体，它合理利用每一个成员的知识和技能协同工作，解决问题，达到共同的目标。

群体（Group）是指两个或两个以上的人，为了达到共同的目标，以一定的方式联系在一起进行活动的人群。群体并不是个体的简单集合，几个人偶然坐在火车上的邻近的座位上，几十个人在海滨游泳戏水，都不能称为群体。群体是指在共同目标的基础上，由两个以上的人所组成的相互依存、相互作用的有机组合体。

（一）团队和群体的差异

团队和群体经常容易被混为一谈，群体可以向团队过渡，但它们之间有根本性的区别，汇总为六点。

1. 在领导方面

作为群体应该有明确的领导人；团队可能就不一样，尤其团队发展到成熟阶段，成员共享决策权。

2. 目标方面

群体的目标必须跟组织保持一致；但团队中除了这点之外，还可以产生自己的目标。

3. 协作方面

协作性是群体和团队最根本的差异。群体的协作性可能是中等程度的，有时成员还有些消极，有些对立；但团队中是一种齐心协力的气氛。

4. 责任方面

群体的领导者要负很大责任，而团队中除了领导者要负责之外，每一个团队的成员也要负责，甚至要一起相互作用，共同负责。

5. 技能方面

群体成员的技能可能是不同的，也可能是相同的；而团队成员的技能是相互补充的，把不同知识、技能和经验的人综合在一起，形成角色互补，从而达到整个团队的有效组合。

6. 结果方面

群体的绩效是每一个个体的绩效相加之和，团队的结果或绩效是由大家共同合作完成的产品。

（二）群体和团队的实例区分

1. 举例一

下面四个类型，哪些是群体？哪些是团队？

（1）龙舟队；

（2）旅行团；

（3）足球队；

（4）候机旅客。

龙舟队和足球队是真正意义上的团队。而旅行团是由来自五湖四海的人组成的，它只是一个群体。候机室的旅客也只能是一个群体。

2. 举例二

美国职业篮球联赛（National Basketball Association，NBA）在每赛季结束后都要组成一个明星队，由来自各个队伍中不同的球员组成一支篮球队，跟冠军队比赛，这个明星队是团队还是群体？或其他组织？

明星队是团队还是群体，有一些争议。这里的看法是：明星队至少不是真正意义上的团队，只能说是一个潜在的团队，因为最关键的一点是成员之间的协作性还没有那么熟练，还没有形成一个整体的合力，当然从个人技能上来说也许明星队个人技能要高一些。所以认为它是一个潜在的团队，在国外也有人叫它伪团队。

## 二、团队的特征

团队具有以下八个主要特征。

（一）清晰的目标

高效的团队对所要达到的目标有清楚的了解，并坚信这一目标包含着重大的意义和价值。而且，这种目标的重要性还激励着团队成员把个人目标升华到群体目标中去。在有效的团队中，成员愿意为团队目标作出承诺，清楚地知道希望他们做什么工作，以及他们怎样共同工作最后完成任务。

（二）相关的技能

高效的团队是由一群有能力的成员组成的。他们具备实现理想目标所必需的技术和能力，而且相互之间有能够良好合作的个性品质，从而出色完成任务。后者尤其重要，但却常常被人们忽视。有精湛技术能力的人并不一定就有处理群体内关系的高超技巧，高效团队的成员则往往兼而有之。

（三）相互的信任

成员间相互信任是有效团队的显著特征，也就是说，每个成员对其他人的品行和能力都确信不疑。我们在日常的人际关系中都能体会到，信任这种东西是相当脆弱的，它需要花大量的时间去培养而又很容易被破坏。而且，只有信任他人才能换来被他人信任，不信任他人只能导致被他人不信任。所以，维持群体内的相互信任，需要引起管理层足够的重视。

组织文化和管理层的行为对形成相互信任的群体内氛围很有影响。如果组织崇尚开放、诚实、协作的办事原则，同时鼓励员工的参与和自主性，它就比较容易形成信任的环境。

（四）一致的承诺

高效的团队成员对团队表现出高度的忠诚和承诺，为了能使群体获得成功，他们愿意去做任何事情。我们把这种忠诚和奉献称为一致的承诺。

对成功团队的研究发现，团队成员对他们的群体具有认同感，他们把自己属于该群体的身份看做是自我的一个重要方面。因此，承诺一致的特征表现为对群体目标的奉献精神，愿意为实现这一目标而调动和发挥自己的最大潜能。

（五）良好的沟通

毋庸置疑，这是高效团队一个必不可少的特点。群体成员通过畅通的渠道交流信息，包括各种言语和非言语信息。此外，管理层与团队成员之间健康的信息反馈也是良好沟通的重要特征，它有助于管理者指导团队成员的行动，消除误解。就像一对已经共同生活多年、感情深厚的夫妇那样，高效团队中的成员能迅速而准确地了解彼此的想法和情感。

（六）谈判技能

以个体为基础进行工作设计时，员工的角色由工作说明、工作纪律、工作程序及其他一些正式文件明确规定。但对于高效的团队来说，其成员角色具有灵活多变性，总在不断地进行调整。这就需要成员具备充分的谈判技能。由于团队中的问题和关系时常变换，成员必须能面对和应付这种情况。

（七）恰当的领导

有效的领导者能够让团队跟随自己共同度过最艰难的时期，因为他能为团队指明前途所在。他们向成员阐明变革的可能性，鼓舞团队成员的自信心，帮助他们更充分地了解自己的潜力。

优秀的领导者不一定非得指示或控制，高效团队的领导者往往担任的是教练和后盾的角色，他们对团队提供指导和支持，但并不试图去控制它。

这不仅适用于自我管理团队，当授权给小组成员时，它也适用于任务小组、交叉职能型的团队。对于那些习惯于传统方式的管理者来说，这种从上司到后盾的角色变换，即从发号施令到为团队服务——实在是一种困难的转变。当前很多管理者已开始发现这种新型的权力共享方式的好处，或通过领导培训逐渐意识到它的益处，但仍然有些脑筋死板、习惯于专制方式的管理者无法接受这种新概念。这些人应当尽快转换自己的老观念，否则就将被取而代之。

（八）内部支持和外部支持

支持要成为高效团队的最后一个必需条件就是它的支持环境，从内部条件来看，团队应拥有一个合理的基础结构。这包括：适当的培训、一套易于理解的用以评估员工总体绩效的测量系统以及一个起支持作用的人力资源系统。恰当的基础结构应能支持并强化成员行为以取得高绩效水平。从外部条件来看，管理层应给团队提供完成工作所必需

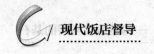 

的各种资源。

### 三、团队的类型

根据团队存在的目的和拥有自主权的大小可将团队分成三种类型。

（一）问题解决型团队（Problem – Solving Team）

问题解决型团队的核心点是提高生产质量、提高生产效率、改善企业工作环境等。在这样的团队中，成员就如何改变工作程序和工作方法相互交流，提出一些建议。成员几乎没有什么实际权利来根据建议采取行动。

（二）自我管理型团队（Self Managed Work Team）

自我管理型团队，也称自我指导团队，是工作团队的一种，保留了工作团队的基本性质，但运行模式方面增加了自我管理、自我负责、自我领导的特征。它一般由 5 ~ 30 名员工组成，这些员工拥有不同的技能，轮换工作，生产整个产品或提供整个服务，接管管理的任务，比如工作和假期安排、订购原材料、雇用新成员等。

（三）多功能型团队（Cross – Functional Team）

多功能型团队也叫跨职能团队，由来自同一等级、不同工作领域的员工组成，他们走到一起的目的就是完成某项任务。

多功能型团队是一种有效的团队管理方式，它能使组织内（甚至组织之间）不同领域员工之间交换信息，激发产生新的观点，解决面临的问题，协调复杂的项目。但是多功能型团队在形成的早期阶段需要耗费大量的时间，因为团队成员需要学会处理复杂多样的工作任务。在成员之间，尤其是那些背景、经历和观点不同的成员之间，建立起信任并能进行真正的合作也需要一定的时间。

麦当劳（McDonald）有一个危机管理队伍，责任就是应对重大的危机，由来自于麦当劳营运部、训练部、采购部、政府关系部等部门的一些资深人员组成。他们平时在共同接受关于危机管理的训练，甚至模拟当危机到来时怎样快速应对，比如广告牌被风吹倒，砸伤了行人，这时该怎么处理。一些人员考虑是否把被砸伤的人送到医院，如何回答新闻媒体的采访，当家属询问或提出质疑时如何对待。另外一些人要考虑的是如何对这个受伤者负责，保险谁来出，怎样确定保险。所有这些都要求团队成员能够在复杂问题面前做出快速行动，并且进行一些专业化的处理。

虽然这种危机管理的团队究竟在一年当中有多少时候能用得上还是个问题，但对于跨国企业来说是养兵千日，用兵一时，因为一旦问题发生就不是一个小问题。在面临危机的时候，如果做出快速而且专业的反应，危机会变成生机，问题会得到解决，而且还会给客人及周围的人留下很专业的印象。

## 任务二　团队的形成与发展

英国心理学博士梅雷迪思·贝尔宾（Meredith Belbin）认为：没有完美的个人，只有完美的团队。金无足赤，人无完人，然而团队可以是完美的团队。饭店企业属于劳动密集型企业，人员众多，服务对象经常变化，工作过程存在很多例外和不确定情况，从高层管理团队到基层的班组团队，都存在团队管理的问题。

## 一、团队的构成要素

### （一）目标（Purpose）

团队应该有一个既定的目标，为团队成员导航，知道要向何处去，没有目标这个团队就没有存在的价值。团队的目标必须跟组织的目标一致，此外还可以把大目标具体分到各个团队成员身上，使大家合力实现这个共同的目标。同时，目标还应该有效地向大众传播，让团队内外的成员都知道这些目标，有时甚至可以把目标贴在团队成员的办公桌上、会议室里，以此激励所有的人为这个目标去工作。

### （二）人（People）

人是构成团队最核心的力量。2个（包含2个）以上的人就可以构成团队。目标是通过人员具体实现的，所以人员的选择是团队中非常重要的一个部分。在一个团队中可能需要有人出主意，有人定计划，有人实施，有人协调不同的人一起去工作，还有人去监督团队工作的进展，评价团队最终的贡献。不同的人通过分工来共同完成团队的目标，在人员选择方面要考虑人员的能力如何，技能是否互补，人员的经验如何。

### （三）团队的定位（Place）

团队的定位包含两层意思：

（1）团队的定位，团队在企业中处于什么位置，由谁选择和决定团队的成员，团队最终应对谁负责，团队采取什么方式激励下属。

（2）个体的定位，作为成员在团队中扮演什么角色，是订计划还是具体实施或评估。

### （四）权限（Power）

团队当中领导人的权力大小跟团队的发展阶段相关。一般来说，团队越成熟领导者所拥有的权力相应越小，在团队发展的初期阶段领导权是相对比较集中。团队权限关系包括以下两个方面：

（1）整个团队在组织中拥有什么样的决定权，比方说财务决定权、人事决定权、信息决定权。

（2）组织的基本特征。比方说组织的规模多大，团队的数量是否足够多，组织对于团队的授权有多大，它的业务是什么类型。

### （五）计划（Plan）

计划包括以下两个层面的含义。

（1）目标最终的实现，需要一系列具体的行动方案，可以把计划理解成目标的具体工作的程序。

（2）提前按计划进行可以保证团队的顺利进度。只有在计划的操作下团队才会一步一步地贴近目标，从而最终实现目标。

## 二、团队发展的阶段

美国著名管理学家布鲁斯·塔克曼（Bruce Tuckman）的团队发展阶段（Stages of

Team Development）模型可以被用来辨识团队构建与发展的关键性因素，并对团队的历史发展给以解释。团队发展的五个阶段是：组建期（Forming）、激荡期（Storming）、规范期（Norming）、执行期（Performing）和休整期（Adjourning）。所有五个阶段都是必须的、不可逾越的，团队在成长、迎接挑战、处理问题、发现方案、规划、处置结果等一系列经历过程中必然要经过上述五个阶段。

（一）组建期（Forming）——启蒙阶段

在团队组建期，团队开始酝酿，并形成测试。测试的目的是为了辨识团队的人际边界以及任务边界。通过测试，建立起团队成员的相互关系、团队成员与团队领导之间的关系，以及各项团队标准等。

团队成员行为具有相当大的独立性。尽管他们有可能被促动，但就普遍而言，这一时期他们缺乏团队目的、活动的相关信息。部分团队成员还有可能表现出不稳定、忧虑的特征。

团队领导为指挥或"告知"式领导，在带领团队的过程中，要确保团队成员之间建立起一种互信的工作关系，与团队成员分享团队发展阶段的概念，达成共识。

（二）激荡期（Storming）——形成各种观念，激烈竞争、碰撞的局面

团队获取团队发展的信心，但是存在人际冲突、分化的问题。

团队成员面对其他成员的观点、见解，更想要展现个人的性格特征。对于团队目标、期望、角色以及责任的不满和挫折感被表露出来。

团队领导为教练式领导，指引项目团队度过激荡转型期，强调团队成员的差异，相互包容。

（三）规范期（Norming）——规则、价值、行为、方法、工具均已建立

团队效能提高，团队开始形成自己的身份识别。

团队成员调适自己的行为，以使得团队发展更加自然、流畅。有意识地解决问题，实现组织和谐。动机水平增加。

团队领导为参与式领导，允许团队有更大的自治性。

（四）执行期（Performing）——人际结构成为执行任务活动的工具，团队角色更为灵活和功能化，团队能量积聚于一体。

项目团队运作如同一个整体。工作顺利、高效完成，没有任何冲突，不需要外部监督。

团队成员对于任务层面的工作职责有清晰的理解。没有监督，自治，即便在没有监督的情况下自己也能做出决策。随处可见"我能做"的积极工作态度。互助协作。

团队领导为委任式领导，让团队自己执行必要的决策。

（五）休整期（Adjourning）——任务完成，团队解散

有些学者将第五阶段描述为"哀痛期"，反映了团队成员的一种失落感。团队成员动机水平下降，关于团队未来的不确定性开始回升。

# 任务三　团队建设

团队建设（Team Construction）是企业在管理中有计划、有目的地组织团队，并对其

团队成员进行训练、总结、提高的活动。团队建设的好坏，象征着一个企业后继发展是否有实力，也是这个企业凝聚力和战斗力的充分体现。

## 一、团队建设的要素

如果有一车沙从大厦顶上倒下来，对地面的冲击是不太大的；如果把一整车已凝固成整块的混凝土从大厦上倒下来，其结果就大不一样。团队建设就是把一车散沙变成已凝固成整块的混凝土，将一个个独立的成员变成一个坚强有力的团体，从而能够顺利完成项目的既定目标。

沙土需要搭配石头、钢筋和水泥等才能形成混凝土，在团队建设中同样如此。每个成员的知识结构、技术技能、工作经验和年龄性别按比例的配置，达到合理的互补，决定了这个团队的基本要素。有了沙土等基本要素，是否就一定是混凝土呢？没有水，没有搅拌，就还不行。混凝土中的水就是一种良好的团队氛围，是一种积极向上的工作气氛。具备了这种气氛，意味着团队建设成功了一半。

饭店督导在团队建设中相当于搅拌机的作用，组织和利用团队建设的各种因素，与成员之间形成良好的沟通，最终形成明智的决策。

（一）优秀的组织领导

组织领导一般应具有如下素养：

1. 品德高

品德即人才，一个优秀的人才拥有良好的品格，可以让组织成员众望所归，可以成为组织的精神领袖，可以带领大家克服困难，迎来一个又一个成功。《西游记》中的唐僧团队之所以取得真经，首先是有唐僧这个德高望重、富有远大理想与抱负且为了理想而执著的团队领导。因为唐僧的德，才能聚集起孙悟空、猪八戒、沙悟静这班团队成员，这叫"以德服人"。可见团队领导的品质与胸怀是聚才的关键。

2. 能力强

要想保证组织团队的同心同德，让大家心平气和地工作战斗在一个有效的平台上，这个企业或者组织优选出来的团队负责人，一定要具备某一专长，也就是要有突出的能力。突出的能力必然带来突出的业绩。只有在能力、业绩上，而不是学历上超越属下，大家才能心服口服，才能避免出现内讧或者内耗，才能让下属能够安心地工作与处事。这个负责人也许是技术型的，也可能是管理型的，甚至有可能是从低到高发展起来而属于实干型的。

3. 多领导，少管理

作为一个团队领导，如何仅仅依靠组织授予的职权来管理下属，这个是治标不治本的。通过组织授权是团队建设与管理的基础，但通过"领导"的方式，也就是通过个人内在涵养的提升，展现自己的严于律己、率先垂范等人格魅力，才能摈弃由于通过组织授权而采取"高压管理"带来的缺乏人性化的弊端。

（二）共同的事业愿景

共同的事业愿景，包括如下两个方面：

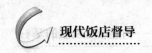

1. 找到组织存在的价值和意义

雁过留声，人过留名，人走在世上一遭，总会留下点什么。一个找不到活着理由的人，注定犹如行尸走肉，而空虚度过一生。

2. 实现事业的组织分工与责任

为了达成企业的事业愿景或者使命，团队成员要有各自的分工，要明晰自己承担的事业责任。明确了各自的职责，大家齐心协力，才能更好地实现组织的长远规划。

（三）清晰的团队目标

清晰的团队目标，包括如下要素：制定组织的经营目标、组织成员个人的利益目标。由于唐僧有着远大的理想且目标明确，因此他能给团队描述出宏伟蓝图与愿景，引导团队成员朝着一个明确的目标不断地开拓进取。另外，唐僧执著的性格也可以感染团队成员，当其他成员遇困难想放弃时，他这位团队领导的执著坚守可以正确地引导团队沿着既定的目标前进。

（四）互补的成员类型

互补的成员类型，包括如下两点。

1. 团队成员的个性互补

团队成员的个性互补，就像这个世界有男有女，方为和谐一样。一个组织的成员个性类型，一定是互补型的。性格都较强，或者都较弱，会让团队成为"争吵"的平台，或者让团队成为"绵羊"，而缺乏活力或者柔性。因此，团队的性格类型应该是强、弱、柔互补的。《西游记》中的唐僧团队之所以能成功，关键在于作为一个团队，成员之间的性格互补。试想一下，唐僧团队中如果都是唐僧一样的人或都是孙悟空一样的人，或者都是猪八戒或沙悟净一样的人能获得取经的成功吗？

2. 团队成员的能力互补

由于每个人的心理素质不同，其能力也具有显著区别，对工作的适应性也各不相同。比如，有的人擅于抓生产，有的人擅于搞销售，有的人适合从事办公室工作，有的人适合从事人力资源管理工作。只有各种不同能力互补，才能使团队系统有效运行。例如，深圳华侨城的深圳威尼斯酒店的管理层由来自德国、美国、新加坡、菲律宾、中国香港和中国大陆等多个国家和地区。酒店总经理 Peter Pollmeier 从他自身实际的管理经验出发，阐述了其对团队成员能力互补的理解。Pollmeier 介绍，从酒店行业来讲，欧洲的特点是讲求高标准、高质量和高规格，文化气氛浓厚，尊重客人的身份和地位，管理上追求一丝不苟；美国的酒店则最关注成本底线和赢利能力，管理上追求高效率、高利润，在此前提下，鼓励创新和发挥；而以中国为代表的亚洲，人文气氛浓厚，管理上讲求亲和力。西方人强调团队协作，中国人则看重个人奋斗，而正是这种能力互补的团队成员关系，保证了威尼斯酒店的高效管理。

（五）合理的激励考核

合理的激励考核包括以下两个方面。

1. 建立合理而有挑战性的薪酬考核体系

在具备竞争力的前提下，按贡献大小予以合理分配。只有建立一套公平、公正、公开的薪酬体系，大家才能在同一套制度下，施展才华，建功立业。

2. 团队组织建立阶段，要多奖励少惩治

奖励是激扬人性，惩治是压抑个性。因此，为了避免大家离心离德，甚至分崩离析，就必须多采取正面激励的措施。

（六）系统的学习提升

系统的学习提升，包括以下两个方面。

1. 创建学习型组织

知识改变命运，学习决定未来。只有打造学习型组织，保持决策的先进性、前瞻性，企业的流程才不会"僵死"，才会实现"大企业的规模，小企业的活力"。这种学习型组织，一定是自上而下的，组织成员每一个人要有有一种学习的动力与渴望，确保让学习成为企业的"驱动力"。

2. 打造学习型个人

作为组织，要想方设法为团队个人提供学习和成长的平台，打造学习的良好氛围。

## 二、成功团队的主要特征

（一）凝聚力

员工们跟随一个领导者，就是希望他能创造一个环境，结合众人的力量，营造一个未来！正是这种凝聚力，在创造着人类的历史。试想如果团队成员远离你，甚至因为你的言行让他们失望而放弃对事业的追求，你还会成功吗？

（二）合作

大海是由无数的水滴组成的，每个人都是团队中的水滴。个人敌不过团队，个人的成功是暂时的，而团队的成功才是永久的。团队的成功靠的是团队里的每位成员的配合与合作。如同打篮球，个人能力再强，没有队友的配合也无法取胜。打比赛时 5 个人就是一个团体，有人投球、有人抢篮板、有人战术犯规，其目的都是为了实现团队的目标。

（三）组织无我

个人的力量是有限的，成功要靠团队共同推进。每个成员一定要明白，团队的利益、团队的目标重于个人的利益和目标。在团队中，如果人人只想照顾自己的利益，这个组织一定会崩溃。团队没有了，个人的目标自然也实现不了。既然是团队行动，就应听从领导人的安排，任何事情就变得很容易，这叫组织无我。团队的目标就是靠这种组织无我的精神达成的。

（四）士气

没有士气的团队，是缺乏吸引力、凝聚力、战斗力的；而士气旺盛的团队，无论在任何环境，遇到任何困难，都是无往而不胜的。狭路相逢勇者胜，士气让不可能变成了可能。美国的波音公司（The Boeing Company）在 1994 年以前遇到一些困难，总裁菲利普·康迪（Philip Condit）上任后，经常邀请高级经理们到自己的家里共进晚餐，然后在屋外围着个大火炉，讲述有关波音的故事。康迪请这些经理们把不好的故事写下来扔到火里烧掉，用来埋葬波音历史上的"阴暗"面，只保留那些振奋人心的故事，极大地鼓舞了士气。

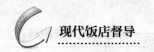 

### 三、团队建设的步骤与方法

人与人的经历不同，人生观、价值观也不同。因此将一群人团结起来，建立一个团队不是件很容易的事情。

（一）明确团队目标

建立团队的目的是什么，这个团队要完成怎样的目标。目标很重要，因为目标就是方向。每个团队的组建都是为完成一定的目标或使命。没有目标的团队没有存在的意义，或者说没有目标的团队也称不上是一个团队。

（二）建立好团队的内部规则

没有规矩不成方圆，一个团队如果能形成战斗力必须建立健全的游戏规则，如岗位职责、权利的界定，团队成员沟通、交流方式的确立等。这些规则应能保证一个团队的正常运行，让团队每个成员的主动性、积极性和创造性发挥出来，使整个团队充满活力。

（三）学会宽容

宽容是一种很高的品质。在一个团队内部，每个团队成员的性格特征可能不同，考虑问题的出发点不同，难免会产生摩擦，但每个人都应该抱着一种"对事不对人"的态度去宽容别人对自己的批评，甚至是不理解，而不能一味地去争执。许多东西需要时间去证明，争论没有任何意义。

（四）确立团队成员标准，选对人上船

团队的目标确定了，就要选择正确的团队成员，该如何选择团队成员呢？我个人认为应该选择那些认同团队价值观、优势能够互补的人来团队工作。价值观的认同很关键，不认同团队的价值观大家就不能实现很好的沟通，也就不可能有效率可言。另外并不是所有最强的人组合在一起就能组成一个最强的团队，团队成功的关键在于充分发挥整体优势。这就需要团队中的成员做到优势互补，实现整体大于局部之和。

（五）选择一个好的团队领导

我们不能强调个人的作用，但我们也不能忽略个人的作用。一个好的团队领导对于建设高效率的团队有着不可替代的作用。一个好的团队领导能充分发挥团队中每个成员的优势，使团队的资源实现最大程度的优化，从而创造出非凡的业绩。

（六）加强学习

仅有工作的热情是不够的，关键还需要工作的能力、创造业绩的能力。团队应该发挥集体学习的优势，大家敞开心扉，共同学习，共同成长。集体学习要比个人学习效果好得多，因为大家可以进行彼此分享。

### 四、团队建设的方法与技巧

团队建设是事业发展的根本保障，团队运作是业内人士长期实践的经验总结，至今没有一个人是在团队之外获得成功的。团队的发展取决于团队的建设。团队建设应从以下几个方面进行。

（一）组建核心层

团队建设的重点是培养团队的核心成员。俗话说"一个好汉三个帮。"领导人是团队的建设者，应通过组建智囊团或执行团，形成团队的核心层，充分发挥核心成员的作用，使团队的目标变成行动计划，使团队的业绩得以快速增长。团队的核心层成员应具备领导者的基本素质和能力，不仅要知道团队发展的规划，还要参与团队目标的制订与实施，使团队成员既了解团队发展的方向，又能在行动上与团队发展方向保持一致。大家同心同德、承上启下、心往一处想，劲往一处使。

（二）制订团队目标

团队目标来自于饭店的发展方向和团队成员的共同追求。它是全体成员奋斗的方向和动力，也是感召全体成员精诚合作的一面旗帜。核心层成员在制定团队目标时，需要明确本团队目前的实际情况，例如，明确团队处在哪个发展阶段，组建阶段？上升阶段？还是稳固阶段？团队成员存在哪些不足，需要什么帮助，斗志如何，等等。

有效的目标设定可以提高团队绩效。研究表明：确立明确的预期目标可以使工作的绩效提高25%，同时80%的绩效问题同缺乏明确的预期目标有关。制订目标时，要遵循目标的SMART原则，即：S——明确性、M——可衡量性、A——可接受性、R——相关性、T——及时性。

（1）明确性（Specific），确定有一件事必须改善或维持。

（2）可衡量性（Measurable），目标应包含数量、品质、期限等，它应该是可以很明确地被衡量的。

（3）可接受性（Attainable），设定的目标应该有挑战性，它不应该太难（根本无法完成）或太简单（不具挑战性）。

（4）相关性（Relevant），确定由某人负责，例如某件事由你负责，而在过程中有一些项目需由他人支援协助，必须清楚说明个人的目标和责任归属，换言之就是有明确的负责人。

（5）及时性（Time‐bound），当前最急待解决的问题应成为我们的主要目标。

（三）训练团队精英

训练精英的工作是团队建设中非常重要的一个环节。建立一支训练有素的员工队伍，能给团队带来很多益处：提升个人能力、提高整体素质、改进服务质量、稳定企业业绩。一个没有精英的团队，犹如无本之木；一个未经训练的队伍，犹如散兵游勇，难以维持长久的繁荣。训练团队精英的重点在于以下方面：

1. 建立学习型组织

让每一个人认识学习的重要性，尽力为他们创造学习机会，提供学习场地，表扬学习进步快的人，并通过一对一沟通、讨论会、培训课、共同工作的方式营造学习氛围，使团队成员在学习与复制中成为精英。

2. 搭建成长平台

团队精英的产生和成长与他们所在的平台有直接关系。一个好的平台，能够营造良好的成长环境，提供更多的锻炼和施展才华的机会。

（四）培育团队精神

团队精神强调的是团队成员的紧密合作。要培育这种精神，领导人首先要以身作则，做一个团队精神极强的楷模；其次，在团队培训中加强团队精神的理念教育；最重要的，要将这种理念落实到团队工作的实践中去。一个没有团队精神的人难以成为真正的领导人，一个没有团队精神的队伍是经不起考验的队伍，团队精神是优秀团队的灵魂、成功团队的特质。

（五）做好团队激励

团队建设是容易与别人的观念发生冲突的工作，是需要一定时间的坚持才能成就的事业。每个人要做好这一切，他所面临的最大挑战就是自己。因此，每个团队成员都需要被激励。领导人的激励工作做得好坏，直接影响到团队的士气，最终影响到团队的发展。激励是指通过一定手段使团队成员的需要和愿望得到满足，以调动他们的积极性，使其主动自发地把个人的潜能发挥出来，从而确保既定目标的实现。饭店督导管理的特点是用激励代替命令，正如美国管理学家麦克格里戈（D. Me Gregor）所说："督导是由一系列协助员工工作的行动组成，像老师、顾问、同事，极少像一个权威的老板。"激励的方式多种多样，如树立榜样、培训、表扬、奖励、旅游、联欢、庆祝活动等。

# 任务四　团队精神

## 一、什么是团队精神

团队精神（Teamwork）是指团队的成员为了实现团队的利益和目标而相互协作、尽心尽力的意愿和作风，它包括团队的凝聚力、合作意识及士气。简单来说，团队精神就是大局意识、协作精神和服务精神的集中体现。团队精神的基础是尊重个人的兴趣和成就，核心是协同合作，最高境界是全体成员的向心力、凝聚力，也就是个体利益和整体利益的统一后而推动团队的高效率运转。团队精神的形成并不要求团队成员牺牲自我，相反，挥洒个性、表现特长保证了成员共同完成任务目标。没有良好的从业心态和奉献精神，就不会有团队精神。

团队精神与集体主义的主要区别

团队精神更强调个人的主动性，团队是由员工和管理层组成的一个共同体，该共同体合理利用每一个成员的知识和技能协同工作，解决问题，达到共同的目标。集体主义则强调大家共同性。两者具体区别如下：

（1）在领导方面。群体应该有明确的领导人；团队可能就不一样，尤其团队发展到成熟阶段，成员共享决策权。

（2）目标方面。群体的目标必须跟组织保持一致；但团队中除了这点之外，还可以产生自己的目标。

（3）协作方面。群体的协作性可能是中等程度的，有时成员还有些消极，有些对立；但团队中是一种齐心协力的气氛。

（4）责任方面。群体的领导者要负很大责任；而团队中除了领导者要负责之外，每一个团队的成员也要负责，甚至要一起相互作用，共同负责。

（5）技能方面。群体成员的技能可能是不同的，也可能是相同的；而团队成员的技能是相互补充的，把不同知识、技能和经验的人综合在一起，形成角色互补，从而达到整个团队的有效组合。

（6）结果方面。群体的绩效是每一个个体的绩效相加之和；团队的结果或绩效是由大家共同合作完成的产品。

## 二、团队精神的功能

### （一）目标导向功能

团队精神的培养，使店内员工齐心协力，拧成一股绳，朝着一个目标努力。对单个员工来说，团队要达到的目标即是自己所努力的方向，团队整体的目标顺势分解成各个小目标，进而落实到在每个员工身上。

### （二）凝聚功能

任何组织群体都需要一种凝聚力。传统的管理方法是通过组织系统自上而下的行政指令，淡化了个人感情和社会心理等方面的需求。而团队精神则通过对群体意识的培养，通过员工在长期的实践中形成的习惯、信仰、动机、兴趣等文化心理，来沟通人们的思想，引导人们产生共同的使命感、归属感和认同感，反过来逐渐强化团队精神，产生一种强大的凝聚力。

### （三）激励功能

团队精神要靠员工自觉地要求进步，力争与团队中最优秀的员工看齐。通过员工之间正常的竞争可以实现激励功能，而且这种激励不仅是单纯停留在物质的基础上，还包括得到团队的认可，获得团队中其他员工的尊敬。

### （四）控制功能

员工的个体行为需要控制，群体行为也需要协调。团队精神所产生的控制功能，是通过团队内部所形成的一种观念的力量、氛围的影响，去约束规范，控制员工的个体行为。这种控制不是自上而下的硬性强制力量，而是由硬性控制向软性内化控制转变；由控制员工行为，转向控制员工的意识；由控制员工的短期行为，转向对其价值观和长期目标的控制。因此，这种控制更为持久有意义，而且容易深入人心。

## 三、团队精神的作用

### （一）团队精神能推动团队的运作和发展

在团队精神的作用下，团队成员产生了互相关心、互相帮助的交互行为，显示出关心团队的主人翁责任感，并努力自觉地维护团队的集体荣誉，自觉地以团队的整体声誉为重来约束自己的行为，从而使团队精神成为饭店自由而全面发展的动力。

### （二）团队精神能培养团队成员之间的亲和力

一个具有团队精神的团队，能使每个团队成员显示出高涨的士气，激发成员工作的主动性，由此形成集体意识、共同的价值观。团队成员也会因此而自愿地将自己的聪明才智贡献给团队，使自己得到更全面的发展。

### （三）团队精神有利于提高组织整体效能

通过发扬团队精神，加强建设能进一步节省内耗。如果总是把时间花在怎样界定责

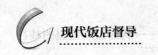

任，应该找谁处理，让客人、员工团团转，这样就会减少企业成员的亲和力，损伤企业的凝聚力。

**（四）团队精神有利于提高员工的整体素质**

团队是最基本的学习单位，组织中所有的目标都是直接或间接地通过团队来达到的。首先，团队精神有利于提高饭店团队领导的领导艺术，实现领导方式从监督型、参与型向团队型转变，把员工培养成真正的工作伙伴。其次，整合员工的分力以形成强大的合力、发挥团队最佳战斗力的关键靠的就是提高团队所有成员个体的觉悟、素质和技能。而更新和提升员工知识技能的最有效手段是实施团队建设，培育团队精神。

## 四、如何打造团队精神

**（一）建立明确的共同目标**

有这样一个寓言故事：一条猎狗将兔子赶出了窝，一直追赶它，追了很久仍没有抓到。一牧羊人看到此种情景停下来，讥笑猎狗说，你们两个之间小的反而跑得快很多。猎狗回答说，你不知道我们两个跑的目的是完全不同的！我仅仅为了一顿餐而跑，而它却为了性命而跑呀。

这个寓言揭示了：兔子与猎狗做一样的事情，都拼命地跑步，然而，它们的目标是不一致的。其目标不一致，导致其动力也会不一样。在团队管理中，不同角色的成员的目标是不一致的。项目主管直接面向客人，需要按照承诺，保质保量地按时完成项目目标。团队成员可能是打工者心态，我干一天你要支付我一天的工资，加班要给奖金，当然干项目能学到新知识新技能就更好。

团队中不同角色由于地位和看问题的角度不同，对目标和期望值会有很大的区别，这是一点也不奇怪的事情。好的督导善于捕捉成员间不同的心态，理解他们的需求，帮助他们树立共同的奋斗目标。劲往一处使，使得团队的努力形成合力。

**（二）营造相互信任的组织氛围**

有一家知名银行，其管理者特别放权给自己的中层员工，一个月尽管去花钱营销。有人担心那些人会乱花钱，可事实上，员工并没有乱花钱，反而维护了许多客人，其业绩成为业内的一面旗帜。相比之下，有些管理者，把钱看得很严，生怕别人乱花钱，自己却大手大脚，结果员工在暗中也想尽一切办法牟一己私利。还有一家经营环保材料的合资企业，总经理的办公室跟普通员工的一样，都在一个开放的大厅中，每个普通员工站起来都能看见总经理在做什么。员工出去购买日常办公用品时，除了正常报销之外，企业还额外付给一些辛苦费，这个举措杜绝了员工弄虚做假的心思。在这两个案例中，我们可以体会到相互信任的对于组织中每个成员的影响，尤其会增加员工对组织的情感认可。而从情感上相互信任，是一个组织最坚实的合作基础，能给员工一种安全感，员工才可能真正认同企业，把饭店当成自己的，并以之作为个人发展的舞台。

**（三）态度并不能决定一切**

《三国演义》中的刘备是个非常注重态度的人，三顾茅庐请孔明，与关羽和张飞结成死党，关系很铁，但最后却是一个失败者。曹操不管态度，唯人是举，成就大业。对于企业来说，赢得利润不仅仅靠态度，更要依靠才能。那些重视态度的管理者一般都是权威感非常重的人，一旦有人挑战自己的权威，内心就不太舒服。所以，认为态度决定一切的管理者，首先要反思一下自己的用人态度，在评估一个人的能力时，是不是仅仅考虑了自己的情感需要而没有顾及员工的需要呢？是不是觉得自己的权威受到了人才的挑战不能从内心接受呢？

（四）在组织内慎用惩罚

从心理学的角度，如果要改变一个人的行为，有两种手段：惩罚和激励。惩罚导致行为退缩，是消极的、被动的，法律的内在机制就是惩罚。激励是积极的、主动的，能持续提高效率。适度的惩罚有积极意义，过度惩罚是无效的，滥用惩罚的企业肯定不能长久。惩罚是对员工的否定，一个经常被否定的员工，有多少工作热情也会荡然无存。雇主的激励和肯定有利于增加员工对企业的正面认同，而雇主对于员工的频繁否定会让员工觉得自己对企业没有用，进而员工也会否定企业。

（五）建立有效的沟通机制

理解与信任不是一句空话，往往一个小误会反而会给管理带来无尽的麻烦。有一个员工要辞职，雇主说："你不能走啊，你非常出色，之前的做法都是为了锻炼你，我就要提拔你了，我还要奖励你！"可是，员工却认为这是一句鬼话，他废寝忘食地工作，反而没马屁精的收入高，让他如何平静！一个想重用人才，一个想为企业发挥自己的才能，仅仅因为沟通方式不畅，都很受伤害。我曾经听到一个高级员工说："如果老板早一点告诉我真相，我就不会离开公司了。"

（六）树立全局观念和整体意识

全局观念是指一切从系统整体及其全过程出发的思想和准则，是调节系统内部个人和组织、组织和组织、上级和下级、局部和整体之间关系的行为规范。而对于具有全局观念的人则会从组织整体和长期的角度，进行考虑决策、开展工作，保证团队健康发展。

【复习与练习】

一、填空题

1. _____是指两个或两个以上的人，为了达到共同的目标，以一定的方式联系在一起进行活动的人群。

2. 团队发展的五个阶段是_____、_____、_____、_____和_____。

3. 团队精神的基础是尊重个人的兴趣和成就，核心是_____，最高境界是全体成员的_____、_____。

二、选择题

1. （　）属于群体与团队的差异。

A. 群体由个人承担责任，团队由成员共同承担

B. 群体比团队目标更具体

C. 群体比团队提供更多的产品

D. 团队的领导权是共享的，群体通常有明确的领导人

2. （　）的核心点是提高生产质量、提高生产效率、改善企业工作环境等。

A. 自我指导型团队        B. 问题解决型团队

C. 自我管理型团队        D. 多功能型团队

3. 规范期团队领导为（   ），允许团队有更大的自治性。

A. 指挥式领导                  B. 教练式领导

C. 参与式领导                  D. 委任式领导

4. 团队发展的（   ），规则、价值、行为、方法、工具均已建立。

A. 组建期       B. 激荡期       C. 规范期       D. 执行期

5. 团队精神所产生的（   ），是通过团队内部所形成的一种观念的力量、氛围的影响，去约束规范，控制员工的个体行为。

A. 目标导向功能      B. 凝聚功能      C. 激励功能      D. 控制功能

### 三、名词解释

1. 团队。

2. 团队建设。

3. 团队精神。

### 四、简答题

1. 简述团队的特征。

2. 简述团队的构成要素。

3. 简述成功团队的主要特征。

4. 简述团队精神的功能。

### 五、案例分析题

转变团队领导管理方式

William 是一家饭店管理集团发展部总经理，集团总裁刚刚组织召开了一个新项目论证会议。会议一结束，William 拿着一大叠文件匆匆忙忙地跑回自己的办公室，一边仔细地阅读文件，一边拿着笔在笔记本上写着。过了一会儿，William 又拿着文件和笔记本冲出办公室。

William 快速地走进 Henry 的办公室，Henry 正在忙着另一个项目的设计，这个项目非常急迫，以至于 Henry 有好几个星期都没有休息了，到现在整个设计任务才进行到一半。William 走近 Henry，把文件往 Henry 的桌子上一放，打开笔记本，就讲开了，一讲完，Henry 刚想说点什么，William 挥挥手，就收起资料往外走，而且，一边走还一边叮嘱 Henry 要放下手上所有的事情，抓紧时间做刚安排的工作。然后，William 旋风般地走下楼，进入 Addison 的办公室，同样地对 Addison 讲了一遍，留下一脸茫然的 Addison。在回办公室的途中，差点撞上 Bruce——设计部不久前招进来的硕士研究生，William 并没有注意到这位下属，走进办公室后，看看手表，该到时间参加另一个项目预算会了。

William 布置好工作以后，很高兴地参加会议去了。发展部的团队成员可议论开了，他们抱怨手上的工作还没完成，如何安排事情的优先顺序，其他团队成员为什么不参与进来，新的工作任务如何协调等。

**思考题：**

1. 作为团队领导者，William 的管理方式有什么问题？

2. 如果你是团队的领导者，你如何来做呢？

3. 谈谈如何建立高效率团队？

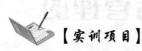 【实训项目】

【**实训名称**】认识你真好

【**实训内容**】每一个团队成员通过彼此的认识，建立一种比较融洽的气氛，为团队精神的培养，合作气氛的营建奠定基础。

【**实训步骤**】

1. 学生 3~6 人组成一个小组，交叉进行分组练习。

2. 每个成员介绍自己有代表性的三件事情，其中有两件是真的，一件是假的。

3. 其他成员来猜测，到底哪一个是真的，哪一个是假的，并说出理由。

4. 由陈述者介绍一下，哪个真哪个假，依次进行。

5. 提供足够的时间，让大家相互认识。

【**实训点评**】教师根据各组的表现给予评价打分，纳入学生实训课考核之中。

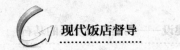

# 项目八　督导方法——饭店管理的有效工具

【学习目标】

> 1. 充分认识和掌握现场督导
> 2. 充分认识和掌握现场会议
> 3. 充分认识和掌握时间管理

【案例引导】

## 当中外方员工对峙时

北京丽都假日饭店开业前夕，须在短短的10多天里把上千间客房，10多个餐厅清理得干干净净，这真是桩苦差事。

一天，张经理带着8名员工清扫大堂卫生间，其中有一名姓曾的外方员工，负责打扫男卫生间。干着干着，一位女员工从正在清理的男卫生间跑了出来，哭哭啼啼地对张经理说："您去看看吧，外方不把咱中国人当人！"张经理走到卫生间一看方才明白过来。原来施工时卫生间的马桶底座和瓷砖地面间有一圈缝隙。为了防止臭味泛出，工人师傅就在它上面抹一圈水泥以图封死，但水泥圈抹得高高低低，不很雅观。外方管理严格，他们要求员工用扁铲把水泥削平。但要做到这一点，清扫人员必须把头钻到马桶底下操作，这时脸蛋必然贴住马桶的外沿。尽管马桶尚未经使用，也仍给人以恶心之感，尤其是女员工有一种受辱感，于是卫生间内形成了两派对峙局面。

张经理弄清情况后琢磨开了。外方严格管理是对的，也正因为如此，我们才高薪聘请，这就是我们花"学费"的用意所在，因此必须支持。但中方员工的苦衷也是可以理解的。尤其是对初出茅庐的女孩子更是如此，也不能随意训斥。怎么办？

只见张经理把外衣一脱，伸手说道："把扁铲给我！"便跪倒在地下，拖着那胖胖的身躯往前挪动。员工们一看年近50岁的老经理要亲自操作，谁也不好意思了，这个拉那个拽。外方曾先生也过意不去了，用生硬的中国话说："张先生，你出来，让我来！"张经理答道："没关系，我来试试。"他把头"塞"到马桶底下，用扁铲使劲地削着。员工们站在边上，眼里闪着泪花。

张经理削了 20 来下，员工们再也待不下去了，七拉八拽，终于把他拉了出来。张经理尚未站稳，员工们已经争先恐后钻到马桶底下，很快完成了任务。不到两个小时，大堂卫生间便窗明几净，一尘不染了。

在酒店的日常管理中常会出现各种矛盾，如发生在中外方之间，则更显得错综复杂，难以处理。作为一个管理者，饭店督导遇到这类问题时，首先头脑要冷静，要找出症结之所在，准确判断孰是孰非，然后对症下药。在处理矛盾中必须掌握一定的技巧。本例所述本来是一个进退两难的问题，如若支持一方，必然打击了另一方，而且还不只是一般性的问题，是中外方能否长期合作的大问题，所以处理起来更要以大局为重。

张经理看到问题的关键在于刚踏上社会的女孩子过于娇嫩，吃不起苦，对她们用一般的说理很难奏效，更不能用行政命令的手段，于是决定采取身教的办法。这样他既支持了外方人员的严格管理，又安抚了中方员工的委屈情绪，使双方的矛盾解决了。

# 任务一　现场督导

服务质量形成于过程之中，对服务质量的控制，需要加强事先的过程设计，解决好影响过程的人、设施、材料、方法、环境等方面的问题。但服务现场的情况是千变万化的，客人会提出各种意想不到的要求，因各种原因员工也未必都会按照设计的要求为客人提供服务。因此，现场督导应成为过程管理的重要环节。

## 一、服务现场督导存在的主要问题

（1）忘记了自己的首要任务。现场督导的首要任务是解决好客人的问题，让客人满意。无论哪一级管理人员置身服务现场，发现了服务中存在的问题，都应拾遗补阙，协调各方，妥善处理现场的问题，让客人满意。

（2）管而不严，缺乏维护质量标准的强烈愿望。维护饭店的质量标准，按设计的服务程序提供服务，防止偏差，是服务现场督导者的主要职责之一。事实上，员工往往不是按饭店的标准而是按管理人员实际掌握的标准工作的，如果容忍这种现象存在，它就永远存在。

（3）督而不导，忘记了持续改进的原则。饭店质量管理应贯彻持续改进的原则。管理人员在现场，既要对员工的工作进行有效的监督，更要给于下属改进工作的切实指导。管理人员千万不能失却敏锐性。

（4）就事论事地处理问题，缺乏系统思维。任何事情都不是孤立存在的，而是和其他一些事情息息相关，这就要求管理人员具备系统思考的能力。如果背离系统的原则，就事论事地处理面临的问题，其结果往往不是解决问题，而只是推迟或转移了问题。

（5）缺乏对自身角色的全面设计。饭店管理中强调走动式管理（Management By Wandering Around），但更应该研究的是如何走动。发现问题，处罚违纪人员，这是必要的，是现场管理（Scene Management）的重要内容。但如果认为它是现场管理的全部内容就未必恰当。

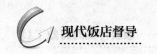

管理者置身现场发现英雄与英雄故事，及时肯定、表扬与发现问题是同样重要的。即使下属做错了事，作为主管，也首先扮演企业教练（Corporate Coach）的角色，帮助下属找到失误的原因，纠正失误，吸取教训，不再重犯，而不是一罚了事。

（6）控制随意，缺乏对监控规范的认真设计与执行。对过程质量的控制可分三个阶段进行：

一是对过程的设计。解决好影响过程质量的人、设备、材料、方法、环境等问题。而对过程设计中的一个重要方面，是对过程监控规范的设计，要确定监控点、监控方法、质量记录等。

二是在产品提供过程中，按设计的规范对过程进行监控，并作好记录。

三是对各种质量信息进行统计分析，为过程的改进提供依据。

## 二、现场督导不力的后果

在一次隆重热闹的丰年祭庆典中，部落大酋长要求每一户家庭都捐出一壶自己酿的酒，并且将它们都倒在一个大桶里，准备在庆典最后让大家共享。当几个人抬着的大桶经过每个家门口时，只看到每一户人家都郑重其事地倒下家里酿的酒，很快就将桶装集满了。终于到了可以共享美酒的时刻了。酋长拔掉了木塞子，在每个人的杯中都注满了一大杯酒，当大伙一饮而尽时，却发现喝下去的都是清水。导致喝的都是清水的根源就是现场督导不到位，人人都以为自己的一点点小问题不会影响到大局，而到最后检测结果时却发现处处都发生了问题。对饭店企业来说，现场督导不力而造成的后果主要有以下几个方面：

（一）物料的浪费

饭店现场由于督导不力而导致的物料浪费主要有以下两种。

（1）人为因素造成的物料浪费。这是由员工成本意识淡漠或缺失而导致的物料浪费，如厨房生产加工中，厨师不按规格下料。

（2）技术原因造成的物料浪费。这主要是由饭店在软硬件上的技术水平不足而导致的，如厨房缺乏合格、合适的冷藏冷冻设备，造成鲜活产品和材料的变质、过期等浪费。

（二）人力的浪费

督导不力而造成的饭店现场人力浪费主要体现在以下几个方面。

（1）无用工。由于现场产品积压或滞销而导致的人力浪费。

（2）窝工。窝工主要表现为以下三种。

一是由于现场物料和生产工具供应不及或摆放不到位，导致员工需要多花时间和精力而造成的窝工。

二是由于员工技能水平导致的窝工。

三是由于管理者排班不当，以及淡旺季、闲忙时段现场人力失衡导致的窝工。

（3）浪费工

由于现场管理者没有根据员工的能力、素质和个人兴趣合理安排岗位以及人岗脱节和人力没有实现最优组合而导致的人力浪费。

（三）其他浪费

督导不力还将导致饭店现场其他资源的浪费，如时间、信息等资源的浪费。时间的浪费主要由操作的不规范、作业流程的不合理和工作没重点等原因而导致的；信息的浪费主要由信息传递渠道单一、信息判断不准确、信息利用不充分等原因而造成，表现为饭店信息资源（如客史信息、商业信息、内部信息等）利用效用低下。

除了上述问题外，现场管理意识和方法落后、管理人员素质不高、管理制度不灵活等问题也是制约饭店现场管理效益提高的重要因素。

## 三、饭店现场督导的作用

饭店的现场督导是指饭店主管、督导等基层管理人员对饭店的资源通过以监督指导为主的一系列管理职能进行现场管理的过程和活动。现场督导直接面向饭店的生产和服务现场，是连接管理与非管理的"临界点"，是饭店现场管理中的主要管理活动。现场督导在现场管理中有如下作用：

（一）可以更快地解决现场管理中存在的问题

现场督导面向现场，通过不断检查、监督和参与服务，能及时发现现场的各种质量和安全隐患，解决现场可能出现的各种问题。同时，现场督导通过向上、向下和水平的沟通，可以将现场管理中面临的问题、需要的支持、上级的业务目标、培训考核计划以及各部门的任务和要求进行有效的反映、建议、疏导和沟通，从而有效协调饭店、员工和部门之间的关系，解决现场管理中的各种问题。

（二）可以提高现场管理质量

现场督导能及时、有效地对现场服务进行指挥、调控，避免服务质量的失误。同时，现场督导可以适时地打破标准和规范的限制，以富有个性、富于变化的服务来满足客人个性化的需求，确保服务质量稳步提高。另外，由于现场督导属于管理层，在饭店现场执行监督、指导的职能，因此，他们参与现场服务能在无形中提高客人的消费体验，提升饭店的现场服务品质。

## 四、如何发挥现场督导的作用

从督导的职能来看，发挥现场督导的作用主要应从以下几点着手。

（一）督的有效性与针对性

饭店的现场督导不仅要确保现场监督的有效性，也要确保现场监督的针对性，以提高现场管理效率。

1. 督导的有效性

督导的有效性要求现场督导在自己的职权范围内对现场实施严格有效的监察，以达到管理的预期效果。循环监督可以将现场监督的职能、措施和时间连成一体，形成封闭或循环，是一种行之有效的监督方法。循环监督可以按照人员、时间等方法来实现。例如，目前饭店客房的现场管理一般都采用三级检查制度，即客房员工完成定额客房清洁工作后，由督导进行全面检查，主管层层抽查，最后由经理重点抽查，以此确保客房服

务的质量。这是一种按照人员进行循环监督的有效方法，目前在饭店业运用相当广泛。

2. 督导的针对性

现场督导要善于研究采取行之有效的监督方法，以取得事半功倍的效果。选择关键点进行针对性的督察是提高饭店现场督导工作效率的有效方法。关键点的选择可以按操作程序来确定，也可以按特殊用途来确定，还可以按时间段来确定。例如，福州西湖大饭店的中餐厅就有一套较为成功的做法。周一督导者突出检查餐厅的银器、筷子、毛巾篮（夹）；周二突出设备检查，检查转盘、桌椅、餐车、毛巾托、制冰机、灭火器、卡丝炉等设备的完好度和清洁度；周三重点清洁餐厅卫生，更换工作区垫布、围裙，清洁备餐间和办公室；周四……这种按时间段来确定关键点的控制办法可以突出重点，消除监督盲点，促进饭店现场管理工作的深入发展。

（二）督导的教育性和榜样性

现场督导不仅要按标准和细则对饭店的现场进行监督检查，同时也要对员工进行指导和引导，帮助员工消除障碍，适应饭店工作场所的实际情况以取得最佳工作绩效。在现场督导中，督导者应从员工和自身两方面着手：

1. 引导员工的养成性培养

现场督导要督促、指导员工克服工作中的惰性和随意性，改变不良的行为和习惯，提高改善现场服务的意识，促成员工改善行为的"形式化→行事化→习惯化"发展；培养员工的主人翁精神、吃苦精神、协作精神和工作的养成性，树立员工的责任意识、质量意识、标准意识、成本意识、效率意识和全局意识。

2. 加强对员工的教导

现场督导在工作中要考虑员工的价值主张，加强对员工的教导。现场督导要在各种场合下，抓住机会，通过言传身教、知识启迪和适度授权等形式对员工进行现场教导，提高员工操作的灵活性，帮助员工学会把握标准的"松紧"度，从而消除饭店现场管理中标准的刚性化和服务的柔性化之间的矛盾。同时要强化员工的计划教导，通过日常有计划的培训、岗位轮调，提高员工的操作技能，培养员工一专多能，成为多面手，提高员工的素养。通过日常工作中对员工的悉心指导和恰当帮助，减少无效劳动，减轻员工的疲劳度，调动员工的积极性、主动性和创造性，提高员工的能力和素质。

3. 强化自我督导，树立榜样示范

要实现对饭店现场的成功督导，督导者不仅要在知识、技能上成为行家、里手，更重要的是行为正派，信誉良好，处事正派，善于随机应变。现场督导者的权力、能力、作风、个性等个体特性赋予了他们多方面的影响力，如权利影响力、能力影响力、个性影响力等。因此，现场督导者要不断提高自身的业务水平和指导水平，逐步扩大自身的能力影响力和个性影响力，减弱权利因素对现场运作的影响，以身作则，引导员工实现自主管理，提高现场管理的成效。

（三）督与导的协调与平衡

督和导的平衡要求对督和导的侧重不同，重督轻导，还是轻督重导要因人、因时、因事而异，这是现场督导者得到各方支持、实现现场督导预期效果的重要前提。

1. 针对不同类型员工的督导

依据业务水平和从业态度来区别员工，可以分为以下情况。

（1）业务水平高，从业态度好的员工。对这类员工，过多的监督和指导都显多余，现场督导者应适当授权，丰富这类员工的工作经验。

（2）业务水平差，从业态度好的员工。这类员工的业务素质虽差，但从业态度良好，因此督导者要着重对他们的指导教化，帮助他们提高操作技能，提升自我。

（3）业务水平高，从业态度差的员工。对这类员工，督导者要着重监督，确保他们的规范操作。

（4）业务水平低，从业态度差的员工。这类员工应当成为现场督导者的重点监督和指导对象。

2. 针对不同时期的督导

现场督导应按照标准的程序对饭店现场进行监督指导，但是当饭店发生一些突发性的不安全事件，如停电、刮台风或客人伤、病、亡等情况时，现场督导者要以监督为主，高度集权，维持现场秩序。而当饭店发生变革（如进行部门重组或服务流程再造等）时，现场督导要以指导为主，着重对员工的沟通、说服和培训，帮助员工适应新环境，学会新方法，调整新关系，成为变革的推动者。当然，必要时，现场督导者要运用手中的职权，强迫员工接受变革。

3. 针对不同关键点的督导

在依据关键点对饭店现场进行督导时，应当依据程序、用途和时间的变化对不同的关键点进行严格的监察，而对"非关键点"则以指导为主。这样，一方面可以及时阻塞员工质量意识的弱化，时刻提醒其卫生盲点；另一方面又使员工从繁忙劳累的工作中解脱出来，创造性地完成工作。

# 任务二　现场会议

## 一、班前会

班前会是班组一天工作的开始，一天的工作怎么做，怎么分工配合、协同作战，事前策划和合理安排至关重要。饭店督导好比兵头将尾，处于一个承上启下的关键环节。对于初任饭店督导而言，要想成为一名优秀的管理者，开好班前会是达到此境界的先决条件。

（一）召开高效率的班前会

有的人认为班前会不过是提醒一下而已，可开可不开，开了也就那样，不开照样生产。这样的认识可是大错而特错了。别看班前会小，但班前会却是最实用最有效率的会议。班前会的作用绝不仅仅是一个提示的作用，而是对当前的生产进行全面布置和准备，可以说当班生产的效率如何，与班前会的效果密切相关。

班前会是一个系统交流的机会，主要讲昨天的问题、今天的任务。督导充分利用每天班前会的机会，把事前策划好的工作，结合接班时的实际状况，向全员布置，能降低

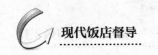

沟通成本，使大家上岗时目标明确，减少时间浪费和效率损失。

班前会也是一个传达信息，保持良好沟通的机会。一线员工长期工作在生产一线，班前会是向员工传递企业信息的重要正式渠道。

班前会的习惯能让班组的员工产生一种集体观念，能进一步地确认自己的当班任务，对于完成生产任务、做好班组员工之间的配合都非常重要。

班前会是一个很好的"说教"场所，利用每天的班前会扶正压邪，寓员工教育于说教之中，能使大家逐步纠正不良行为，养成良好习惯。督导要善于利用班前会这个机会，持之以恒地进行员工教育。良好的工作习惯由个人到群体、积少成多，就会逐步形成积极向上的班组风气，形成人才培养的良性土壤。

一个合格的督导是不会放过班前会这样的好机会开展班组的生产安排和教育的，合格的督导会充分利用班前会以达到营造团队工作气氛、进行班组工作安排、教育指导班组员工、传达和晓谕企业命令的目的的。

（二）如何召开班前会

要当一个合格的督导，开好高效的班前会，可从以下几个方面入手。

1. 齐唱店歌、朗读经营理念

根据企业要求，由值日员工领唱店歌、领读企业经营理念。如果企业没有要求，则可以不进行。督导可以根据阶段性工作的重点，设计相关的内容由值日者领读。如在生产旺季抓品质，朗读"品质从小做起"的品质管理方针或质量管理格言，这样可以创造抓质量的气氛。

2. 分享个人感想

由值日员工与大家分享个人的工作经验、心得体会、自我反省、工作建议等。要求值日员工主题明确、表达完整，至少要分享 2～3 分钟，避免"一句话分享"仓促了事、简单应付。让员工轮流主持班前会，给予员工总结经验、表达意见和建议的机会，这是班组民主管理的有效途径，有利于提高员工的工作意识、集体观念和班组凝聚力。

3. 工作总结

由班前会主持者请出督导讲话。督导首先要对头一天的工作进行总结。具体可以从以下几个方面进行：

（1）有没有未完成的任务？

（2）有没有实现目标？

（3）有没有事故和异常？

（4）现场有哪些变化点？

（5）上述情形带来的反省和要求。

在总结时，要避免诸如"大家都干得不错"之类大而空的表达，尽可能具体到人、具体到事，有根有据地进行表扬或批评。

4. 工作安排

安排今天的工作是班前会的重点内容，包括今天的生产计划、工作目标、任务分配、人员调配等。布置工作时要清楚明确，不要含糊其辞造成混淆，讲到具体员工的工作安排时要注视对方，确认对方的反应，确保对方理解到位。

5. 工作要求

根据昨天的情况和今天的安排，督导应该明确提出对大家的要求和期望，包括时间要求、工作质量要求、工作配合要求、遵守纪律的要求、及时联络的要求等。

6. 企业相关信息

根据不同阶段的实际情况，在必要的时候向大家传递企业的相关信息，能使员工了解大局，更好地理解和接受工作要求。企业的相关信息包括市场和行业动态、客人要求、企业经营情况和发展方向、正在和即将开展的管理活动等。

7. 特别联络事项

班前会结束之前，不要忘记问一句："请问大家还有没有其他事情?"如果有，就请其出来补充说明一下。这样，可以避免该通知的没通知、该提醒的没提醒；如果没有，即可宣布结束班前会。

（三）高效召开班前会的技巧

一个好的班前会是全班所有人员共同参与、人人都有热情的会议。督导切不要自弹自唱地唱独角戏，而要发动全班所有的人都积极参与，调动全班成员的积极性，让大家来一起做好这个工作，这样才能真正发挥出班前会的重要作用，让班前会不流于形式，而具有实际的、实用的功能。所以，采用班前会的轮值制不失为一个很好的办法。

1. 明确班前会内容

班前会要说什么，如何说，作为主持班会的管理人员应胸中有数，为此不妨将班前会需强调的内容记在记事本上，这样既避免遗忘而又显得井然有序。班前会要讲解的内容主要包括企业经营动态、生产信息、质量信息、现场5S状况、安全状况、工作纪律、班组风气以及联络事项。当然，并不是每天都面面俱到，而是根据当天的实际情况确定当天要讲的内容主体。

2. 控制班前会时间

班前会时间一般为10分钟左右为佳，切忌不可一开就是半小时。因为员工站立时间太长，会感觉很累，而且班会内容太多，员工也不容易记住，同时影响开会前的各项准备工作。班前会时间短、内容多，布置工作要清楚，下达任务要准确，要使全员理解到位，尽量采用要点化的表达方法，一、二、三、四……一条一条清楚明白。这样，说的人容易说完整，听的人容易听清楚。

3. 要有严明的纪律性

管理人员应以正确的站姿，端庄的仪容仪表，提前到场。微笑面对员工，切忌让员工列队等候，自己却在吧台或其他地方，这样既不礼貌，又容易滋生员工的反感情绪。

4. 在班前会上要整队、点名，确认出勤

这也是班前会的一项重要功能。准时点名，无论任何原因，不可让准时参加班会的员工等候迟来的员工一起开会，这样做无疑是对有时间观念的员工一种不公平待遇。确认出勤，不仅可以准确地考核员工的出勤率，对于当班生产任务的安排也意义重大。该点名时要点名，人少时可采用全员呼应式点名，人多时应该由督导等骨干自行确认本组

人员到会情况，主管向督导呼应式确认，并大声说出出勤确认结果。

5. 简明扼要，突出重点

声音响亮，语气轻松，切忌描述员工做错事情的详细经过，只须简明扼要地告诉员工，遇到此类事情应如何去做以及应做到什么程度。班前会要突出重点，内容要多样化，要有新意，不能每天都是只讲问题、只骂人。要讲问题，更要指方向；要批评，更要表扬；要质量、产量，更要关心、爱护和帮助。

6. 体现团队精神

基层管理者之间有事先沟通和默契的配合，切忌在员工面前发生争执，更不可在班前会时重复强调同一件事情，记住在任何时候都要体现团队精神和管理的一致性。

7. 不可轻易下结论

不要在班前会上说着说着就宣布某件事如有违反将如何处置等。若缺乏事前沟通和周详考虑，往往会出现尴尬局面而且加大执行难度。

8. 内容形式多样化

譬如文中小结、投诉案例、员工培训、上情下达、天气冷暖等。班前会也是当天任务布置会，还有与促销相结合的推销等均可入班会内容，办求内容新颖，形式活泼。

9. 营造良好的氛围

主持班前会者应在开会期间注重观察员工表情，以及及时掌握员工对班前会内容的反映及当天的工作状态。问候语要设计成大家容易回应的方式，逐步形成一种规范。如早上开班前会，督导出来讲话："各位！早上好。"（刚毅、有中气）全员："早—上—好—！"（整齐有力，朝气蓬勃）讲话结束时，一定要道一声"谢谢"。需要提醒的是，如果是班后会，督导讲话应该先道一声"辛苦了"！一声问候一声回应，工作气氛和团队力量顿时洋溢在空气中，大家的注意力瞬间被集中到倾听主持人的表达中。时间一长，员工自然养成了一种互相打招呼的好习惯。

同时，班前会应做好记录，如表8-1所示。

表8-1　　　　　　　　　　班前会记录

| 班前会时间 | 年　月　日　时　分—— | | 年　月　日　时　分 | |
|---|---|---|---|---|
| 班前会地点 | | 班次 | | 主持人签名 |
| 参会人员签名 | | | | |

工作任务与分工：


本班需要注意的事项：

续　表

| 序号 | 上班次的主要问题 | 控制措施 | 备注 |
|------|------------------|----------|------|
|      |                  |          |      |
|      |                  |          |      |
|      |                  |          |      |
|      |                  |          |      |

记录人：　　　　　　　　　　　　　　审核人（本班次负责人）：

## 二、班后总结现场会

班后会与班前会同样都需要具备一定的基本知识，也同样都需要锻炼和提高组织能力。"在游泳中才能学会游泳"，学会开好班后会的本事，也离不开工作实践。对新任职的督导来说，起码要明确以下几点。

（一）要明确班后会与班前会之间的联系与区别

班后会与班前会都是为了一个共同的目的，内容也是紧密相连的，打个比方来说，就好像文章的上篇与下篇，但两者所采取的方式和要解决的重点问题是不同的。班前会是以思想动员的方式，对即将作业的安全工作进行分析预测，提出趋夷避险的措施，以便防患于未然。班后会则是以讲评的方式，在总结检查生产任务的同时，总结检查安全工作，并提出整改意见。班前会是班后会的前提与基础，班后会则是班前会的继续和发展。

（二）要明确班后会的主要内容

一般地说，班后会的内容应包括：

（1）简明扼要地小结完成当天生产任务和执行安全规程的情况，既要肯定好的方面，又要找出存在的问题。

（2）对认真执行安全规程、表现突出的员工进行表扬。对违章操作的员工，视情节的轻重和造成后果的大小，提出批评教育或处罚。

（3）提出整改意见和防范措施。班后会的一个鲜明特点，是能够及时发现问题和解决问题，因而针对性强，见效快。

（三）要全面、准确地了解实际情况，使总结讲评具有说服力

班组当天的工作情况，是总结讲评的基本依据。如果对实际情况粗枝大叶或一知半解，总结讲评是说不到"点"子上的。而要全面、准确地掌握情况，就必须加强调查研究，取得"第一手"材料。督导要通过自己的实地观察和多方面的了解，以一天来全班完成生产任务、执行安全规程总的情况作出恰如其分的评估。同时，要把发现的不安全现象或造成的事故作为重点，进行详细分析，不但要弄清楚始末、原因，还要分清责任。尔后要进行思考，归纳要点，形成思路。个人的认识能力总是有限的，为使总结讲评切合实际，督导在会前应征求有关员工的意见。

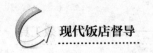

**（四）要注意做好个别人的思想工作**

班后会的批评，往往是指名道姓的，有的员工可能不习惯，也有的会因为受到批评或处罚而背上思想包袱。会后，督导应找他们谈心，帮助他们端正认识，克服消极情绪。

还应提到一点是，班后会也应做好记录，如表8-2所示。

表8-2　　　　　　　　　　　　班后会记录

| 班后会时间 | 年　月　日　时　分—　　　　　年　月　日　时　分 | | | | |
|---|---|---|---|---|---|
| 班后会地点 | | 班次 | | 主持人签名 | |
| 参会人员签名 | | | | | |

工作小结：

经验小结：

| 序号 | 本班次发现的问题 | 今后防范措施 | 备注 |
|---|---|---|---|
| | | | |
| | | | |
| | | | |
| | | | |

记录人：　　　　　　　　　　　　　审核人（本班次负责人）：

# 任务三　时间管理

时间管理是事业成功的关键。一个人、团队能否在自己的事业生涯中取得成功，秘诀就在于搞好时间管理。首先，让我们来做一个关于时间管理的测试。

下面的每个问题，请你根据自己的实际情况，如实地给自己评分。计分方式为：选择"从不"为0分，选择"有时"记1分，选择"经常"记2分，选择"总是"记3分。

1. 我在每个工作日之前，都能为计划中的工作做些准备。
2. 凡是可交派下属（别人）去做的，我都交派下去。
3. 我利用工作进度表来书面规定工作任务与目标。
4. 我尽量一次性处理完毕每份文件。
5. 我每天列出一个应办事项清单，按重要顺序来排列，依次办理这些事情。

6. 我尽量回避干扰电话、不速之客的来访，以及突然的约会。

7. 我试着按照生理节奏变动规律曲线来安排我的工作。

8. 我的日程表留有回旋余地，以便应对突发事件。

9. 当其他人想占用我的时间，而我又必须处理更重要的事情时，我会说"不"。

结论：

0 ~ 12 分：你自己没有时间规划，总是让别人牵着鼻子走。

13 ~ 17 分：你试图掌握自己的时间，却不能持之以恒。

18 ~ 22 分：你的时间管理状况良好。

23 ~ 27 分：你是值得学习的时间管理典范。

知道了你自己的时间管理方面的总体水平，接下来，让我们分析一下时间是如何被浪费掉的。

浪费时间的原因有主观和客观两大方面。这里，我们来分析一下浪费时间的主观原因，因为，这是一切的根源。

1. 做事目标不明确。

2. 作风拖拉。

3. 缺乏优先顺序，抓不住重点。

4. 过于注重细节。

5. 做事有头无尾。

6. 没有条理，不简洁，简单的事情复杂化。

7. 事必躬亲，不懂得授权。

8. 不会拒绝别人的请求。

9. 消极思考。

一项国际调查表明：一个效率糟糕的人与一个高效率的人工作效率相差可达 10 倍以上，成功人士的共同点之一就是善于高效地运用时间！实际上，在现代社会，人人都需要掌握时间管理的方法和理念。

## 一、什么是时间管理

所谓时间管理（Time Management），是指用一系列原则、实践、技能、工具组成的协同系统，帮助人们有效率地运用时间资源获取更大的价值，实现目标，提高人们的生活质量。

有关时间管理的理论可分为四代：

（1）第一代的理论。第一代的理论着重利用便条与备忘录，在忙碌中调配时间与精力。

（2）第二代的理论。第二代强调行事历与日程表，反映出时间管理已注意到规划未来的重要。

（3）第三代的理论。第三代是目前正流行、讲求优先顺序的观念。也就是依据轻重缓急设定短、中、长期目标，再逐日制订实现目标的计划，将有限的时间、精力加以分配，争取最高的效率。

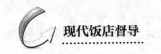

这种做法有它可取的地方，但也有人发现，过分强调效率，把时间崩得死死的，反而会产生反效果，使人失去增进感情、满足个人需要以及享受意外之喜的机会。于是许多人放弃这种过于死板拘束的时间管理法，回复到前两代的做法，以维护生活的品质。

（4）第四代的理论。与以往截然不同之处在于，第四代的理论根本否定"时间管理"这个名词，主张关键不在于时间管理，而在于个人管理。与其着重于时间与事务的安排，不如把重心放在维持产出与产能的平衡上。

## 二、最新的时间管理概念——GTD

GTD 是 Getting Things Done（完成每一件事）的缩写，来自戴维·艾伦（David Allen）的一本畅销书《尽管去做：无压工作的艺术》（*Getting Things Done*）。

GTD 的具体做法可以分成收集、整理、组织、回顾与行动五个步骤。

（1）收集。就是将你能够想到的所有的未尽事宜（GTD 中称为 stuff）统统罗列出来，放入 inbox 中。这个 inbox 既可以是用来放置各种实物的实际的文件夹或者篮子，也可以是用来记录各种事项的纸张或 PDA。收集的关键在于把一切赶出你的大脑，记录下所有的工作。

（2）整理。将 stuff 放入 inbox 之后，就需要定期或不定期地进行整理，清空 inbox。将这些 stuff 按是否可以付诸行动进行区分整理，对于不能付诸行动的内容，可以进一步分为参考资料、日后可能需要处理以及垃圾几类。而对可行动的内容再考虑是否可在两分钟内完成，如果可以则立即行动完成它，如果不行则对下一步行动进行组织。

（3）组织。组织是 GTD 中的最核心的步骤，组织主要包括对参考资料的组织与对下一步行动的组织。对参考资料的组织主要就是一个文档管理系统；而对下一步行动的组织则一般可分为：下一步行动清单、等待清单和未来/某天清单。

等待清单主要是记录那些委派他人去做的工作，未来/某天清单则是记录延迟处理且没有具体的完成日期的未来计划、电子等。而下一步清单则是具体的下一步工作，而且如果一个项目涉及多步骤的工作，那么需要将其细化成具体的工作。

GTD 对下一步清单的处理与一般的 to‑do list 最大的不同在于：它作了进一步的细化，比如按照地点（电脑旁、办公室、电话旁、家里、超市）分别记录只有在这些地方才可以执行的行动，而当你到这些地点后也就能够一目了然地知道应该做哪些工作。

（4）回顾。回顾也是 GTD 中的一个重要步骤，一般需要每周进行回顾与检查。通过回顾及检查你的所有清单并进行更新，可以确保 GTD 系统的运作，而且在回顾的同时可能还需要进行未来一周的计划工作。

（5）行动。现在你可以按照每份清单开始行动了。在具体行动中可能需要根据所处的环境、时间的多少、精力情况以及重要性来选择清单以及清单上的事项。

## 三、时间管理的原则

（1）设立明确的目标。时间管理的目的是让你在最短时间内实现更多你想要实现的目标。把今年的 4~10 个目标写出来，找出一个核心目标，并依次排列重要性，然后依照你的目标设定详细的计划，并依照计划进行。

（2）学会列清单。把自己所要做的每一件事情都写下来，列一张总清单，这样做能让你随时都明确自己手头上的任务。在列好清单的基础上进行目标切割。

一是将年度目标切割成季度目标，列出清单，每一季度要做哪一些事情。

二是将季度目标切割成月目标，并在每月初重新再列一遍，遇到有突发事件而更改目标的情形时及时调整过来。

三是每一个星期天，把下周要完成的每件事列出来。

四是每天晚上把第二天要做的事情列出来。

（3）做好"时间日志"。你花了多少时间在哪些事情，把它详细地记录下来。每天从刷牙开始，将刷牙、洗澡、早上穿衣、早上搭车、出去拜访客人等花费的时间一一记录下来，这样你会发现浪费了哪些时间。当你找到浪费时间的根源时，你才有办法改变。

（4）制订有效的计划。绝大多数难题都是由未经认真思考的行动引起的。在制订有效的计划中每花费 1 小时，在实施计划中就可能节省 3 ~ 4 小时，并会得到更好的结果。如果你没有认真做计划，那么实际上你正计划着失败。

（5）遵循 80/20 法则。用你 80% 的时间来做 20% 最重要的事情。生活中肯定会有一些突发困扰和迫不及待要解决的问题，如果你发现自己天天都在处理这些事情，那表示你的时间管理并不理想。一定要了解，对你来说，哪些事情是最重要的，是最有生产力的。成功者往往花最多时间在做最重要但不是最紧急的事情，而一般人往往将紧急但不重要的事放在第一位。因此，必须学会如何把重要的事情变得紧急。

（6）安排"不被干扰"时间。假如你每天能有 1 小时完全不受任何人干扰地思考一些事情，或是做一些你认为最重要的事情，这 1 小时可以抵过你 1 天的工作效率，甚至可能比 3 天的工作效率还要好。

（7）确立个人的价值观。假如价值观不明确，就很难知道什么对你是最重要的。当你的价值观不明确时，就无法做到合理地分配时间。时间管理的重点不在管理时间，而在于如何分配时间。你永远没有时间做每件事，但永远有时间做对你来说最重要的事。

（8）严格规定完成期限。巴金森（Parkinson）在其所著的《巴金森法则》（*Parkinsons Law*）中写下这段话："你有多少时间完成工作，工作就会自动变成需要那么多时间。"如果你有一整天的时间可以做某项工作，你就会花 1 天的时间去做完它。而如果你只有 1 小时的时间可以做这项工作，你就会更迅速有效地在 1 小时内做完它。

（9）学会充分授权。列出你目前生活中所有觉得可以授权的事情，把它们写下来，找适当的人来授权。

（10）同类的事情最好一次做完。假如你在做纸上作业，那段时间都做纸上作业；假如你是在思考，用一段时间只做思考；打电话的话，最好把电话累积到某一时间一次把它打完。

当你重复做一件事情时，你会熟能生巧，效率一定会提高。

## 四、时间管理方法

时间管理方法就是用技巧、技术和工具帮助我们完成工作，实现目标。时间管理方

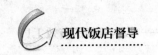

法并不是要把所有事情做完，而是更有效地运用时间。时间管理方法的目的除了要决定你该做些什么事情之外，另一个很重要的目的是决定什么事情不应该做。时间管理方法不是完全的掌控，而是降低变动性。时间管理方法最重要的功能是透过事先的规划，作为一种提醒与指引。

（一）计划管理法

关于计划，有日计划、周计划、月计划、季度计划、年度计划。时间管理的重点是待办单、日计划、周计划、月计划。

待办单：将你每日要做的一些工作事先列出一份清单，排出优先次序，确认完成时间，以突出工作重点。要避免遗忘就要避免半途而废，尽可能做到，今日事今日毕，干一起了一起。

待办单主要包括的内容：非日常工作、特殊事项、行动计划中的工作、昨日未完成的事项等。

待办单的使用注意：每天在固定时间制定待办单（一上班就做），只制定一张待办单，完成一项工作划掉一项，待办单要为应付紧急情况留出时间，最关键的一项是每天坚持。

每年年末作出下一年度工作规划；每季季末作出下一季度工作规划；每月月末作出下月工作计划；每周周末作出下一周工作计划。

（二）时间"四象限"法

美国著名管理学家斯蒂芬·科维（Stephen R. Covey）提出了一个时间管理的理论，把工作按照重要和紧急两个不同的程度进行了划分，基本上可以分为四个（如下页时间"象限法"所示）：既紧急又重要（如人事危机、客人投诉、即将到期的任务、财务危机等）、重要但不紧急（如建立人际关系、新的机会、人员培训、制定防范措施等）、紧急但不重要（如电话铃声、不速之客、行政检查、主管部门会议等）、既不紧急也不重要（如客套的闲谈、无聊的信件、个人的爱好等）。时间管理理论的一个重要观念是应有重点地把主要的精力和时间集中地放在处理那些重要但不紧急的工作上，这样可以做到未雨绸缪，防患于未然。在人们的日常工作中，很多时候往往有机会去很好地计划和完成一件事。但常常却又没有及时地去做，随着时间的推移，造成工作质量的下降。因此，应把主要的精力有重点地放在重要但不紧急这个"象限"的事务上是必要的。要把精力主要放在重要但不紧急的事务处理上，需要很好地安排时间。一个好的方法是建立预约。建立了预约，自己的时间才不会被别人所占据，从而有效地开展工作。

（三）德鲁克时间管理法

美国管理学者彼得·德鲁克（Peter Drucker）认为，有效的管理者不是从他们的任务开始，而是从他们时间开始。有效的时间管理体现在以下几个方面。

（1）记录自己的时间——分析时间浪费在什么地方？

（2）管理自己的时间——减少用于非生产性需求的时间。

（3）集中自己的时间——由零星而集中，成为连续性的时间段。在整段时间内的工作效率将大于在分散时段的工作效率之和。

（四）时间abc分类法

将自己工作按轻重缓急分为a（紧急、重要）、b（次要）、c（一般）三类，安排各

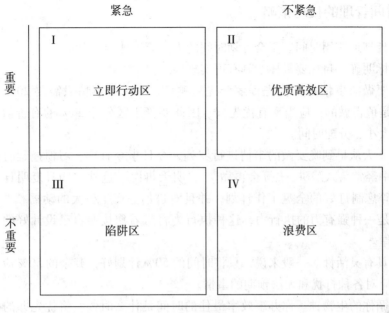

时间"四象限"法

项工作优先顺序，粗略估计各项工作所需的时间和占用百分比。在那些价值不高的活动上投入太多精力是毫无意义的。另外，那些比较重要的活动往往需要你付出更多努力。只有仔细的规划才能让你用最少的时间获得最大的收益。在工作中还要记载实际耗用时间，把每日计划时间安排与耗用时间进行对比，分析时间运用效率。然后重新调整自己的时间安排，更有效地工作。

（五）考虑不确定性

在时间管理的过程中，还须应付意外的不确定性事件，因为计划没有变化快，须为意外事件留时间。有三个预防此类事件发生的方法：

（1）为每件计划都留有多余的预备时间。

（2）努力使自己在不留余地又饱受干扰的情况下，完成预计的工作。这并非不可能，事实上，工作快的人通常比慢吞吞的人做事精确些。

（3）另准备一套应变计划。迫使自己在规定时间内完成工作，对你自己能力有了信心，你已仔细分析过将做的事了，然后把它们分解成若干意境单元，这是正确迅速完成它们的必要步骤。

考虑到不确定性，在不忙的时候，把一般的必然要做的工作先尽快解决。

在工作中要很好地完成工作就必须善于利用自己的工作时间。工作是无限的，时间却是有限的。时间是最宝贵的财富。没有时间，计划再好，目标再高，能力再强，也是空的。时间是如此宝贵，但它又是最有伸缩性的，它可以一瞬即逝，也可以发挥最大的效力，时间就是潜在的资本。充分合理地利用每个可利用的时间，压缩时间的流程，使时间价值最大化。

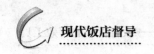

## 五、时间管理的技巧策略

（1）有计划地使用时间。不会计划时间的人，等于计划失败。

（2）目标明确。目标要具体、具有可实现性。

（3）将要做的事情根据优先程度分先后顺序。80%的事情只需要20%的努力。而20%的事情是值得做的，应当享有优先权。因此要善于区分这20%的有价值的事情，然后根据价值大小，分配时间。

（4）将一天从早到晚要做的事情进行罗列，今日事今日毕。习惯拖延时间使很多人在时间管理中经常落入陷阱。"等会再做"、"明天再说"这种"明日复明日"的拖延循环会彻底粉碎您制订好的全盘工作计划，并且对自信心产生极大的动摇。"今日事今日毕"体现的是一种强有力的执行力，这种执行力将带着您按照自己设计好的一个轨道走向成功的彼岸。

（5）要具有灵活性。一般来说，只将时间的50%计划好，其余的50%应当属于灵活时间，用来应对各种打扰和无法预期的事情。

（6）遵循你的生物钟。你办事效率最佳的时间是什么时候？将优先办的事情放在最佳时间里。

（7）做好的事情要比把事情做好更重要。做好的事情，是有效果；把事情做好仅仅是有效率。首先考虑效果，然后才考虑效率。

（8）区分紧急事务与重要事务。紧急事往往是短期性的，重要事往往是长期性的。给所有罗列出来的事情定一个完成期限。

（9）对所有没有意义的事情采用有意忽略的技巧。将罗列中的没有任何意义的事情删除掉。

（10）不要想成为完美主义者。不要追求完美，而要追求办事效果。

（11）巧妙地拖延。如果一件事情，你不想做，可以将这件事情细分为很小的部分，只做其中一个小的部分就可以了，或者对其中最主要的部分最多花费15分钟时间去做。

（12）学会说"不"。有时拒绝是保障自己行使优先次序的最有效手段，勉强接受他们的委托是不合理的。一旦确定了哪些事情是重要的，对那些不重要的事情就应当说"不"。

（13）奖赏自己。即使一个小小的成功，也应该庆祝一下。可以事先给自己许下一个奖赏诺言，事情成功之后一定要履行诺言。

【复习与练习】

### 一、填空题

1. _____是以思想动员的方式，对即将作业的安全工作进行分析预测，提出趋夷避险的措施，以便防患于未然。

2. _____是以讲评的方式，在总结检查生产任务的同时，总结检查安全工作，并提出整改意见。

3. GTD 的具体做法可以分成＿＿＿＿、＿＿＿＿、＿＿＿＿、＿＿＿＿与＿＿＿＿五个步骤。

## 二、选择题

1. 对（　　）的员工，督导者要着重对他们的指导教化，帮助他们提高操作技能，提升自我。

A. 业务水平高，从业态度好　　　　B. 业务水平差，从业态度好

C. 业务水平高，从业态度差　　　　D. 业务水平低，从业态度差

2. （　　）是 GTD 中的最核心的步骤。

A. 收集　　　　　　B. 整理　　　　　　C. 组织　　　　　　D. 回顾

3. （　　）就是将你每日要做的一些工作事先列出一份清单，排出优先次序，确认完成时间，以突出工作重点。

A. 待办单　　　　　B. 日计划　　　　　C. 周计划　　　　　D. 月计划

4. 时间管理的重点不在管理时间，而在于（　　）。

A. 做好每一件事　　　　　　B. 如何思考

C. 追求完美　　　　　　　　D. 如何分配时间

5. （　　）是由美国著名管理学家斯蒂芬·科维提出的一个时间管理的理论。

A. 德鲁克时间管理法　　　　B. 时间"四象限"法

C. 时间 abc 分类法　　　　　D. 计划管理法

## 三、名词解释

1. 班前会。

2. 时间管理。

3. 时间管理方法。

## 四、简答题

1. 简述现场督导不力的后果。

2. 简述高效召开班前会的技巧。

3. 简述时间管理的原则。

4. 简述时间管理的技巧策略。

## 五、应用题

假如现在是周日的晚上，下面是这周要做的事情：

1. 你从昨天早晨开始牙疼，想去看医生。

2. 星期六是一个好朋友的生日——你还没有买生日礼物和生日卡。

3. 你有好几个月没有回家，也没有打电话或写信。

4. 有一份夜间兼职不错，但你必须在周二或周三晚上去面试（19：00 以前），估计要花 1 小时。

5. 明天晚上有一个 1 小时长的电视节目，与你的工作有密切关系。

6. 明晚有一场演唱会。

7. 你在图书馆借的书明天到期。

8. 外地一个朋友邀请你周末去他那儿玩，你需要整理行李。

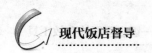 

9. 你要在周五交计划书前把它复印一份。

10. 明天下午2：00—4：00你有一个会议。

11. 你欠某人200元钱，他明天也要参加那个会议。

12. 你明天早上从9：00—11：00要听一场讲座。

13. 你的上级留下一张便条，要你尽快与他见面。

14. 你没有干净的内衣，一大堆脏衣服没有洗。

15. 你要好好洗个澡。

16. 你负责的项目小组将在明天下午6：00开会，预计1小时。

17. 你身上只有5元钱，需要取钱。

18. 大家明晚聚餐。

19. 你错过了周一的例会，要在下周一前复印一份会议记录。

20. 这个星期有些材料没有整理完，要在下周一前整理好，约2小时。

21. 你收到一个朋友的信一个月了，没有回信，也没有打电话给他。

22. 星期天早晨要出一份简报，预计准备简报要花费15小时而且只能用业余时间。

23. 你邀请恋人后天晚上来你家烛光晚餐，但家里什么吃的也没有。

24. 下周二你要参加一个业务考试。

**思考题：**

面对这么多的任务和冲突，你应该怎么办?

1. 首先，你应该确定_____，制订未来一周的工作计划表。

A. 工作目标 　　　　　　　　　　　　B. 工作的优先级别

C. 公事和私事 　　　　　　　　　　　D. 时间管理的方法

2. 你负责的项目小组将在明天下午6：00开会属于_____的事情。

A. 既紧迫又重要 　　　　　　　　　　B. 紧急但不重要

C. 重要但不紧急 　　　　　　　　　　D. 既不紧急也不重要

3. 如果根据优先级别划分你的工作，邀请恋人来家晚餐属于_____的内容。

A. 优先级 B 　　　　　　　　　　　　B. 优先级 A

C. 优先级 D 　　　　　　　　　　　　D. 优先级 C

4. 为了提高自己的工作效率，你_____的做法是不应该的。

A. 能够及时处理问题 　　　　　　　　B. 为重要的工作选择最佳时间

C. 把琐事交给助手做 　　　　　　　　D. 不接任何电话以避免打扰

5. 把一周的工作按照轻重缓急划分以后，请为你未来一周的工作做一个计划表。

 【实训项目】

【实训名称】督导工作技巧

【实训内容】学会督导管理技巧和领导方法

【实训步骤】

1. 3~6人为一小组，每人扮演一次督导，召开一次班前会和班后会。

2. 小组成员共同协商，设计出相关的会议要点及注意事项。

3. 小组当众演示，其他小组成员观看。

4. 集体讨论。分析督导的领导方式和管理技巧是否符合要求。

【实训点评】教师和学生根据各组的方案及表现给予评价打分，纳入学生实训课考核之中。

# 项目九 服务质量——饭店发展的生命线

 【学习目标】

1. 充分理解服务质量的内涵
2. 了解客人对服务质量的评价
3. 熟悉饭店服务质量管理
4. 掌握饭店服务质量管理的方法

 【案例引导】

### "解剖麻雀"

北京某酒店在控制客人投诉率中，使用了一个很好的管理方法，叫做"解剖麻雀"。

一天，一名英国航空小姐向值班经理投诉，住在饭店"没有安全感"，理由是在她的房间内，发现一双男士黑袜。

总经理室听到这个投诉后，认为事情并非如此简单。为什么做床时连袜子都没有发现？于是决定对此投诉案进行"解剖"。

原来空姐是2月5日入住的。当她外出购物回来到总台取钥匙时，钥匙怎么也找不着了，急得当班接待员满头大汗，空姐心里也忐忑不安。接待员到收银柜台寻找也毫无踪迹，后来又回到了总台接待部，在无可奈何的情况下，只好一个钥匙盒一个钥匙盒地去翻，终于在邻近的钥匙盒中找到了那把钥匙。

本来心情就不佳的空姐，刚刚打开房门却又在床头柜下发现了一双男士黑袜，而且上面还有两片开心果壳皮。她马上警觉起来，认为有男人进过她房间，且在屋里吃过东西，于是出现了开头的那件投诉事件。

钥匙怎么会放错了位置呢？一问主管，她马上道出了原委：为了让客务关系部新员工熟悉业务，每两周有一人到接待部培训一次，而培训员工的第一项工作就是把客人交来的钥匙按房间号码放入盒内，这是接待部最简单，也是最容易出错的工作。几百间客房的钥匙盒，密密麻麻地排在一起，稍一疏忽就会张冠李戴。空姐入住的那天，恰恰是培训的第一天，无疑是新员工的差错。主管又回忆起，以前也曾发生过类似的事情。

那么男袜又是怎么回事呢？

空姐入住的前一天，在该房间入住的一位日本男士离店。负责卧室做房的员工是来店培训的实习生，虽说已干了半年，但工作马虎，为此已开了两次过失单。这天做房未将床屉拉出，所以没能发现客人丢在床屉底下的男袜，领班检查也没到位。

空姐入住以后，轮到和实习生"配对"的小夏做卧室，她是个非常认真的老员工。当她"翻箱倒柜"时，发现了床底下的黑袜。她认为这肯定是住店客人掉下的，于是按照规范要求，折叠好放在比原来更加明显的位置上。万万没想到，这一规范操作却招来了客人的投诉。

事情的来龙去脉弄清以后，总经理室即刻召开了由前厅部、客房部经理和主管参加的分析会。经过两小时讨论，大家一致认为：问题虽然发生在员工身上，根子却在管理干部。第一，接待部已经发现培训员工错放钥匙问题，却未采取防范措施；第二，既然客房实习生已经记了两次过失单，为什么还不掉换工种？第三，客房部领班和主管在房务例行检查中存在漏洞。

鉴于以上情况，总经理室会同有关部门制定了以下措施。

1. 凡是新员工上岗，应选派优秀老员工"传帮带"，手把手地教，直到能独立操作为止。

2. 客房部员工做房，必须强调"认真"两字，做到"一丝不苟"。

3. 发现屡犯差错的员工，应及时采取处理措施。

4. 强化领班、主管的查房制度，如事后发现问题须承担领导责任。

在大家取得共识的基础上，上述意见形成了文件，并通报了全店。

这一分析方法，被员工们形象地称之为"解剖麻雀"，实行两年以来，在降低酒店投诉率方面收到了很好的效果。

"解剖麻雀"是一种很好的管理分析法。其优越性在于：对待已出现的问题，不是就事论事地处理一下便完事，而是抓住典型事例，深入调查研究，解剖分析，找出问题症结，分清谁是谁非，举一反三，引出教训。然后针对实际情况，提出具体措施，使酒店的各项制度、标准、规范在实践中不断完善，这样才能使管理水平不断得到提高。

事实上，没有一家酒店能够百分之百地杜绝质量问题，但酒店应努力消灭人为事故。本例中该酒店让客务关系部新员工到接待部接受培训，这本是一项很好的措施，但由于新员工不熟悉业务，出错率大大高于老员工，因此部门领导决不能把责任往他们身上一推了之。客人不会因为是实习生而降低对服务质量的要求。事后该酒店积极吸取教训，认真整改，这种"亡羊补牢"的精神值得同行学习。

# 任务一　服务质量概述

服务质量是饭店业的灵魂，服务质量不高已成为制约饭店发展的瓶颈。饭店应针对客人需求，从服务设施的有效保证、餐饮菜品的不断创新、服务流程的规范与优化、正确处理客人投诉、员工奖惩与考核制度的建立、员工培训的有效实施以及员工与管理者

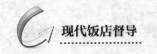

的良好沟通协作等方面着手，切实提高饭店服务质量。

## 一、饭店服务质量的内容

### （一）饭店服务质量的内涵

罗斯特（Rust）和奥利弗（Oliver）将服务质量定义为三方面：服务产品、服务过程和服务环境。格郎鲁斯（Gronroos）提出服务质量包括技术性质量和功能性质量。服务的技术性质量表示服务结果的质量，指服务本身的质量标准、环境条件、网点设置、服务设备以及服务项目、服务时间等是否满足客人需要；服务的功能性质量表示服务过程的质量，指在服务过程中员工的仪态仪表、服务态度、服务程序、服务行为是否满足客人的需求。

关于饭店服务质量的理解通常有两种。

（1）从狭义上考察，饭店服务质量是指由基层员工的服务劳动所提供的、不包括提供的实物形态的使用价值。

（2）从广义上考察，饭店服务质量是指饭店以其所拥有的设施设备为依托为客人所提供的服务。它包含组成饭店服务的三要素：即设施设备、实物产品和服务的质量，是一个完整的服务质量的概念，整体来说，包括有形产品质量和无形产品质量两个方面。

根据饭店服务质量的定义，饭店所提供的服务既要能满足客人生活的基本需要，即物质上的需求，还要满足客人的心理需要，即精神上的需求。

### （二）饭店服务质量的构成

饭店服务质量是有形产品质量和无形产品质量的有机组合，主要包括：设施设备质量、服务产品质量、实物产品质量、环境氛围质量、安全卫生质量五个部分。

#### 1. 设施设备质量

饭店设施设备既是饭店提供的服务质量的物质基础，也是饭店星级档次的基础，包括房屋建筑、所有设备及低值易耗品等。它不但指前台客人使用的设施设备，也包括后台供应使用的设施设备，还包括员工使用的设施设备。它要求功能齐全，设施可靠、安全，外形美观。不仅要有达到一定水准的使用价值，同时还要具有高雅、舒适的魅力价值，以及美感和风格特色。

#### 2. 服务产品质量

服务产品质量指饭店提供的服务水平的质量，它是检查饭店服务质量的重要内容，主要包含以下几个方面。

（1）礼仪礼节。礼仪礼节是整个饭店服务中最重要的部分，在饭店管理中备受重视，因为它直接关系着客人的满意度，是饭店提供优质服务的基本点。饭店礼仪礼节要求员工具有端庄的仪表仪容、文雅的语言谈吐、得体的行为举止等。

（2）职业道德。饭店服务过程中，服务是否到位实际上取决于员工的事业心和责任感。因此遵守职业道德也是饭店服务质量的最基本构成之一。作为饭店员工应遵循"热情友好、真诚公道，信誉第一、文明礼貌，不卑不亢、一视同仁，团结协作、顾全大局，遵纪守法、廉洁奉公，钻研业务、提高技能"的旅游职业道德规范，真正做到敬业、乐业和勤业。

（3）服务态度。服务态度是指饭店员工在对客服务中所体现出来的主观意向和心理状态。饭店员工服务态度的好坏是很多客人关注的焦点，客人可以原谅饭店的许多过错，但往往不能忍受饭店员工恶劣的服务态度。因此，服务态度是服务质量的基础和关键所在，直接影响饭店服务质量。

（4）服务技能。服务技能是饭店提高饭店服务质量的技术保证，要求其员工掌握丰富的专业知识，具备娴熟的操作技术，并能根据具体情况灵活运用，从而达到给客人以美感和艺术享受的服务效果。同时也只有掌握好服务技能，也才能使饭店服务达到标准，保证饭店服务质量。

（5）服务效率。服务效率是指员工在其服务过程中提供服务的时限，是饭店员工素质的综合反映。员工要力求做到服务快而不乱，既迅速又敏捷，而且准确无误。提高效率、保证效率是饭店永远的目标。

（6）服务项目。管理者对服务项目的设立应以满足客人需求和方便为宗旨，不因其小而不为。同时，要加强市场调查与研究，对客人的兴趣、爱好、消费水平、新的需求进行分析，千方百计地满足客人的要求，这样才能在激烈的市场竞争中始终处于优势地位。

3. 实物产品质量

实物产品可直接满足客人的物质消费需要，其质量也是饭店服务质量的重要组成部分之一。它通常包括：

（1）饮食质量。饮食是一种民族文化的反映，旅游者旅游的目的之一就是探求异地文化，因此，饮食文化在现代旅游中占有很重要的位置。饮食质量主要有饮食质量标准、饮食特色、饮食样式等。

（2）客用品质量。客用品是饭店实物产品的一个组成部分，指饭店直接供客人消费的各种生活用品。客用品质量应与饭店星级相适应，避免提供劣质品。客用品数量应充裕，不仅要满足客人需求，而且供应要及时。

（3）商品质量。饭店通常为满足客人购物需要，都设有商场部，其商品质量的优劣也会影响饭店服务质量。饭店商品应做到花色品种齐全、商品结构适当、商品陈列美观、价格合理等，更为重要的是要注重信誉，杜绝假冒伪劣商品。

（4）服务用品质量。服务用品质量是指饭店在提供服务过程中供员工使用的各种用品。它是提供优质服务的必要条件。服务用品质量要求品种齐全、数量充裕、性能优良、使用方便、安全卫生等。

4. 环境氛围质量

环境氛围是由饭店的建筑、装饰、陈设、设施、灯光、声音、颜色以及员工的仪容仪表等因素构成的。这种视觉和听觉印象对客人的情绪影响很大，客人往往把这种感受作为评价饭店质量优劣的依据，它能影响客人是否再次来饭店入住。因此，管理者必须十分注意环境的布局和气氛的烘托，让客人感到舒适、愉快、安全、方便。

5. 安全卫生质量

安全是客人的第一需要，保证每一位客人的生命和财产安全是服务质量的重要环节。在环境气氛上，饭店要制造出一种安全的气氛，给客人心理上以安全感，但不要戒备森严，否则，会令客人感到不安。在日常服务中贯彻以防为主的原则，建立严格的安全保卫组织和制度，制定饭店的安全措施，做好防火、防盗等预防工作，避免食物中毒、侵犯骚扰等事件的发生，切实搞好安全保卫工作。同时，在接待客人过程中，要严格执行会客制度，无关人员和闲杂人员严禁进入饭店公共区域和客房。员工要尊重客人隐私，保守客人的秘密，不在公共场合谈论客人姓名、房号及客人的私事，以免引起不必要的麻烦。

清洁卫生也是饭店业务工作中的重点和服务质量的重要内容。卫生状况不仅直接影响到客人的健康和客人旅居生活的质量，也反映了饭店管理水平和企业素质。

综上所述，饭店服务质量的内容和要求是：有形设施要让客人感到实用、方便、舒适；无形服务要让客人感到热情、亲切、友谊、相助。突出"暖""快""物有所值"，这是服务质量的集中表现，也是进行科学的服务质量管理的基本出发点。

## 二、饭店服务质量的特点

### (一) 综合性

饭店服务质量是由设备质量、产品质量、服务水平三部分构成，它综合反映了饭店的管理与服务能力。服务质量的好坏不仅取决于饭店设施的好坏，还取决于饭店各岗位员工的服务水平，如员工的服务态度、服务技能、服务效率等，且评定服务质量好坏的主体——客人在评价服务质量时常常带有较大的主观性。因此，服务质量具有综合性的特点。

### (二) 短暂性

饭店服务与客人消费常常是同时进行的。譬如餐饮服务，客人就餐结束，服务工作也就基本完成。在如此短的时间内要想出色地完成迎客、点菜、上菜、斟酒等一系列基本工作，并为客人提供满意而又惊喜的定制化服务，给客人留下长久的美好印象，员工就必须在每次服务过程中对自己的工作及客人都极为用心。这样，短暂的服务不仅培养了忠诚的客人，而且还提升了饭店的知名度和美誉度。

### (三) 主观情感性

饭店服务质量的高低主要是由客人享受到各种服务后的物质和心理的满足程度决定的，其质量评价取决于两个方面。

(1) 客人实际得到的满意程度。客人的满意程度越高，对饭店服务质量的评价也就越高。

(2) 客人与员工的关系。客人与员工的关系融洽，客人对服务质量的评价就相对较高，对饭店服务的不足与难处也比较容易谅解。

以上这两个方面中，前者的质量评价带有较强的主观性，后者的质量评价带有感情色彩。为此，饭店要做好质量管理，提高客人满意程度，必须做到：

(1) 要定期做好服务质量的客人反馈调查。

(2) 要正确对待客人对服务质量的主观评价。

(3) 要建立与客人的良好关系。

（四）关联性

饭店服务质量的具体内容包括有形服务质量和无形服务质量。每一个方面又由很多具体因素构成。这些因素互相关联、互相依存、互为条件。为此要做好饭店服务质量管理，就要求饭店各部门、各服务过程、各服务环节之间协作配合，并做好充分的服务准备，确保每项服务的优质、高效，确保饭店服务全过程和全方位的"零缺点"。

（五）依赖性

饭店服务质量是在有形产品的基础上通过员工即席表现的劳务创造出来的，而这种表现又很容易受到员工个人素质和情绪好坏的影响，具有很大的不稳定性。所以要求饭店管理者应合理配备、培训、激励员工，努力提高他们的素质，发挥他们的服务主动性、积极性和创造性，同时提高自身素质及管理能力，从而督导出满意的员工。而满意的员工是满意的客人的基础，是不断地提高饭店服务质量的前提。

## 三、饭店全面质量管理

（一）饭店全面质量管理的含义

全面质量管理（Total Quality Management，TQM），起源于20世纪50年代末的美国，其概念是由美国通用电气公司（GE）的阿曼德·费根堡姆（Armand Feigenbaum）与美国质量管理学家约瑟夫·M.朱兰（Joseph M. Juran）等人提出来的。先在工业企业中运用，后推广到服务行业。

我国饭店业自1978年开始引进并推行全面质量管理。它运用科学的质量管理思想，改变了传统的事后检查的方法，把质量管理的重点放在预防为主上，将质量管理由传统的检查服务质量的结果转变为控制服务质量问题产生的因素。通过对质量的检查和管理，找出改进服务的方法和途径，从而提高饭店服务质量。

1. 饭店全面质量管理的基本点

客人需求便是服务质量，客人满意就是服务质量标准。以专业技术和各种灵活的科学方法为手段，以饭店全体员工参加为保证，以获得最大的社会效益和经济效益为目的，以实际效果为最终的评价点。

2. 饭店全面质量管理特点

（1）以无形服务为中心。

（2）以客人满意为目的。

（3）重视人的作用和强调环境因素的影响。

综上所述，饭店全面质量管理（TQM）是以提高服务质量为宗旨，组织全店员工共同参与，综合运用现代管理手段，建立完善的服务质量标准和体系，在全过程中控制影响服务质量的各种因素而开展的系统的质量管理活动。

（二）饭店全面质量管理的内容

饭店全面质量管理的关键和实质都在一个"全"字。其内容主要包括以下五个方面。

1. 全方位管理

饭店全面服务质量的构成因素众多，涉及范围广泛。因而，其全面质量管理必然是全方位的质量管理。既包括有形产品质量管理，又包括无形服务的质量管理。既包括饭

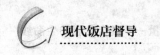

店前台的各种质量管理，又包括饭店后台的各种质量管理。

**2. 全过程管理**

饭店全面质量管理是为客人服务的。而影响对客服务质量水平的各种因素又十分庞杂。它们体现在饭店服务的各个方面，体现在饭店业务管理过程的始终。从客人消费的角度来看，从客人进店到客人离店，是一个完整的服务过程，饭店中的每项业务活动，从开始到结束，都会形成一系列的服务过程。为此，饭店全面服务质量管理，既要做好事前质量管理，又要做好事中和事后的质量管理，因而必然是全过程的管理。

**3. 全员性管理**

饭店服务质量是由广大员工共同创造的。它贯穿于饭店各层次人员执行饭店质量计划、完成质量目标的过程之中。前台人员直接为客人提供各种服务，后台人员通过为一线人员的工作服务而间接为客人服务，管理人员则组织前台和后台人员共同为客人服务。所以，必须把饭店全体员工的积极性和创造性充分调动起来，不断提高员工的素质，人人关心服务质量，人人参与服务质量管理，共同把服务质量提高上来。

**4. 全方法管理**

饭店全方法管理是多种多样质量管理方法的有机结合，是在有机统一的前提下，根据实际需要，采用灵活多样的各种方法和措施，提供优质服务。

**5. 全效益管理**

饭店服务既要讲究经济效益，同时又要讲究社会效益和生态效益，它是三者的统一。饭店作为企业，它所进行的经营管理活动属于市场行为。只有在获得一定经济效益的基础上，饭店才能生存和发展。同时作为社会的重要一员，饭店又必须兼顾社会效益和生态效益。从本质上说，创造社会效益和生态效益，既有利于社会发展和生态环境保护，同时又有利于提高饭店的知名度和美誉度，创造口碑，为饭店带来长远利益。

（三）饭店全面质量管理的原则

**1. 要坚持"以人为本，员工第一"的原则**

饭店各级、各部门、各环节、各岗位的优质服务及其服务质量，都是广大员工创造的。为此，在饭店服务质量管理的全过程中，必须始终坚持"以人为本，员工第一"的原则。要始终把人的因素放在第一位，关心爱护员工，要运用行为科学理论和方法，运用各种激励手段充分调动广大员工，特别是一线员工的主动性、积极性和主人翁责任感，这样才能提供优质服务，做好全面质量管理工作。

**2. 贯彻"客人至上，服务第一"的原则**

要贯彻"客人至上，服务第一"的原则，饭店必须以客人的活动规律为主线，以满足客人的消费需求为中心，认真贯彻质量标准，将标准化、程序化、制度化和规范化管理结合起来，加强服务的针对性，切实提高服务质量。

**3. 坚持预防为主，防范结合的原则**

饭店服务质量是由一次一次的具体服务所创造的使用价值来决定的，具有显现时间短和一锤定音的特点，事后难于返工和修补。因此，全面质量管理必须坚持预防为主、防管结合。

首先，必须根据各项服务的实际需要，把质量管理的重点放在事先做好准备排除各种影响服务质量的因素上面。

其次，必须重视饭店服务质量的现场管理、动态管理和优质服务的现场发挥，从而确保提高服务质量。

4. 坚持"共性管理和个性服务相结合"的原则

饭店服务质量管理既有共性问题，又有个性问题和个性化服务。从全面质量管理的角度来看，主要是要抓住那些带有共性的、全局性的问题，同时又要重视那些影响服务质量的个性问题。另外，还要特别提倡广大员工的应变能力和个性化、感情化服务，要赞扬那些超越标准的优质员工和事迹，以便切实提高服务质量，做好质量管理。

5. 坚持定性管理和定量管理相结合的原则

饭店服务是以劳动的直接形式，即活动本身来满足客人的消费需求的。这种服务的质量标准很难用数量标准来界定，大多只能用定性说明的方法来确定其质量程度和水平。但也有些部门的质量问题和标准可以用数量来反映。因此饭店全面质量管理可以将定性管理和定量管理结合起来，以定性管理为主。能够定量的质量问题、质量标准尽可能定量。特别是在质量检查、考核评估中，要尽量运用质量统计数据来说明问题，以此来提高饭店质量管理的客观性和科学性。

## 四、提高饭店服务质量的举措

提高饭店服务质量是实现客人满意度的主要手段。要提高饭店服务质量，主要从以下几个方面着手。

### （一）服务设施的有效保证

一般来讲，饭店的服务设施都比较齐全，可是客人却感到不满意。其主要原因是饭店在服务设施的细致化管理方面做得不够。在一些饭店企业，部分饭店服务设施随着经营时间的推移未得到及时修缮、更新和保持。如部分地面的损坏，个别桌椅的残缺和漆面的破损，部分餐布的陈旧与破碎，少数碗筷杯碟的残次，卫生间内水龙头的锈蚀与配件遗失，卫生纸桶内无卫生纸或配备劣质卫生纸，洗手液的伪劣与注水，空调无法正常运转，电视机的老化导致图像不清，电视未接入光纤而频道数少，电视机和空调机的遥控板操作失灵等，这些问题看似小事，可在客人的眼中确是一颗大的"砂石"。因此，饭店的经营者应该认真反思，不要因要花费少量的资金而失去老客人、失去自己的细分市场。有鉴于此，饭店应该建立起更细致的服务设施的检查与完善制度，以便及时发现问题，立即整改，使饭店的服务设施始终与饭店的档次相适应。

### （二）饭店产品的不断创新

饭店要生存，就必须不断加强产品的开发创新，不仅要适时推出新品种，而且还要对老品种在保持其传统风格的基础上，在生产工艺和产品质量上不断提高，使产品精益求精。譬如饭店餐饮产品，菜品创新以消费者为中心，在讲究膳食平衡的基础上，充分开发和利用原料的主、辅、调之间的合理搭配，创造出既具备菜点自身属性又符合消费者饮食习惯和爱好需求的菜肴。

菜品创新应在原料上兼容出新、口味上博众家之长，并在此基础上创制出多种新味型。选用盛器应本着体现"一菜一格，百菜百味"的原则，使每道菜都具有自己的特色。

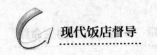

同时，要加强厨师对各种烹饪工艺的学习和借鉴，让菜品更具旺盛的生命力。

（三）服务流程的规范与优化

服务流程的规范化，即要求员工按照服务流程开展工作，这既有利于服务过程的检查和质量控制，也有利于服务流程的优化和再造。员工"瞎忙"、或"忙闲不均"成为服务工作中常见问题。饭店不仅要通过制度保证，还要有监管措施并予以实施。在制定刚性制度的同时也要注重对员工的人文关怀。对于员工而言，对过于严格的管理会变着法钻制度的漏洞，甚至集体对抗制度；过于宽松，又使得制度的约束力又不够。因此流程制定和实施应将无须的工作环节省略，这样不仅有利于员工规范完成，也有利于管理者监管和质量控制。除此之外，饭店的设施设备与管理方法一定要与其实际情况相适应，从而帮助员工从繁重的体力劳动解放出来，改善员工的烦躁情绪。

（四）正确处理客人的投诉

正确处理投诉，首先要有正确的认识。投诉是饭店发现差错的难得机会，客人投诉虽然给饭店带来一定的经济损失，但可以从中发现差错，从而改进服务。没有投诉的客人往往会改变消费去处，甚至由于这些不投诉的客人的口碑相传，宣传不愉快的经历，使饭店失去其他老客人和潜在客人，经济损失将更为严重。饭店服务本身就是一个不断成熟的过程、不断创新的过程，往往也是反复改进的过程，没有失败是不可能的。对员工的差错要有正确的态度，培养忠诚的员工不能采用简单粗暴的方式，而应使他们认识差错，找出差错的原因，引导规范服务，鼓励员工通过学习不断提高服务质量，激励服务技术创新。而不当的处理只能令员工不满，增加服务工作中的压力，使其不再有自觉自愿为客人提供优质服务的动力。

正确认识之后，应当迅速处理客人投诉。处理投诉过程同样需要制度化。员工对投诉的客人首先要道歉，安抚他们的情绪，并主动、迅速地做出反应，让客人感受到员工的真诚与体谅，从而能极大地提高客人感知服务满意度，同时也为饭店塑造了优质服务的市场形象。饭店企业还应对服务差错给客人造成的损失负责，进行合理补偿，如价格折扣、提供优惠券或退款等。

（五）公平的员工考核与奖惩制度的建立

饭店是否公平地考核员工的表现并进行奖惩，会对员工产生极大的影响。因此，饭店管理人员应该公平地对待企业内的每一位员工，以提高员工的工作积极性和满意度。

首先，饭店管理者应该明确每个员工的工作范围和职责，包括对员工的行为提出明确的期望。

其次，饭店应该制定合理有效的考核和奖惩制度，以便正确奖励或惩罚员工。

再次，饭店还必须及时、有效、公平地执行考核和奖惩制度。在考评中，一定要公平、公正地对待每一名员工，切实做到"对事不对人"。考评的目的在于提高工作绩效，不在于处理员工，这样能减轻员工的心理负担，使员工正确对待考评。

最后，饭店应将考评结果及时公布，最好每月在部门会上向全体员工反馈一次。在反馈结果时，应着重肯定成绩，使员工心理得到满足，工作更加积极并带动其他员工；同时，也要说明不足之处，为今后的努力方向提供参考意见等。

（六）员工培训的有效实施

饭店员工可能会存在诸多不足：个别员工衣服不整齐，双手及指甲不清洁，有口臭及体臭，工作态度不和蔼，个别员工语言表达能力差、理解能力弱、服务技能差，与客人交流困难。当意外事件发生时，缺乏解决技巧，解决争端的态度不诚恳，同事之间互相不帮忙，甚至有斗嘴的现象发生等。因此，饭店要加强员工培训，从整体上提升员工的服务素质。

饭店应该设置专门的培训机构，建立起完善系统的培训体系，合理区别培训层次，让培训的内容、方式、步骤与员工实际工作需要紧密结合。由于饭店服务工作的特殊性，对员工的培训更要注意方法与形式，以适应他们的心理需求。许多成功企业的经验表明，员工培训是企业一项非常重要的内部管理措施，不仅可以不断地更新员工观念，提高员工的工作能力，提高服务质量和客人的满意程度，还可以帮助员工更好地完成工作，提高员工的满意感，培养员工的忠诚感。

（七）员工、管理者与客人的有效协作与沟通

良好的饭店服务是搞好饭店经营与管理工作的重要内容。面对竞争日益激烈的饭店市场和日趋成熟的消费者，饭店必须高度重视服务质量，不断探索提高服务质量的路径与方法，谋求在未来竞争中的主动地位。饭店需在充分调查客人需求、满意度及投诉原由的基础上，精心设计，不断创新，将规范管理、制度管理与人文关怀相结合，有效地开展员工的培训，从而使员工始终保持工作的积极性和旺盛的工作热情。同时，饭店也要注意服务过程中各环节的有效控制，并致力于员工、管理者与客人有效沟通，最终达到不断提升服务质量的目的。

# 任务二　客人对服务质量的评价

## 一、饭店服务质量衡量标准

由于饭店接待的对象是来自不同地区、不同文化背景下的客人，他们的需求内容和对服务质量的衡量标准也是多种多样的。

（一）服务质量衡量标准

服务性企业经营的最高目标是让客人满意，使企业获利，而客人的满意度源于他们对服务质量的评价。受各种主、客观因素的影响，客人对饭店服务质量的衡量标准带有明显的随意性、即时性、主观性。美国著名营销学家贝里（Berry）、潘拉索拉曼（Parasmaman）和塞莫尔（Zeitliatnl）等经过大量研究提出，客人对服务质量的评价主要依据五个标准：可靠性、反应比、可信性、移情性、可感知性。

1. 可靠性

可靠性对客人感觉中的服务质量影响最大。饭店只有不断提高服务质量，尽力为客人提供正确、可靠、无差错的服务，才能提高客人的满意程度。如果饭店不重视服务细节，服务工作经常出现差错，就必然会失去客人的信任，损害自己的市场声誉。消费者要求100%可靠的服务。贝里（Berry）、潘拉索拉曼（Parasmaman）和塞莫尔（Zeitliatnl）都认为，可靠性是服务质量的关键和核心属性。提高服务可靠性，减少服务差错，可提高饭店的经营效率。在激烈的市场竞争中，只有那些以100%可靠性为奋斗目标的饭店，

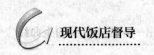

才能取得市场竞争优势。

**2. 反应性**

反应性也称敏感性，是指员工愿意帮助客人，并及时地为客人服务。它考察的是员工对于客人需求的反应速度，客人的需求包括现实和潜在两个方面。反应性高的员工，具有较强的应变能力，他能使客人感受到自己正受到关注和尊重，客人会认为员工一直在为自己工作。

**3. 可信性**

可信性指员工的知识、技能和礼节能使客人产生安全感和信任感。增强饭店服务的可信性至少具备两个方面的要求：

（1）饭店为客人提供的有形产品与无形服务是安全可靠的。

（2）饭店员工拥有较丰富的饭店服务、客人需求知识，具备传达信赖和信心的能力。

**4. 移情性**

移情性指员工设身处地为客人着想，关心客人，为客人提供个性化服务。对客人需求的反应速度是建立在员工服务意识与服务技能的基础之上。只有具有较强的服务意识，才能"想客人之所想，急客人之所急"，才能愿意花时间去研究客人的需求并满足他。同时只有具备了较高的服务技能，才能快速、及时地完成客人所交代的任务。

**5. 可感知性**

可感知性即有形证据，指客人能够感受到的员工的服装和仪表、服务设施、服务设备、促销资料等有形证据。员工端庄的服饰、甜美的微笑、礼貌的用语以及大方的行为举止都是服务质量重要的有形证据。饭店的所有有形事物和人物都为无形的服务提供有形证据。服务设施、服务设备、员工和客人的仪态仪表，都是服务环境的重要组成成分。

除以上五类属性之外，有人认为补救性措施也是一个重要的属性。服务工作出现差错或无法预见的问题之后，饭店应尽快采取补救性措施，找出客人可以接受的解决方法。

**（二）服务质量衡量的专项标准**

饭店产品的销售过程是有形物质消耗和无形劳动相结合的过程。一个具有高服务质量的现代饭店不仅要有现代化的客房、餐厅以及各种服务措施，而且还要有懂业务、善经营的各级管理人员和服务技术好、水平高的员工，以及灵活方便的经营服务项目。因此，饭店服务质量评价标准就包括了有形设施标准和无形产品标准。饭店的服务是无形的，不能用数量化标准来衡量。因此，饭店服务质量的衡量标准通过下面两个专项来反映。

**1. 满足客人需要的一套服务规程**

这一套服务规程是饭店服务所应达到的规格和标准，它使饭店服务工作规范化、系统化、标准化。其内容包括整套语言、动作和技能、操作要求，它可使本来零散琐碎的服务工作规范化。具体内容有：

（1）保证设施良好的运转规程。

（2）保证客人舒适的规程，即制定各种操作规程和岗位责任制。

（3）保证服务质量的规程。

2. 饭店"回头客"比率

这是一个从实际出发的直接衡量饭店服务质量的重要标志。

## 二、服务质量评价体系

搞好饭店服务质量与服务业绩的评价、考核工作，是饭店落实经济责任制、调动员工做好服务工作积极性的重要举措。而服务业绩的评价工作要能真正地起到奖勤罚懒、扶优治劣的作用，就必须避免长官意志和感情用事的倾向，较好地体现客观性、合理性，即要对服务业绩、服务质量进行公平、公正和公开的评价，并构建科学合理的服务质量评价体系。

（一）饭店服务质量评价体系的构成要素

饭店服务质量评价体系包括以下三大要素。

1. 评价主体

由谁来进行评价，目前充当评价主体的主要有客人、饭店和第三方机构。

2. 评价客体

评价客体包括两个方面的内容：

（1）由设施、设备等构成的硬件服务质量。

（2）由服务项目、服务水平等构成的软件服务质量。

3. 评价媒体

评价媒体是指评价的主体通过何种形式来表现其评价的过程和结果，即评价的表现形式、各评价主体反映评价结果的渠道。

（二）饭店服务质量的三方评价

1. 客人评价

客人评价直接指向服务的对象，体现了以"客人为中心"的服务宗旨，因而获得普遍的欢迎。但客人服务质量评价标准中的期望服务指标、感知服务指标以及服务质量的可靠性、响应性、保证性、移情性、有形性等指标涉及许多主观心理因素，因此较难确定，这使其带有浓厚的主观性、模糊性、差异性以及不公平性色彩。客人评价的形式有以下几种。

（1）客人意见调查表。这是饭店广泛采用的一种客人评价的方式。具体做法是先设计好有关饭店服务质量具体问题的意见征求表格，并将其放置于易于被客人取到的客房内或其他营业场所，由客人自行填写并投入饭店设置的意见收集箱内或交至大堂副理处。这种评价方式涉及范围广，客观性较强。当前国际上许多饭店还利用因特网和其他一些在线服务进行客人意见的调查，这种方式快速而及时，因而很受欢迎。

（2）电话访问。访问时可以根据设计好的问题进行，也可以没有固定问题，因此自由度与随意性比较大。

（3）现场访问。又称突击访问，做法是抓住与客人会面的短暂机会，尽可能多地获取客人对本店服务的看法与评价。现场访问应充分利用时机，如对特殊 VIP（Very Important Person）客人，在迎来送往中的现场访问，对消费大户的现场访问，对偶然遇到的老朋友、老熟客的现场访问等。

（4）小组座谈。小组座谈是指饭店邀请一定数量的有代表性的客人，采用一种取舍的形式就有关饭店服务质量方面的问题进行意见征询、探讨与座谈。小组座谈可结合饭店其他公关活动同时进行，向被邀请的客人赠送礼物或纪念品。

（5）常客拜访。商家向潜在客人推销产品的成功率是15%，而向现有常客推销产品的成功率则达50%。饭店管理者应把常客作为主要目标和服务项目，对常客进行专程拜访，显示饭店对常客的重视与关心。

2. 饭店自我评价

饭店作为饭店服务的提供者，有义务对其所提供的服务进行考查与评判，尽量减少提供不合格服务。其评价形式如下：

（1）饭店统一评价。由饭店服务质量管理的最高管理机关组织进行定期或不定期的评价。这种形式应注重以下几方面内容。

第一，注意对不同部门的重点考核，关注各部门服务质量的差异性。

第二，注意评价的均衡性，除了应做好前台服务质量的评判工作外，还应对后台工作进行考查。

第三，重视评价的严肃性，对于不达标、有问题的当事人和现任人，必须依照饭店有关管理制度做出处理。

（2）部门自评。部门自评就是按照饭店服务质量的统一标准，各个部门、各个班组自己对自己进行考核与评价。部门自评大致可分为饭店级，部门级和班组、岗位级三个层次。部门自评是建立在饭店统一的服务质量标准基础上的，饭店服务质量管理机构应对部门自评结果进行考核与监督，对于存在较大差异的情况应引起重视，找出原因并加以解决。

（3）饭店外请专家进行考评。饭店内部的各层次考评固然十分重要，但难免会因长期身在此山中，而不识庐山真面目。因此应聘请相关专家协助饭店进行自我服务质量评价，使考评结果更具有专业性。

（4）随时随地的考评。该种评价由饭店中、高层管理者来实施，饭店管理者的每一次行动都应作为对饭店服务质量的一次考评，对这一过程中发现的每一个问题都应及时纠正。

（5）专项质评。专项质评是指饭店针对特定的服务内容、服务规范进行检查与评估。饭店通常对自己的优势服务项目在特定时间内开展专项质评，并以服务承诺或服务保证的方式向客人显示质评后的服务效果。饭店通常会对服务基本质量保证、服务时限、服务附加值、服务满意度等做出承诺，并通过制定更高的服务质量标准、较高的服务质量补偿金、简化客人申诉程序等措施来贯彻饭店服务质量承诺。

3. 饭店服务质量的第三方评价

第三方是独立于饭店服务供应方和需求方的评价主体，是从旁观者的角度利用各项标准来评价服务质量的，较为客观、公正，其评价的结果较能让大众信服。其评价形式有：

（1）资格认定。在我国，旅游业以定点方式确定涉外与不涉外资格。比如，旅游涉外定点餐馆、定点商店、涉外饭店、涉外娱乐场所等。它们均表示一种资格，即具备可接待外国人、华侨、港澳台同胞的能力。

（2）等级认定。目前，在我国饭店业存在两大认定体系：星级饭店与等级饭店。星级饭店以中高档饭店为对象，以五角星的多寡作为等级标识，星级越高等级越高；等级饭店以餐饮业为主要认定对象，以文字反映被评对象的档次如特级饭店、一级饭店、二级饭店等。

（3）质量体系认证。质量认证是指由可以充分信任的第三方证实某一鉴定的产品或服务符合特定标准或其他技术规范的活动。我国已参加国际标准化组织并取得认证资格，因而我国企业获得的质量认证证书是国际通行的。

（4）行业组织、报刊、社团组织的评比。利用饭店行业组织、社团组织、民意调查表、市场研究公司、报刊杂志等对饭店的服务质量进行评价。例如，我国举办的饭店"百优五十佳"评比；国外最知名的《公共机构投资人》杂志，每年以打分方式评出"全球最佳饭店"；其他如美国质量协会、餐旅协会的"五星钻石奖"；日本旅业公会的"最佳休闲度假场所"等。

三方评价各有其优缺点。为了构建更加科学合理、操作性强的服务质量评价体系，要求饭店业应将客人评价、饭店评价以及第三方评价有机地结合起来，深入细致地权衡三方评价的优缺点，并对三方评价因子做出合理的选择，对因子权重做系统、全面和客观的考察。

## 三、ISO 质量管理体系

### （一）ISO 质量管理体系概述

国际标准化组织（International Standard Organized，ISO）成立于 1946 年，是国际标准化领域中的一个十分重要的组织，其成员来自世界上 130 多个国家和地区的国际标准化团体组织。代表中国参加 ISO 的国家机构是国家质量技术监督检验检疫总局。

ISO 9000 系列标准是国际标准化组织（ISO）于 1987 年正式颁布的质量管理和质量保证国际标准。1994 年对系列标准进行了修订，形成了 ISO 9000 族标准。2000 年又对 ISO 9000 族标准进行了改进，并推出了 ISO 9000 标准。该标准体现了以下原则。

（1）以客人为中心。

（2）领导作用。

（3）全员参与。

（4）过程方法。

（5）系统管理方法。

（6）互利的供方关系。

对于饭店而言，坚持这些质量管理原则的目的在于指导饭店的管理，它们的实施最终将使饭店的客人和与饭店相关的组织（包括旅行社、供应商、旅游学校、饭店协会、旅游主管部门等）受益。

通过贯彻执行标准，饭店获得以下益处。

（1）保证产品持续符合标准，满足客人需求。

（2）加强过程管理，防止不合格产品出现。

（3）规范部门职能，变人治为法治，提高工作效率。

（4）科学化与人性化高度统一，可使员工感到工作轻松，客人满意度提高。

（5）有利于树立饭店的社会形象，增强企业竞争力，培养客人对品牌的忠诚度。

（6）提高了饭店的质量信誉。

（7）促进饭店完善质量体系。

（8）增强国际市场竞争力。

（二）饭店如何通过 ISO 质量管理体系认证

按系列建立、健全质量体系，申请质量认证已成为世界潮流。这不仅是国内企业加入世贸组织后开展国际竞争的需要，也是提高企业质量管理水平，稳定、提高产品质量，提高经济效益的需要。那么，作为旅游饭店，应如何通过国际质量认证呢？

1. 认真做好准备工作

准备工作是质量认证工作的基础，主要有以下内容。

（1）学习消化质量体系认证的有关要求。饭店应组织有关人员认真学习、消化衡量体系检查项目，真正领会要求的内涵，对照企业实际，进行自我评定。

（2）分析评价体系文件的适用性。企业在向认证机构递交体系文件之前，应先做一次文件自我审核活动。

（3）收集、整理、自查证实文件。质量体系认证现场检查主要是按企业提供的证实文件逐项核查。评价体系文件的符合性和有效性，涉及企业的质量手册、程序文件、质量计划等。企业必须进行一次自查，如存在问题，应对文件进行修改、补充完善。

（4）评价质量体系运行的有效性。质量体系运行的有效性主要体现在：产品质量是否实现了既定目标，对不合格的控制和纠正的措施是否落实等。

（5）制定改进完善措施。通过以上自查、评价，对存在问题，按轻重缓急制定切实可行的改进措施，落实负责部门，限期完成。

2. 申请认证

根据自愿原则，企业可向已获国家认可的任一质量认证机构申请质量体系认证，行政部门无权干涉。认证时按哪种模式企业可提出自己的设想，与认证机构协商后确定。申请以后一般应做好以下工作。

（1）填写申请表。包括企业概况、推行质量管理及贯彻的情况、已取得的成效、近3年内的产品质量状况、上级部门抽查的结果等内容。

（2）提供体系文件和必要的说明。企业应按认证机构的要求，提供质量手册或质量保证手册和质量体系程序文件以及产品设计、生产情况的简要说明。

（3）签订认证合同。按照质量体系认证机构对报送材料审核后的通知，符合要求的企业，签订质量体系认证合同，商定现场审核日期和有关事宜。

3. 迎接现场审核

企业在现场审核中应做好以下工作。

（1）准备证实材料，配备陪同人员。

（2）各部门做好迎检的准备。

（3）企业应认真听取评价结果，弄清存在问题，分析原因，并采取纠正措施，认真整改。

### 4. 质量体系的维持与巩固

通过质量体系认证的企业，不可从此"高枕无忧"，应进一步完善质量体系，努力提高质量体系的有效性，以此来迎接认证机构对已获认证企业的质量体系所实施的监督管理。饭店如果获得经国际互认的认证机构的产品质量认证或质量体系认证，应能有效地消除技术壁垒，在国际市场上占有一席之地，并能享受相应的优惠待遇。

# 任务三　服务质量管理

要提高饭店服务质量，就必须加强服务质量管理；要更好地进行服务质量管理，首先要制定饭店服务规程，并建立饭店服务质量管理保证体系。

## 一、制定饭店服务规程

在饭店服务质量管理过程中，通常是通过对服务标准和规程的制定和实施，以及各种管理原则和方法的运用，达到服务质量标准化、服务形式规范化、服务过程程序化的目的，最终以优质服务赢得客人。饭店服务规程就是饭店进行质量管理的依据和基础，是饭店根据各自的等级而制定出的适合本饭店实际情况的管理制度和作业标准。

（一）饭店服务规程的含义

饭店服务规程是指以描述性语言对饭店某一特定的服务过程所包含的作业内容和顺序及该服务过程应达到的某种规格和标准所做的详细而具体的规定。简单地说，它是指某一特定服务过程的规范化程序和标准。通常包含：服务规程的对象和范围、服务规程的内容和程序、服务的规格和标准、服务规程的衔接和系统性。

（二）饭店服务规程的制定

1. 提出目标和要求

饭店决策层的管理人员根据饭店等级，经深入的分析研究后，提出本饭店服务规程应达到的目标和具体要求，并将其布置落实到饭店每一相关部门。

2. 编制服务规程草案

各部门管理者召集下属主管、督导和资深员工讨论确定本部门的所有服务内容和服务过程，并制定出每一服务过程的规程草案。

3. 修改服务规程草案

草案出台后，将规程草案在小范围内试行，在实践中进行修改，使其更具可行性。最后将规程草案交饭店决策层审定。

4. 完善服务规程

随着饭店等级的提高、客人需求的变化及饭店业的发展，饭店应随时调整服务规程，并定期修订，使之更完善。

5. 饭店服务规程的实施

制定科学合理的饭店服务规程非常重要，但更为重要的是饭店服务规程的实施。只有切实地实施服务规程，才能保持并且不断提高饭店服务质量，否则，服务规程不过是

一纸空文。

## 二、建立饭店服务质量管理体系

全面质量管理体系是为贯彻饭店质量规程，实现质量管理目标而建立的一整套组织机构、基础工作、质量标准、制度程序等。它是饭店全面质量管理的核心和主要保证，其具体内容主要包括以下几个方面。

（一）组织领导体系

有效的组织领导体系是饭店进行全面质量管理的组织保证。各饭店因其实际情况不同，其组织形式也不完全相同。最典型的组织领导体系是由总经理负责，质管部经理和各部门经理成为全面质量管理的直接责任人，部门以下均开展质量小组活动，各部门质量分别由质管部经理和质量检查员负责督导检查，定期评比。

（二）质量标准体系

质量标准体系是饭店全面质量管理体系的核心内容，也是质量管理的重要基础工作。只有健全饭店质量标准体系，全面服务质量管理才有客观依据和奋斗目标，全面质量管理工作才能做好。

（三）服务程序体系

服务程序体系是饭店全面质量管理体系的重要内容，也是标准化管理的前提和基础。饭店全面质量管理的标准化体系和程序化体系是互相联系、互相依存、互为条件的。为此，在建立饭店全面质量管理的标准化体系的同时，也要建立程序化质量体系。

（四）制度化管理体系

制度化管理是为保证饭店标准化、程序化质量体系的贯彻实施，运用规章制度所进行的质量管理工作。制度化管理的目的在于用规章制度来规范员工的行为，协调各项质量管理工作和服务操作的关系，消除全面质量管理工作中可能发生的混乱现象，保证饭店各项服务的顺利进行和质量标准的贯彻落实。饭店全面质量管理体系的内容也很多。它是以质量责任制度为中心，以质量管理制度和质量规范制度为保证。

（五）质量管理信息体系

饭店全面质量管理的信息体系由从上到下的信息传递和从下到上的信息反馈构成。它是贯彻质量方针、质量目标，推行标准化、程序化、制度化管理，收集了解质量反馈、客人意见等的重要条件。饭店全面质量管理信息体系的内容包括质量标准贯彻实行状况，质量制度、程序落实情况，质量管理中存在的问题等。但就其质量信息的传递和反馈渠道而言，其信息体系构成则与全面质量管理的组织领导体系基本相同。

## 三、开展全面质量管理教育

饭店服务质量教育可更新员工的质量观念，树立质量意识，提高员工整体素质，从而提高饭店服务质量，是非常有效的一种质量管理手段。饭店全面质量管理和服务质量都是靠人来完成的，要坚持以人为本、质量第一，就要坚持质量教育。其内容包括质量意识教育、基础理论与质量知识教育、质量标准教育、质量技能培训等。只有坚持不懈地抓好质量教育，不断总结提高，使争创优质服务深入人心，才能做好全面质量管理工作。

（一）采取有效的服务质量管理方法

饭店服务质量管理是多种多样管理方法的有机结合，是在有机统一的前提下，根据服务质量问题产生的原因而进行有选择性、针对性的管理。

（二）对服务质量的管理效果进行评价

饭店开展的服务质量管理活动，以及所采取的质量管理方法，其目的都是为提高服务质量和客人的满意度，最终赢得客人。但能否达到这一最终效果或达到程度如何，需要进行科学的效果评价。评价内容既包括服务质量管理标准的执行程度，也包括客人的物质和心理满足程度；评价方法主要是检查。其方式是灵活多样的。

根据评价内容，对照检查结果，饭店管理者应客观地评价饭店服务质量管理效果，及时找出存在的质量问题，分析其产生原因，提出有针对性的改进措施，以不断提高饭店服务质量。

## 四、饭店服务质量管理的主要环节

服务质量是饭店的生命线，是饭店的工作中心，在饭店竞争中，最根本的是质量竞争。不可想象一个饭店的服务质量差，由于饭店位置佳，营销能力强等，而使这个饭店顾客盈门。因为它严重违反了市场规律和饭店产品原理。要抓好质量管理，必须做好以下几个环节的工作：

（一）制定明确的质量标准和严格的质检制度

饭店服务质量管理必须制定出明确的质量标准，但是由于饭店产品是由无形产品和有形产品组成，对于无形产品很难定出一个明确的标准。有人认为客人满意程度就是服务质量的标准，可是客人情况千差万别，各有各的要求，因此客人满意程度有高有低，它不是一个明确的稳定的标准。根据我们的质量管理经验，通过对饭店各个部门各个岗位定出具体的服务规程，明确、规范饭店无形的服务，以描述性语言为质量标准，这是一个比较好的方法。

质检制度是监督、检查饭店质量状况的有效手段，有了严格的质检制度才能使饭店质量标准被准确无误地执行，才能保证饭店产品质量稳中有升。

（二）强化企业全员服务意识

服务质量是一个综合性的概念，它是指饭店向客人提供的服务在使用价值上（包括精神上和物质上）适合满足客人需要的程度，直接影响饭店产品的市场销售。就其内容来讲，它包含设备设施、服务水平、实物产品、安全保卫四个方面，这四个方面的任何一方面质量不合格都会影响整个饭店服务产品的质量。所以，抓好服务质量必须饭店上下一起行动，各个部门互相协作，全体员工真正树立质量第一、质量高于一切的意识，把"$100-1=0$"的饭店质量原则深入到每一位员工心中。

（三）努力提高员工素质

饭店的服务质量在很大程度上取决于员工的素质水平，因为饭店产品的生产、销售、消费三者是同时进行的，生产者与消费者直接见面，所以员工的素质水平也成了饭店产品质量的一个组成部分。为此，通过培训和思想教育，不断提高饭店广大干部员工的技术水平、服务态度和精神面貌是饭店质量管理的重中之重。

（四）利用质量反馈信息，不断完善、提高服务质量

任何成功企业的产品都有一整套完善的产品质量信息反馈系统，利用反馈信息，不断改善自身产品。饭店产品也同样需要反馈质量信息，对存在的服务缺陷进行针对性的培训。另外，信息反馈还可以及时了解客人的个性需求，为这些客人提供个性化的服务。这既完善、提高了服务质量，同时也利于饭店不断提高自身服务质量标准，以适应市场需求。

毋庸置疑，一个饭店在激烈的市场竞争中要站稳脚根，决定的因素很多，但最根本的就是服务质量，而要抓好服务质量，质量管理工作的成败是关键。只有在制定明确的质量标准和严格的质检制度的同时，全面强化全员服务质量意识，努力提高员工素质水平，利用准确的质检反馈信息为依据，才能不断改正服务缺陷，达到保证和提高服务质量的目的。

# 任务四　饭店服务质量管理的方法

在服务质量管理中，饭店只有采取有效的管理方法，才能真正提高服务质量，提供令客人满意的服务，使饭店取得良好的经济效益。目前，饭店经常采用的服务质量管理方法主要有：ABC 分析法、因果分析图法、PDCA 循环工作法、ZD 质量管理法、交互服务质量管理法、QC 小组法等。

## 一、ABC 分析法

ABC 分析法又叫排列图示法、主次分析法，是意大利经济学家帕雷托（Pareto）分析社会人员和社会财富的占有关系时采用的方法，美国质量管理学家约瑟夫·M. 朱兰（Joseph M. Juran）把这一方法用于质量管理并取得良好效果。运用 ABC 分析法，可以找出饭店服务存在的主要质量问题。

ABC 分析法以"关键的是少数，次要的是多数"这一原理为基本思想。通过对影响饭店服务质量诸方面因素的收集归纳，以质量问题的个数和质量问题发生的频率为两个相关的标志，进行定量分析。计算出每个服务质量问题在质量问题总体中所占的比重，然后按照一定质量分成 A、B、C 主类，以便找出对饭店服务质量影响较大的 1~2 个关键性的质量问题，并把它们纳入饭店当前重点的质量控制与管理中去，从而实现有效的服务质量管理，使服务质量管理工作既突出重点，又照顾一般。

（一）ABC 分析法实施步骤

用 ABC 分析法分析质量问题主要由以下四个步骤构成。

1. 收集服务质量问题信息

通过客人意见书、投诉处理记录、各种原始记录等方式收集有关服务质量的信息。

2. 分类、统计，制作服务质量问题统计表

将收集到的质量问题信息进行分类、统计、排列，制作统计表（如表 9 – 1 所示），在表上计算出比率和累计比率。

表 9 – 1　　　　　　　　　　饭店服务质量问题统计表

| 质量问题 | 问题数量（个） | 比率（%） | 累计比率（%） |
|---|---|---|---|
| 菜肴质量 | 130 | 65 | 65 |
| 服务态度 | 36 | 18 | 83 |
| 外语水平 | 20 | 10 | 93 |
| 娱乐设施 | 8 | 4 | 97 |
| 其　他 | 6 | 3 | 100 |
| 合　计 | 200 | 100 | 100 |

同时，作出有两条纵坐标轴的直角坐标图（如图 9 – 1 所示）。横坐标为分类质量问题，排列方法从左到右按出现次数的多少顺序排列。纵坐标为质量问题出现的次数。

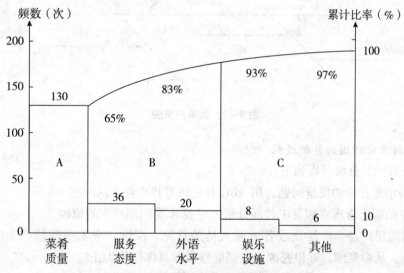

图 9 – 1　服务质量问题排列

3. 分析找出主要质量问题

排列图上累计比率在 0 ~ 70% 的因素为 A 类因素，即主要因素；在 70% ~ 90% 的因素为 B 类因素，即次要因素；在 90% ~ 100% 的因素为 C 类因素，即一般因素。

（二）ABC 分析法注意事项

找出主要因素就可以抓住主要矛盾。运用 ABC 分析法进行质量分析有利于管理者找出主要问题，但在运用过程中应注意以下几点。

（1）A 类问题所包含的具体质量问题不宜过多，1 ~ 3 项是最好的，否则无法突出重点；

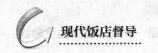
（2）划分问题的类别也不宜过多，对不重要的问题可单独归为一类。

## 二、因果分析图法

因果分析图法是通过因果图来表示服务质量的方法。因果图是表示质量特性与原因关系的图，又称特性要因图、鱼刺图、树枝图或石川图。它是 1953 年在日本川琦制铁公司，由日本质量管理专家石川馨（Kaoru Ishikawa）最早使用的。为了寻找产生某种质量问题的原因，发动大家谈看法，做分析，并将群众的意见反映在一张图上，这张图就是因果图。用此图分析产生问题的原因，便于集思广益。寻求各种原因要从粗到细，从大到小，形象地描述出它们的因果关系，直到能采取具体措施解决为止。经过记录和整理，将问题绘成一个图。因为这种图反映的因果关系直观、醒目、条例分明，用起来比较方便，效果好，所以得到了许多企业的重视。如图 9－2 所示。

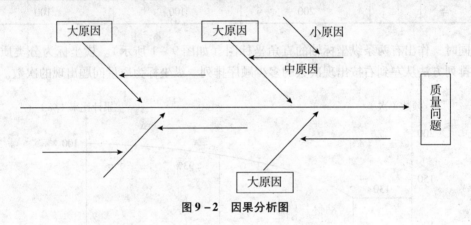

图 9－2　因果分析图

（一）因果分析图的分析过程

因果分析图的分析过程如下：

（1）确定要分析的质量问题，用 ABC 分析法等找出存在的问题。

（2）发动饭店管理者和员工共同分析，寻找 A 类问题产生的原因。

要注意集思广益，广泛征求各方面人员的意见。探讨一个质量问题产生的原因时，要从大到小，从粗到细，寻根究源，直到能够采取具体措施为止。

（3）找出原因，按结果与原因的关系画出因果图。

影响服务质量问题的大原因通常从人、方法、设备、原料、环境等角度加以考虑。

（二）因果分析图法注意事项

（1）分析的问题只能是一个，主干线箭头就指向这个结果（要解决的质量问题）。

（2）大原因作为切入点，分析中原因、小原因时要追根究底，直至分析出可以采取具体措施的原因为止。

（3）管理、环境等方面的因果图中的原因是可以归类的，类与类之间的原因不发生联系，要避免归类不当的错误，同时要避免因果倒置的错误。

（4）要想方设法找出主要原因，注意大原因不一定都是主要原因。为了找出主要原因，可作进一步调查或作试验验证。

（5）分析时要充分发扬民主，各抒己见，以免疏漏。主持会议者要注意会议形式，以利于集思广益。

（6）绘制因果分析图不是目的，而是要根据图中所反映的主要原因，制订改进的措施和对策，限期解决问题，保证产品质量。具体实施时，一般应编制一个对策计划表。

## 三、PDCA 循环工作法

PDCA 循环工作法是由美国质量管理大师威廉·爱德华兹·戴明（William Edwards Deming）提出来的，因此又叫戴明循环（Deming cycle）。它是饭店企业全面提高服务质量的一个最基本的工作方法。PDCA 即 P（Plan）计划、D（Do）执行、C（Check）检查、A（Action）行动或处理的英文简称。

PDCA 循环工作法是指按计划、执行、检查、处理这四个阶段进行管理工作，并循环不止地进行下去的一种科学管理方法。PDCA 循环工作法一方面使质量管理按照逻辑程序循环发展，避免了质量管理产生波动性。另一方面它保证了质量管理的系统性和完整性，提高了质量管理工作的深度和广度。PDCA 循环转动的过程，就是质量管理活动开展和提高的过程。如图 9-3 所示。

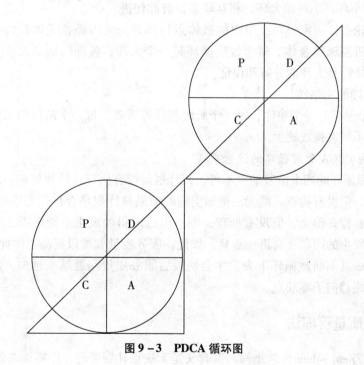

图 9-3　PDCA 循环图

（一）工作程序

1. 计划阶段

PDCA 管理循环的计划阶段内容包括：

（1）分析服务质量现状，用圆形图找出存在的质量问题。

（2）用因果图分析产生质量问题的原因。

（3）找出影响质量问题的主要原因。

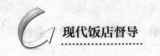 

（4）提出解决质量问题的质量管理计划，即应达到的目标及实现目标的措施方法。

2. 执行阶段

饭店管理者组织有关部门或班组，以及员工具体地实施质量管理计划所规定的目标。

3. 检查阶段

饭店管理者应认真、仔细地检查计划的实施效果，并与计划目标进行对比分析，看是否存在质量差异、是正偏差还是负偏差。

4. 处理阶段

总结成功的管理经验，使之标准化，或编入服务规程，或形成管理制度加以推广应用。同时，吸取失败的教训，提出下一轮 PDCA 循环。没有解决的问题，自动转入下一循环的第一步，并开始新一轮的 PDCA 管理循环。

（二）PDCA 管理循环的特点

1. 循环不停地转动，每转动一周提高一步

PDCA 循环的四个过程不是运行一次就完结，而是周而复始地进行。一个循环结束了，解决了一部分问题，可能还有问题没有解决，或者又出现了新的问题，再进行下一个 PDCA 循环，以此类推。

2. 大环套小环，小环保大环，相互联系，彼此促进

类似行星轮系，一家公司或组织的整体运行体系与其内部各子体系的关系，是大环带动小环的有机逻辑组合体。整个饭店循环是一个大环，各部门则是大环中的小环。小环以大环为整体，是大环的分解和保证。

3. 强调管理的完整性

PDCA 四个循环是一个整体，每一个阶段都同等重要。每一个阶段的工作都是下一个阶段的开始，不可忽视或缺少。

（三）实施 PDCA 管理循环的注意事项

PDCA 管理循环的四个阶段缺一不可。只计划而没有执行，计划就是一纸空文；有计划，也有实施，但没有检查，就无法得知实施的结果与计划是否存在差距和有多大差距；若计划、实施、检查俱全，但没有处理，则不但已取得的成果不能巩固、失败的教训不能吸取，而且发生的问题还会再次重复，如此，服务质量就难以提高。因此，只有 PDCA 四个阶段都完成且不断地循环下去，才会使饭店服务质量问题越来越少，饭店服务质量不断提高并最终趋向于零缺点。

## 四、ZD 质量管理法

ZD 是英文 Zero - defects 的缩写，其含义是无缺点计划管理，即零缺点管理。ZD 质量管理法是美国质量管理大师菲利普·克劳士比（Philip Crosby）于 1961 年提出的一种管理观念。当时的马丁·马里塔公司（Martin Marietta Materials Inc.）为提高制造导弹的质量可靠性，提出无缺点计划，20 世纪 70 年代日本将其应用到电子、机械、银行等行业。同样，在饭店中采用这种管理方法，可以促使饭店服务质量管理达到最佳度。

（一）实质与特点

（1）ZD 质量管理法的实质是以"无缺点"为管理目标，以每个员工都是主角为宗

旨，以充分挖掘人的内在潜力、确保质量为目的。

（2）ZD 质量管理法的特点是：①第一次就有把事情做好的管理思想。第一次就把事情做好，是"零缺点"管理的核心。②预防为主，防患于未然的管理方式。"零缺点"质量管理强调事前控制、防患于未然的重要性。③严格执行服务质量标准的管理制度。

（二）方法步骤

1. 建立服务质量检查制度

许多饭店建立了自查、互查、专查、抽查和暗查五级检查制度，督促员工执行质量标准，预防质量问题的出现。

2. 每个人第一次就把事情做对

因为饭店服务具有不可弥补性的特点，所以每位员工应使每项服务都符合质量标准，这是改善饭店服务质量的基础。

3. 开展零缺点工作日竞赛

一般来说，造成饭店服务质量问题的因素有两类，即缺乏知识和认真服务态度。知识的缺乏可通过培训等来充实；但态度的漫不经心只有通过个人觉悟才有可能改进。因此，饭店可开展零缺点工作日竞赛，使员工养成良好的工作习惯。

## 五、交互服务质量管理法

饭店交互服务质量管理是指为实现饭店服务质量的提高，而采取的加强交互过程的控制、员工培训及创造客人参与环境等的管理活动。

饭店交互服务质量管理的基本内容

1. 服务供求管理

良好的服务质量首先需要有一个良好的服务环境。在服务需求高峰期间饭店时常出现超额预订、员工超负荷劳动、设备超负荷运转的情况，在很大程度上影响了饭店的服务质量。而在淡季，饭店则易出现设施设备和人员闲置，饭店面临较大的损失。对此，饭店应对供求进行合理调节，加强管理，从而为员工创造良好的服务环境。

2. 员工授权管理

交互服务过程是由客人与一线员工共同完成的。由于交互服务的过程十分短暂，因此要想在短暂的时间内满足客人需要，员工就必须有一定的权力。授权不仅仅意味着权力的重新分配，还需要提供给员工必要的信息，使员工具备更好地为客人服务的知识和能力，即处理好鱼和渔的关系，否则授权就等于一句空话。同时授权还应与奖励结合起来，出色的员工应获得更高的薪酬。当然授权绝不是完全的放手，管理人员还应当采取适当的控制措施，避免员工放任自流，不加约束。

3. 现场督导管理

交互服务是在"现场"完成的，因此现场督导和监控十分重要。服务的过程完全暴露在客人面前，成为客人评价饭店服务质量高低的重要组成部分，交互过程的任何差错都可能给客人留下不好的印象。因此饭店需要加强现场督导和监控，从而使交互过程顺利进行。

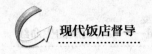

4. 服务补救管理

虽然饭店讲究管理，但即使是最优秀的员工，在服务工作中也难免会发生差错。这就要求我们采取一系列补救措施，纠正差错，使客人从不满转变为满意。

当饭店出现客人对服务不满或是向饭店投诉时，一线员工和管理人员应高度重视，积极采取补救措施，平息客人的不满。具体内容包括：

（1）加强员工的培训。

（2）赋予员工一定的决策权。

（3）总结经验，进一步提高服务质量。

5. 人际交往管理

交互服务是由员工和客人共同参与完成的，正确处理好一线员工与客人之间的关系是十分重要的。员工不仅要具有较强的服务意识，还应该有丰富的服务技能和人际沟通技能，以便处理好与客人接触过程中所出现的各种问题。特别是在客人出现不满时，应懂得随机应变，正确把握住客人的心态，采取有针对性的措施来解决。

总之，最重要的是要"以诚相待"，坚持"客人至上"的原则，以自己的行为来使客人认同饭店的文化和价值观，并对客人进行正确的引导。

## 六、QC 小组法

（一）QC 小组法的内涵

QC 小组法，即质量管理小组（Quality Control Circle，QCC），是指在各个岗位上工作的员工，围绕企业的方针目标和现场存在的问题，以改进质量、降低消耗、提高经济效益为目的组织起来，运用质量管理的理论和方法开展活动的小组。全面质量管理是要求全员参与的管理，通过开展多种形式的全员性质量管理，尤其是开展 QC 小组活动，可充分发挥全体员工的积极性、创造性，这是解决质量问题、提高质量水平的有效途径。QC 小组也是按 PDCA 循环的程序进行的。

（二）QC 小组法的实施步骤

1. 调查现状

对拟解决的质量问题进行现状调查，以保证其真实性。

2. 分析原因

发动全组成员集思广益，灵活运用因果法、关联法等找出问题产生的主要原因。

3. 制定措施

针对主要原因制定相应的对策，就确定的对策安排实施计划，实行进度管理，加强预测。

4. 按计划实施

在实施过程中，应随时把握实施的情况、检测质量趋势，根据分析结果，采用专业技术或实施管理措施，及时解决遇到的新问题，同时做好详细记录。

5. 检查效果

对比实施前后的效果，看是否实现预定目标，分析达标或不达标的原因，不达标的应重新调查分析。

6. 制定巩固措施

实现目标并通过 3 个月左右的考验，说明问题已基本解决，应将行之有效的方法上升为标准。经有关部门审定后，纳入饭店有关质量标准的管理文件。

7. 遗留问题的处理

对遗留问题加以分析后，将需要进一步解决的问题，作为小组下一个循环的问题，继续深入开展活动。

8. 总结成果资料

这是 QC 小组自我提高的重要环节，也是进行下一循环的开始。在实际工作中，QC 小组定的目标不宜过高，应集中精力突击重点。QC 小组工作完成之后，饭店应设法把成果加以巩固，不可让问题"死灰复燃"。

## 七、其他质量管理方法

（一）对策表

对策表（Countermeasure Table），又名措施计划表，是饭店将制定的改进措施和计划汇集成表，如表 9-2 所示。对策表是一种有效的改进饭店质量的方法。具体步骤如下：

1. 首先做出措施计划表。
2. 分析饭店存在的主要质量问题。
3. 找出饭店主要质量问题存在的主要原因。
4. 针对主要原因制定对策，制定改进措施和计划，并汇集成表。

表 9-2　　　　　　　　　　　　　　　对策表

| 序号 | 质量问题 | 对策 | 执行人 | 检查人 | 期限 | 备注 |
|------|----------|------|--------|--------|------|------|
| 1 | | | | | | |
| 2 | | | | | | |
| 3 | | | | | | |
| 4 | | | | | | |

（二）"末日管理"法

末日管理（End Management），也称为"危机管理"，是指企业经营者和所有员工面对着市场和竞争，都要理解竞争，时刻充满危机感，都要理解企业有末日、产品有末日，既不能把宏观的"不景气"作为自己搞不好的理由，也不要陶醉在一度的"卓越"里。末日管理包含两个层次的含义：对于效益好的饭店，应以严厉的规章制度来要求；对于效益差的饭店，应以非常规的方式来进行管理。

1. 对那些效益良好的饭店企业

末日管理是为了巩固市场占有率，维护良好的企业形象，在企业内部树立危机观念，在质量管理和控制上采取严厉的措施。

2. 对濒临破产的饭店企业

管理者只有"置之死地而后生"，采取非常规方式改变劣势，提高服务质量。

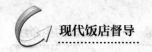

（三）专项质量管理

专项质量管理又称为项目管理，是对每一个服务质量专项进行管理。1993 年国际标准化组织（ISO）提出了项目质量管理的建议，意在强化质量体系要素中的某一环节的管理和控制，以便在局部提高服务和产品的质量。由于项目管理相对实用，更加简练，容易实施，因而得到了企业的青睐，被广泛运用。饭店经常开展的"微笑服务月"、"礼貌服务周"及星级复查的准备活动，旅游主管部门倡导的优质服务评比、专门工种技能培训等，均属于专项质量管理范围。

1. 专项质量管理的特点

专项质量管理的特点主要有：

（1）授权某一个人负全责。

（2）由某一个组织完成。

（3）在一个明确的时间内结束。

（4）有相对简练实用的评价审核标准。

（5）有一个清楚的目标。

（6）项目完成后应有完整的质量文件材料。

2. 专项完成后应有完整的质量文件材料

完整的质量文件材料包括：

（1）确定项目概念，即项目的质量目标、管理者的期望。

（2）进行项目的可行性分析，评估实施该项目的条件、优势和困难。

（3）设计并确定项目实施的步骤、评价审核标准等。

（4）执行、运行与该项目有关的组织、人员按规定的步骤完成各项目的任务。

（5）总结记录，包括执行情况分析、项目最终结果、实施效果的评价和经验教训的总结。

（四）优质服务竞赛和质量评比

饭店定期组织和开展优质服务竞赛和质量评比等活动，以使饭店全体员工树立质量意识，提高执行饭店服务质量标准的主动性和积极性，营造提高饭店服务质量的氛围。

1. 定期组织，形式多样

饭店应定期组织和开展丰富多样的优质服务竞赛和质量评比等质量管理活动，要明确范围和意义，确定参与对象及要求，制定评比标准与方法，从而激发广大员工的参与愿望。

2. 奖优罚劣，措施分明

竞赛和评比活动的开展应制定出具体的奖罚措施。一般应遵循"奖优罚劣、以奖为主"的奖惩原则，如给优胜者发奖金、授予荣誉称号、以贵宾免费入住饭店一天、去国外或外地考察旅游等。

3. 总结分析，不断提高

每次活动结束后，所有质量管理人员都应认真总结与分析。总结经验加以推广应用，提出不足以便改进提高，从而不断改善饭店服务质量。

（五）服务质量控制

服务质量的控制主要是以下三方面的内容。

1. 事前质量控制

随着全面质量管理和零缺点管理的推广，事前质量控制日益受到饭店管理者的重视。事前质量控制要求饭店根据服务质量管理标准，贯彻"预防为主"的方针，做好有形产品和无形服务两大方面的充分准备，以确保在客人到来之前有备无患。

2. 服务过程质量控制

服务过程质量控制是根据饭店服务质量管理体系的要求，通过各级管理者的现场巡视，管理和严格执行服务规程，确保客人满意程度的提高。

3. 事后质量控制

事后质量控制应根据饭店服务质量信息，即服务质量管理的结果，对照饭店服务质量标准，找出质量差异及其产生的原因，提出有效的改进措施，避免过错的再次出现，确保饭店服务质量管理工作的良性循环。

（六）现场管理

现场管理（Scene Management）是指一个饭店为了实现自己的经营目标，有效地利用所拥有的资源，有计划、高效率地运作所采取的措施。它对生产的范围、时间、进度等各个方面进行规范，设置目标，把握进程的实际情况。

在现场管理中有一个很重要的概念就是整个现场要处在受控状态。现场出了问题要立即解决。饭店服务生产与消费同时性的特点以及客人的需求差异，增加了饭店员工的操作难度和饭店的管理难度。不同的饭店、不同的员工、不同的客人在不同场合、不同时间对于饭店的服务质量要求是不同的。客人需求的多样性和不稳定性要求员工能够短时间内在现场作出快速反应，只有具有丰富经验、应变能力强的员工才能做到。为此饭店管理者应通过现场管理，检查员工的准备工作，在对客人服务方面起到督导的作用，观察其是否严格按照标准程序执行各项操作程序，激励下属员工的工作，从而做到事前控制、事中指导，及时处理出现的各种问题，从而保证服务质量的相对稳定。

现场管理是一个复杂的系统工程。开展现场管理工作，常见做法可分为三个阶段。

1. 治理整顿

着重解决生产和服务现场的脏、乱、差，逐步建立起良好的环境和秩序。

2. 专业到位

做到管理重心下移，促进各专业管理的现场到位。

3. 优化提高

优化现场管理的实质是改善，改善的内容就是目标与现状的差距。按 PDCA 循环，使其合理有效地运行。

 【复习与练习】

一、填空题

1. 格郎鲁斯提出服务质量包括_____和_____。

2. 客人对服务质量的评价主要依据五个标准：即 _____、_____、_____、_____、_____。

3. ABC 分析法以"_____"这一原理为基本思想。

## 二、选择题

1. 饭店服务质量的高低主要是由客人享受到各种服务后的物质和心理的满足程度决定的，这反映了饭店服务质量的（　　）。

    A. 综合性        B. 短暂性        C. 主观情感性        D. 关联性

2. 既要做好事前质量管理，又要做好事中和事后的质量管理，这反映了饭店全面服务质量管理的（　　）。

    A. 全方位管理                B. 全过程管理

    C. 全员性管理                D. 全方法管理

3. （　　）指员工设身处地地为客人着想，关心客人，为客人提供个性化服务。

    A. 可靠性        B. 反应性        C. 可信性        D. 移情性

4. （　　）是从旁观者的角度利用各项标准来评价服务质量的，较为客观、公正，其评价的结果较能让大众信服。

    A. 客人评价                B. 饭店评价

    C. 第三方评价               D. 自我组织评价

5. （　　）是为了寻找产生某种质量问题的原因，发动大家谈看法，做分析，将群众的意见反映在一张图上。

    A. 因果分析图法             B. ABC 分析法

    C. ZD 质量管理法           D. QC 小组法

## 三、名词解释

1. 饭店全面质量管理。

2. 饭店服务规程。

3. PDCA 循环工作法。

## 四、简答题

1. 简述饭店全面质量管理的原则。

2. 饭店如何通过 ISO 国际质量认证？

3. 简述饭店服务质量管理的主要环节。

4. 简述 ZD 质量管理法。

## 五、案例分析题

香格里拉大酒店的服务意识

詹姆斯·希尔顿于 1933 年出版的小说《失落的地平线》中描述的那片极富传奇色彩的土地为我们带来了灵感，香格里拉的名字代表了宁静安逸的享受，也代表了驰名全球的香格里拉优质服务。总部设在香港的香格里拉酒店集团（Hotel Group Shangri-La）是亚太地区的先驱型豪华酒店集团，也是公认的全球最佳酒店控股及管理公司之一。

香格里拉的传奇始于 1971 年，第一家豪华酒店在新加坡成立。时至今日，集团已拥有 72 家酒店及度假酒店，经营范围遍及亚太地区、北美和中东，共有客房 30000 间。此外，在加拿大、中国、印度、菲律宾、卡塔尔、土耳其及英国还有多家酒店正在兴建之中。

作为以亚太地区为主要对象的香格里拉酒店集团，其服务宗旨和发展方向也具有鲜明的亚洲特色，公司提出的"殷情好客亚洲情"的服务理念，具有亚洲独有的文化特色。香格里拉秉承独特的亚洲式热情好客之道，努力为客人提供独具特色的热情好客服务乃是香格里拉有别于其他酒店业同行的关键，同时也是香格里拉赢得世界级酒店集团荣誉的基础。1971 年开业的新加坡香格里拉酒店至今仍然是一个"占有十五英亩的花园"。它推崇的"舒适优雅的客户"和"亚洲人殷勤好客之道"，开创了亚洲酒店卓越的服务典范。

"自豪而不骄矜"极其重要，香格里拉希望员工能够由衷地为所获得的成就而自豪，但在对待客人时仍表现出温良谦恭的品质。香格里拉的管理模式是纯亚洲的酒店集团经营模式，配合品牌占首位的管理理念，在充分了解市场的前提下，选择亚洲作为整个集团的重点市场，同时运用极为人性化的服务宗旨指导其经营业务的发展。人性化的企业文化，香格里拉不论在从业人员素质方面还是从整个酒店的服务质量来说都是首屈一指的。

在力求每时每刻令客人喜出望外的过程中，香格里拉始终希望能够超越客人的期望，始终如一地为客人提供物有所值的优质产品与服务。这也正是香格里拉要寻求那些勇于创新、追求成就、引领潮流的专业人士的原因。在个性化服务化方面，香格里拉更是独辟蹊径，创造一流。香格里拉运营总裁施杰天在集团内部倡导的"会客点——与总经理对话"沟通模式，是目前全球酒店业唯一的模式。这就是：在香格里拉旗下的酒店，每星期一至星期五的下午 5 时至 7 时，总经理都分别在自己的酒店大堂会见驻店客人，与客人直接对话交流、沟通。

香格里拉总是恪守八项管理指导原则，把为宾客提供的高质量服务放在酒店经营管理的第一位。在酒店这个行业中，竞争日趋激烈，香格里拉凭借其自身独具一格的殷勤特色服务受到了海内外人士的一片赞扬。

香格里拉拥有一个堪称艺术级别的中心订票系统，其中涵盖所有宾馆、地区营销办公室，使香格里拉可为客户提供即时方便的客房服务、费用确认服务。

香格里拉酒店管理集团奉行多元化、个性化和服务不同人群的宗旨，同时拥有两个品牌的酒店，即香格里拉和商贸饭店。香格里拉品牌主要都是五星级酒店，多数香格里拉品牌酒店的客房量都超过 500 间，堪称亚洲豪华酒店的典范。商贸饭店则是香格里拉集团的另一重要品牌。香格里拉本着服务不同人群的宗旨和原则，开创了四星级的商贸品牌。商贸饭店以适中的价格提供高质量的住宿服务，填补了一些城市对中档商务酒店的需求空白。此外，在亚洲两家最知名的休闲俱乐部：香港深湾游艇俱乐部和深圳西丽高尔夫乡村俱乐部，也能尊享香格里拉有口皆碑的一流服务。

**思考题：**

1. 香格里拉酒店提供了哪些服务，其独特设计有哪些？

2. 与香格里拉酒店管理集团奉行多元化、个性化和服务不同人群的宗旨相比，是否有提供标准化服务的国际著名酒店，各自利弊和制约因素有哪些？

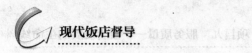 【实训项目】

【实训名称】服务质量管理认知

【实训内容】学生 3～6 人组成一个小组，并推举小组负责人。每个小组找出一家服务质量优异的饭店企业，探讨其质量管理的方式方法。

【实训步骤】

1. 每个小组到本地一家星级饭店参观考察他们的服务质量管理方法。

2. 根据本项目所学内容，分析所调查饭店企业的服务质量管理方法的利与弊。

3. 每个小组在课堂上进行陈述和答辩，与其他小组一起分享成果。

【实训点评】

1. 每个小组提供某饭店服务质量管理方法的分析报告。

2. 教师和学生根据各小组的报告及表现给予评价打分，成绩纳入学生实训课考核之中。

# 项目十 教练和辅导——领导员工的第一要务

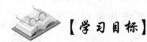【学习目标】

1. 认识企业教练
2. 熟悉教练式管理
3. 了解和掌握绩效辅导

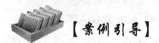【案例引导】

## 麦当劳经理的成长

麦当劳餐馆（McDonald's Corporation）1979 年打入法国，在斯特拉斯堡（Strasbourg）开设了第一家餐馆。短短的 12 年之后，它就扩大成遍及 30 多个城市的由 100 家餐馆组成的庞大体系。如此的发展速度和规模，必然需要一个相当成熟的中级管理阶层。在麦当劳，这个阶层主要是由年轻人组成的。下面就是麦当劳如何把一个毕业生培养成为成熟的管理者的进程。

人才的多样化是麦当劳普通员工的一大特点，这也是刚晋升为该公司人事部主任的年轻的艾蒂安·雷蒙的招聘工作中的指导思想之一。正因为此，麦当劳不同于其他公司。真正毕业于饮食服务学校的只占员工的 30%，而 40% 的员工来自商业学校，其余的则由大学生、工程师、农学家和中学毕业后进修2~5 年的人组成。

同时，麦当劳公司拥有一支庞大的年轻人才后备军。由 3500 名大学生组成，他们在校上课的同时定期利用部分时间到餐馆打工。这些后备人才将有 50% 的机会成为公司明天的高级管理人员。他们将可以根据麦当劳公司安排的培训计划担任各种职务，并有可能同已开始在公司工作的有文凭的年轻人一起担任餐馆经理。

多样化的人才组合与庞大的后备力量使人才的培养和提升有极大的选择性，他们一起成为麦当劳管理阶层的稳固基石，不断将新鲜血液注入到公司中去。

在麦当劳里取得成功的人，都有一个共同的特点：即从零开始，脚踏实地。炸土豆条，做汉堡包，是在公司走向成功的必经之路。当然，这对于那些年轻的、取得了各式文凭、踌躇满志想要大展宏图的人来说，往往是不能接受的。

但是，他们必须懂得，脚踏实地从头做起才是在这一行业中成功的必要条件。如果你没有经历过各个阶段的尝试，没有在各个工作岗位上亲自实践过，那么你又如何以管理者的身份对他们进行监督和指导呢？在这里，从收款到炸土豆条直至制作冰激凌，每个岗位上都会造就出未来的餐馆经理。

艾蒂安·雷蒙强调："人们要求我们的合作者做许多事情，但人们也可开开玩笑，气氛是和谐友好的。那些在公司干了6个月以上的人后来都有成了麦当劳公司的忠诚雇员。"

最艰难的时期是初入公司时期。饮食业是艰苦的，在最初的6个月中，人员流动率最高，离去的人中，有80%的人根本不了解这一行业。应该知道：要听从吩咐，不要计较工作时间。

能坚持下来的关键在于协调好家庭生活与餐馆工作的时间。那些更善于分配和利用时间的人，那些对工作投入最多的人是胜利者。

而且，他们的牺牲是有价值的，他们中那些有责任感的、有文凭的、独立自主的年轻人，在25岁以前，就可能得到许多企业不可能得到的好机会：真正成为一个中小型企业的管理者。

"不想当将军的士兵不是好士兵。"同样地，艾蒂安·雷蒙以这样的一种态度对待公开应聘的每个人，他说："法国麦当劳公司董事长的位子等着人们去争取……"实际上，公司高级管理职务还都由在法国的美国人担任，不过，在他们的背后，一些法国人已崭露头角。

麦当劳公司力求向每位合伙者反复灌输的基本技能是对餐馆的管理。艾蒂安·雷蒙说："平均在25岁左右，一名青年就可以成为一家真正的中小型企业的领导人，管理100来人。我们在教会他们当老板……"

这在中国来说简直是天方夜谭，他们又是如何做到的呢？

原来，法国麦当劳公司实行一种快速晋升的制度：一个刚参加工作的出色的年轻人，可以在18个月内当上餐馆经理，可以在24个月内当上监督管理员。

而且，晋升对每个人是公平合理的，既不作特殊规定，也不设典型的职业模式。每个人主宰自己的命运，适应快、能力强的人能迅速掌握各个阶段的技术，从而更快地得到晋升。

这个制度可以避免有人滥竽充数。每个级别的经常性培训，只有有关人员获得一定数量的必要知识，才能顺利通过阶段考试。公平的竞争和优越的机会吸引着大量有文凭的年轻人到此实现自己的理想。

首先，一个有文凭的年轻人要当4~6个月的实习助理。在此期间，他们以一个普通班组成员的身份投入到公司各个基层工作岗位，如炸土豆条、收款、烤牛排等。在这些一线工作岗位上，实习助理应当学会保持清洁和最佳服务的方法，并依靠他们最直接的实践来积累实现良好管理的经验，为日后的管理实践做准备。

第二个工作岗位则更带有实际负责的性质：二级助理。这时，他们在每天规定的一段时间内负责餐馆工作，与实习助理不同的是，他们要承担一部分管理工作，如订货、计划、排班、统计……他们要在一个小范围内展示他们的管理才能，并在日常实践中摸索经验，协调好他们的小天地。

在进入麦当劳8～14个月后，有文凭的年轻人将成为一级助理，即经理的左膀右臂。与此同时，他们肩负了更多更重的责任，每个人都要在餐馆中独当一面。他们的管理才能日趋完善。这样，离他们的梦想——晋升为经理，已经不远了。有些人在首次炸土豆条之后不到18个月就将达到最后阶段。

但是，在达到这梦寐以求的阶段前，他们还需要经历一个为期15天的小阶段。与前面各阶段不同的是，这个阶段本身也是他们盼望已久的：他们可以去芝加哥汉堡大学进修15天。

这是一所名副其实的大学，既教授管理一家餐馆所必需的各方面的理论知识，又传授有关的实践经验。麦当劳公司的所有工作人员每年至少可以去一次美国。

应该承认的是，这个制度不仅有助于工作人员管理水平的提高，而且成为麦当劳集团在法国乃至全世界范围极富魅力的主要因素之一，吸引了大量有才华的年轻人的加盟。

当然，一个有才华的年轻人升至餐馆经理后，麦当劳公司依然为其提供了广阔的发展空间。经过一段时间的努力，他们将晋升为监督管理员，负责三四家餐馆的工作。

3年后，监督管理员将升为地区顾问。届时，他将成为总公司派驻其下属的代表，用艾蒂安·雷蒙的话说，成为"麦当劳公司的外交官"。

作为公司下属十余家餐馆的顾问，他们责任重大。他将是公司标准的捍卫者，而一个从炸土豆条做起，经历了各个岗位和阶段的地区顾问，对各方面的管理标准游刃有余。他将是公司哲学的保证人，一个由麦当劳特有的公司哲学创造的高级管理人员，其本人正是麦当劳哲学的保证。

作为"麦当劳公司的外交官"，他的主要职责是往返于麦当劳公司与各下属企业，沟通建议之类的重要使命，成为总公司在这一地区的全权代表。

当然，成绩优异的地区顾问依然会得到晋升，终有一天会实现艾蒂安·雷蒙所说的——法国麦当劳公司董事长的位子坐着的是一个法国的年轻人。

"君子爱财，取之有道。"法国麦当劳公司雇员的取财之道是别具特色的。他们的个人收入水平变动频繁，正如他们实行的快速晋升的制度，每次工作岗位的调整必然导致工资收入的变化。准确估计一个雇员的年薪是很困难的，因为一名雇员的工资级别只在几个月内是有效的，以后将会很快提高。

一个刚取得文凭的年轻人，在选择工作时往往将不同企业的招聘工资加以比较，而麦当劳公司的工资调整制度则有着令人怦然心动的魅力，因为在参加工作仅仅4个月之后，他们的工资就会提高。

工资收入变动的程序是这样的。人们一进入法国麦当劳公司就开始每年领取11万～13万法郎的工资，根据每个人的文凭不同，略有差别（这就是根据头4个月的工资标准计算的）。尔后，人们从第5个月开始就每年领取13万～15万法郎的工资（仍根据原有的文凭不同而定）。

2年后，要是一名麦当劳公司的工作人员顺利地当上了经理，那么每年就可以挣到18万法郎。如果后来他又顺利地升任监督管理员，那么他的年薪将达到25万法郎。

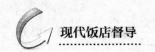

当然，除了年薪的增长外，他还能得到各方面的实物好处。比如，根据职务不同提供的专用车。而且，对于麦当劳公司基层至高层的每位雇员来说，还可以白天在公司免费就餐。

最后，麦当劳公司与众不同的重要特点是，如果人们没有预先培养自己的接替者，那么他们在公司里的升迁将不被考虑。麦当劳公司的一项重要规则强调，如果事先未培养出自己的接班人，那么无论谁都不能提级晋升。

这就犹如齿轮的转动，每个人都得保证培养他的继承人并为之尽力，因为这关系到他的声誉和前途。这是一项真正实用的原则，可以想象，麦当劳公司因此而成为一个发现、培养人才的大课堂。在这里，缺少的绝不会是人才。

有研究表明：成功和有效的员工培训和培养计划，不仅提高了企业员工素质，而且满足了员工自我实现的需要，增加了企业凝聚力。不论是多么优秀的员工，企业都负有进行培训和培养的任务。培训和培养不仅仅局限在新员工的岗前培训，主要的重点应当是企业员工的岗位再培训。这不仅能提高员工完成本职工作的技能，而且能进一步拓展员工的潜能。

综上所述，麦当劳公司在法国的成功，同样也是他们人事制度的成功、企业文化的成功。它们不仅仅为麦当劳公司带来了巨大的经济效益，带来了公司规模的飞速发展；更重要的是，它们为全世界的企业创造了一种新的模式，为全社会培养了一批批真正的管理者。

麦当劳公司较好地完成了这一点，从而取得了巨大的经济效益，无疑值得国内企业借鉴。

# 任务一　企业教练

具有一定规模的饭店企业通常有三个管理层次，即高层、中层和基层。高层是决策层，中层是执行层，基层则是现场监督指导层。基层督导层是管理层和员工之间沟通的传导者，是教练和导师。

## 一、什么是企业教练

企业教练（Corporate Coach）衍生于体育，是将体育教练的理念、方法、技术应用到企业管理实践而产生的一种全新的企业管理理论、方法、技术和顾问流派。美国通用电气公司（General Electric Company，GE）前 CEO 杰克·韦尔奇（Jack Welch）曾说："一流的 CEO 首先是一名教练，伟大的 CEO 是伟大的教练。"

企业教练这个行业源于 20 世纪 70 年代后期的美国，此时，美国从工业社会转型到知识型社会。企业经理们发觉到以传统的工作模式无法解决企业的新问题，同时，也发觉到企业的商业环境每天都在快速地变化，而知识的更新速度和信息的爆炸使得企业在管理知识型员工方面遇到了诸多障碍，传统的顾问式管理无法提升企业的竞争力。如何适应日新月异的变化，如何令各类型的知识型的员工更有创造力，美国电话电报公司（American Telephone & Telegraph Company，AT&T）、美国通用电气公司（General Electric

Company，GE）等一些著名企业的经理们，借用了体育教练的概念，发展了企业教练的事业，让员工以正确的态度去面对工作，以提高企业的生产力。经过二十多年的发展，教练技术已成为欧美企业家提高生产力的有效管理技术。目前，教练已成为美国顾问业中呼声最高、增长最快的领域。

我们所说的教练，不是体育教练，也不是汽车教练，而是企业教练、个人成长教练和生命应用教练。教练（Coaching）是从日常生活和对话运动心理学及教育学等发展出来的一种新兴的有效管理工具，能使被教练者洞察自我，发挥个人的潜能，有效地激发团队并发挥整体的力量，从而提升企业的生产力。教练通过一系列有方向性、有策略性的过程，洞察被教练者的心智模式，向内挖掘潜能、向外发现可能性，使被教练者有效实现目标。

国际教练联合会（International Coach Federation）对教练下过一个定义：教练（Coaching）是教练（Coach）与自愿被教练者（Coachee），在人格深层次的信念、价值观和愿景方面相互联结的一种协作伙伴关系。通过一个持续的流程，"挖掘、目标设定、明确行动步骤"，实现卓越的成果。教练也是知识的载体，是"专注于发展人的潜能"的一种技术和形式。教练是教练与被教练者彼此共同发展的互动过程。

教练实际上是一种在教练（Coach）和被教练者（Coachee）之间进行有效的对话。这种对话是一种发现性的对话，令被教练者发现问题，发现疏漏，发现答案。这种对话是一种扩展性的对话，令被教练者看到更多机会、更多选择。这种对话也是一种动力对话，激发教练与被教练者朝向预期的目标，并不断挑战自己，提高业绩，力争创造非凡的表现。教练是一门通过完善心智模式来发挥潜能、提升效率的管理技术。

教练运用询问及内在发掘的方法去建立客人自醒及负责任的能力，同时也在过程中为客人提供支持、响应及整合。教练的过程比任何其他的方法能更快、更有效及更轻易地去支持客人实现他们设定的事业及个人目标。教练与被教练者之间是一种教学相长的互动关系。教练不会告诉被教练者方法，只会激励对方自己去找到方法。教练如一面镜子，通过聆听和发问，反映对方的心态，从而判断对方的行为对实现目标是否有效，并给予直接的回应，使被教练者在心态上修缮，清晰目标，专注行动，最终创造更大的成果。同时，被教练者自身的素质和能力也能在此过程中得到提升。

## 二、企业教练的特点

（1）从领导关系上看，教练与队员之间的关系可以是正式的或非正式的，但这种关系一定要是平等的。原联想控股有限公司董事长兼总裁柳传志曾说："如果一个员工进入联想三年，没有什么进步，说明我不称职。"可见，新型的领导力要求管理者把自己看做是一名教练而不是单纯的领导。教练与队员之间的关系，可以通过组织正式指定或企业领导运用教练术指导队员的行动，但不明确地规定这种正式关系。但这种新型的关系不是建立在传统的师傅在上、徒弟在下的基础上，而是基于平等的关系。这种平等体现在以下几个方面。

第一，对队员所面临的问题，虽然教练因拥有丰富经验而可能比队员对该问题的性质及其解决方案知道得更多，但教练与队员有同等的发言权。

第二，教练要主动地表明自己也会犯错误，绝不是先知先觉，从而拉近教练与队员之间的心理距离。

第三，在帮助队员提高的过程中教练自己也经历了一个学习提高的过程，双方都能从中获益。

因此，教练就必须以平等的姿态参与对问题的研究，以发现解决问题的方法。

（2）从领导决策依据上看，以需要甄别的事实为基础。美国的托马斯·G.克兰教授认为，教练就是要教会队员能判断事实与假设、成见与主观臆测。尽管不可能过滤掉每个人所有的主观判断、评价意见，但重要的是教练术要建立在对情况的尽量客观描述上。这种判断是在教练不断地、反复地观察学员的行为的过程中获得的。其特点是通过揭示隐藏在学员言行中的误导性主观判断，从而发掘出解决问题的可能性与办法。

（3）从领导效果上看，以实际工作绩效为导向。教练的质量以队员的业绩大小为标准，因此就必然表现为教练是一个不断探寻成功、自主修正错误的过程。这就要求教练不断跟踪队员的行为过程，需要队员与教练进行频繁的沟通。一方面需要教练向队员反馈自己的想法，另一方面也需要队员向教练反馈自己对导师指导的看法。这一复杂过程正是探寻各种成功可能性的重要途径。

（4）从领导创造性发挥上看，一方面依赖于培育队员自主决策能力与敢于承担责任的心态，另一方面要靠教练能真诚地贡献自己的才智并拥有希望队员进步的心态。美国Chip R. Rell教授认为教练与队员需要解决的问题是队员自己的，对问题的了解最深入的是队员，队员只是一时不知道解决问题的方法、不明了分析问题的视角而已。教练的作用就是在提供参考意见与分析方法的基础上，诱导队员自己分析、自己判断、自己发掘自己的潜能、做出决策并能主动地承担决策的后果。在队员遭遇挫折的时候，帮助其分析失败的原因并肯定其积极的方面；而在队员获得成功的时候，教练一方面要及时给予庆祝并分享队员胜利的喜悦，另一方面要突现队员在取得成功中的作用，并在适当的时候考虑结束教练的使命，让队员在今后的工作中能独立地、充满信心地、有更大的决心和勇气迎接新的挑战。

（5）从领导实施内容上看，关注的领域是全方位的。在队员解决问题的过程中，有许多因素起干扰作用，有涉及个人职业发展的问题，有情感问题，有组织政治问题，有人际关系问题等。托马斯·G.克兰教授认为，这诸多问题都应是教练关注的内容。

## 三、企业教练的目的

有人把Coaching翻译成"教练"、"企业教练"、"态度教练"，有时也被称为"教练技术"或者"企业教练技术"。其实质就是体育教练技术、技巧、方式、原则和文化在企业管理中的运用，它是欧美流行多年的管理技术，企业教练技术凝聚了欧美企业家进入知识型社会近十几年的管理智慧，是一套能够激发企业、员工最好表现，增加效益、实现目标的有效管理技术。企业教练的目的可以归纳为以下几点。

（1）清晰被教练者的目标。

（2）反映他的心态。

（3）引导他自己找出解决方法。

（4）支持他制订实际行动计划。

（5）创造卓越的成绩。

总的来讲，教练技术是在围绕让被教练者"清晰自己的内外环境，做出基于其上的理性选择"。

企业教练会协助企业实现目标，包括增加业绩及利润、提高执行力、增加效益、引进改变、从混乱中理出秩序、从麻烦中找出生机、增强领导能力、提升事业表现、达成有效沟通、减少错误、改善决定、促进团队整合、创造非凡业绩。据国际权威机构欧洲公众人事管理调查显示，企业教练对企业业绩的提升在30%以上，培训和教练技术相结合可以使绩效提高88%。据美国调查显示，在所有实行"教练"制度的公司里，其中77%认为，采取有系统的教练能够降低员工的流失率及改善整体表现。

## 四、企业教练的分类

（一）专业企业教练机构与企业内部的教练

根据教练的形式不同，企业教练可以分为专业企业教练机构和企业内部的教练两种形式。

（1）专业企业教练机构。专业的教练服务机构，由注册企业教练组成，为企业管理者提供教练服务。

（2）企业内部教练。企业内部教练是由专业教练机构协助企业培养的经理人员采用教练式的管理方法进行工作，有些大企业也有以教练为专职工作的经理人。

目前，欧美发达国家已经有很多提供教练服务的公司，很多优秀企业也采用了教练式管理。

（二）汇才式教练技术与 NLP 式教练技术

目前国内最近两年流行的一种分类称为"汇才式教练技术"与"NLP 式教练技术"。其实"汇才式教练技术"就是最初发展起来的教练技术，而"NLP 式教练技术"则是将这种最初的教练技术与 NLP（神经语言程式学）结合起来，更加强调"清晰"同时的"效率"，为教练技术提供本体论到方法论的全面基础，毕竟在所有心理学技术中只有NLP 是强调效率比道理重要，这与教练理论本身无价值判断的趋向有一定的相似之处。而我们目前教授的是这种经过第二次发展的教练技术，也就是 NLP 式教练技术。教练技术的第一次飞跃是由体育运动上升到更广泛的教练技术，而第二次飞跃则是由原本教练技术向 NLP 式教练技术发展。

## 五、企业教练技巧

（一）明确目标

就是先要明确你做事的真正目的，否则你的行为将不是最有效的，甚至可能是南辕北辙的。因此教练的指南针作用，可以让你最有效地实现目标。

（二）反映真相

就是让你知道你目前的状态和位置。这是教练的镜子作用。镜子是不会教你怎样穿

衣打扮的，但它会让你看到你现在打扮成什么样，是不是你想要的样子。接着上一个比喻：你想去北京，但你不知道你现在的位置，你在深圳，却以为自己在广州，那么你不会去乘坐深圳到北京的班机，也永远搭不上广州到北京的班机。

（三）迁善心态

一个人有什么样的心态，就会带来什么样的行为。教练与传统的"顾问"等管理方式最大的不同就在于，教练针对你的心态，而不会教你具体方法。发生了什么事情并不重要，重要的是你面对它的态度。

（四）目标行动

当你在镜子中看到自己的打扮和想要的不同时，你自然会做出相应的调整。而且，教练会要求你制订出切实可行的计划，并让你看到你的潜能以及新的可能性，挑战你做得更好。

## 六、教练在企业中的具体作用

（1）明确员工或团队的目标，协助订立业务发展策略，提高管理效益。

（2）激发员工的潜能和创意，提升解决问题的能力，冲破思想限制，创造更多的可能性。

（3）使员工的心态由被动待命转变为积极主动，素质得以提升。

（4）把所有的能量都集中在团队的目标上。

## 七、教练技术的方法

教练技术的四大方法：聆听，从对方的叙述中了解他的目标和现在的位置；发问，通过提问帮助对方挖掘自我盲点，发现他的潜力所在；区分，让对方更加清晰：哪些行为是对自己的目标有用的，哪些属于"添乱"之类；回应，发挥镜子的反射作用，及时指出对方存在的问题。

（一）聆听

为什么教练要聆听？聆听什么？怎么听？

用教练的话说，聆听是为了获取资料，了解真相，得到回应，然后有针对地给予回应。

有一位李小姐，特别不喜欢同一个办公室的刘先生，平时总是避免跟他合作，甚至，一接到找他的电话就说人不在，弄到后来，"一见他就讨厌，想想辞职算了。"

在教练谈话中，教练和李小姐有这样一次对话。

教练："你喜欢吃榴莲吗？"

李小姐："不喜欢。"

教练："那吃榴莲是不是错了呢？"

李小姐："哦，当然不是。"

教练："你有没有发现，你不喜欢某样东西，不等于那样东西不对？"

"哦！"李小姐一下开窍了。

为什么人会变得固执？聆听不够是一个很重要的原因。固执的人和别人沟通时，听到的不是对方，而是自己。就像李小姐，只要她的那个同事刘先生一过来搭话，她马上就会在脑子里跳出反驳的观点："他又来烦我了。""他找我肯定不是好事情。"

没有了仔细而有效的聆听，你就会形成永远无法看到、也无法突破的盲区，这时，固执就成为人性中的弱点。

（二）发问

所谓的"成功的人生"就是"问自己一个更好的问题"；问问题就是在解决问题。

为什么教练要发问？发问什么？怎么发问？

教练的发问是一个有针对性的发问，问的是和被教练者的目标有关系的、有帮助的问题。

有人说："教练就是帮被教练者如何去问他自己。"

另外，通过教练的不同角度的发问，帮被教练者发现自己的盲点。这也是教练的最大价值之一。

美国著名的领导力专家隆纳·海非斯说："好的领导是问正确的问题。"

好的发问本身就是洞察力的一部分。

（三）回应

教练为什么要回应？回应什么？怎么回应？

我们每时每刻都在从外界接受回应，因为自我注意力有限，也因此忽略了很多外界回应的信息。这就导致了我们看事物的盲点。

回应不仅仅是说出来，回应的形式多种多样。

回应可以是一份情绪和感觉。

回应可以是一个行为。

回应可以是一种状态。

回应可以是语言，也可以是沉默。

回应可以是看起来不是回应的回应。

回应可以导致抗拒，也可以引起你的学习，取决于你自己的聆听。

回应是什么，全由你自己定义。

教练的作用，就在于引导被教练者聆听到各种回应的价值和意义。在教练中，回应是一个很重要的工具。

回应不拘泥于形式，恰到好处的有效发问固然是一种回应，沉默无语地给予被教练者思考空间也是一种回应，以及中国禅宗大师们对弟子当头棒喝的打骂何尝不是一种回应？

所以，回应的关键是什么？用教练的话说，便是教练做出回应的出心——他的焦点。当你愤怒时候的出心是好的，是没有自我的，有助于被教练者本人的目标，那也许会是当下最好的回应。

每一份回应都是你学习的信号。

（四）区分

为什么教练要区分？区分什么？怎么区分？

区分的目的在于提高被教练者的自我洞察力，让被教练者看到更多的选择和可能性，从而支持被教练者的迁善心态。

教练要学会区分事实和假设。

所谓的假设，就是我们的信念和价值观，即我们心中所预先假设会发生的事实，它来自我们过去经验的折射。

打个比方，当你看见一个人拿着杯子，你知道他想去哪里吗？

很多时候，还没有等别人你就抢先回答了。因为经验会告诉你，他拿着玻璃杯可能是去接水，去刷牙、去浇花等。然而，真正的答案是什么呢？有可能他拿了杯子什么也没有干。

这就是事实和你脑海中的假设的区别。

# 任务二　教练式管理

企业的管理能力并不体现在策略上，而体现在人的行为上。员工的能力就像水下的冰山，关键在于管理者能不能通过指导把水下冰山托出水面。所以，解决问题的关键不在员工能力的高低，而在于教练指导水平的高低。提高人的行为能力的最有效方法是管理者自上而下的言传身教和指导，没有大量善于指导下属的"教练"，企业的管理水平不可能真正提高。但是，目前企业中基层经理普遍缺乏教练能力，这是提升管理水平的明显瓶颈。

## 一、教练式管理的内涵

传统管理者较多地充当顾问的角色，较多地从事技术性工作，为员工解决具体问题，重点在事而不在人。教练式管理是一门新的管理技术，运用一套技术，更多地激励员工，让员工发挥创意，找出解决之道，重点在人而不在事。教练让员工看到自身的盲点和潜力，也让员工认清自己在组织架构中的位置以及应当发挥的作用。教练认为，人不仅是一种资源，还是企业最宝贵的资本。当人的能力和素质得以提升的时候，企业的资本就会加倍增值。教练文化以人为本的目的就在于通过充分激发人的潜能提高生产力，促进企业的高速发展。同时，教练还启发员工的其他能力，诸如学习能力、创新能力、沟通能力，对于建立学习型组织和团队自我管理有独特作用。简而言之，教练就是以技术反映员工的心态、激发员工的潜能、帮助员工及时调整到最佳状态去创造成果的人。

教练式管理就是通过有效对话，运用聆听、观察、强有力的问题等专业教练技巧，帮助员工清晰目标、激发潜能、发现可能性、充分利用可用资源，来完成企业目标的管理方式。它将体育教练对运动员的督导、培训方式系统性地运用到企业管理领域来。美国职业篮球联赛（National Basketball Association，NBA）著名篮球运动员，被称为"空中飞人"的迈克尔·乔丹（Michael Jordan），一个曾被踢出高校篮球队的运动员，直到他遇到了教练菲尔·杰克逊（Phil Jackson），他才成为了全世界最棒的篮球运动员。我们都知道每个运动员都有自己的教练，就算是世界上最好的球手，也需要教练，他懂得教练的价值，教练可以指出他看不见的东西，而且可以激励他最大限度地发挥潜能。可见，教练的过程不仅是实现一个目标的过程，同时也是一个挖掘运动员、团队最大潜能的过程。它既着重于目标的实现，也着重于运动员、团队在实现目标过程中的成长。教练与员工之间在深层次的信念、价值观和愿景方面相互联结形成了一种协作伙伴关系。

## 二、授人以鱼不如授人以渔

杰克·韦尔奇（Jack Welch）在执掌公司大权多年后，他领悟了一个简单而深刻的道理："数字和目标不能帮你实现追求，只有员工能够。"有人问他，作为首席执行官（CEO），如果让他从头做起，他会有什么不同？他回答会大步改进，从传统的控制管理模式转变为在员工身上培育一种自我拓展精神。有一位饭店营销主管是这样指导其部门员工工作的。他用70%的工作时间和下属一起去看市场、跑订单、做协同拜访等。但在做"实地教练"时，他从来不在客人面前替员工做销售，哪怕有时眼看要失去订单，也要等到事后再指出员工的错误，指导员工应怎样做才会更好。这样，在主管的指导下，员工进步得非常快，对主管非常感激，整个团队的业绩也不断提高。

教练式管理的首要作用就是帮助员工挖掘潜能，突破自我。教练的过程集中于克服那些妨碍员工达成优秀和快乐的内在障碍，把他们从对失败的恐惧、变化的抗拒、时间压力、烦闷中解放出来。教练式管理的艺术就在于能察觉到员工最大的潜能，而不是把员工局限于最低的可能性中。

激发潜能的过程就是一种最大限度打开可能性去实现创新的过程。教练式管理中的创新首先是观念或思维模式等内在因素的创新，并由此带来管理模式、销售技巧等一系列外化的创新。管理者不仅可以自己创新，还可以运用教练技术令员工和企业团队创新。教练文化中注重激发对方的创意和独立解决问题的能力，而不是简单地给一种方法。授人以鱼不如授人以渔，教练主要是培养员工实现生命中真正想要达成的结果的能力。

## 三、教练应具备的素质

以谈话沟通的形式促成员工主动改变心态，这是教练技术的基本方式。所以，良好的沟通技巧是优秀教练的首要素质。研究表明，人的内心活动80%以上通过情绪和身体等非语言形式表达出来，这就要求教练有见微知著的洞察力。与此同时，教练通过一系列中性的提问了解员工的心态，但仅仅以提问的方式又不足以完全打开员工的心扉。教练只有具备相当的区分能力，才能帮助员工"还原"到一个真实的"自我"。

一个成功的教练应该具备三个主要素质：承诺（Commitment），同情（Compassion），沟通技巧（Communication Skills）。

因为教练是通过交谈发生的，这就需要教练拥有积极的聆听技巧。为此，一个出色的教练还需具备以下一些素质。

（1）是一名出色的聆听者，能积极地聆听各种事情。

（2）认识到员工是谁，想要什么以及需要什么。

（3）既能够听到人们说出来的话，又能通过直觉听到人们没有说出来的话。

（4）欣赏他人的成功甚于自己的成功。

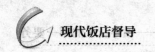

教练通过一系列方向性、策略性的过程，明确洞察员工的心智模式，向内挖掘潜能，向外发现可能性，使员工有效实现目标，从而帮助企业明确员工或团队的目标，协助订立业务发展策略，提高管理效益。同时，激发员工的潜能和创意，提升解决问题的能力，冲破思想限制，创造更多的可能性，使员工的心态由被动待命转变为积极主动，把所有的能量都集中在团队的目标上。

## 四、导师制：教练式管理的高级形式

导师制是企业内部高级教练制度，是建立在教练制的基础上，由企业高层来实行的教练制度，高层以导师的身份出现对企业内部不同部门的员工进行教练辅导。今天的商业社会，知识型员工的独立性日益增强，教练式管理的优势越来越凸显出来。过去那种只重视重大决策和企业资源配置，只关心如何充分利用员工的才能来实现企业赢利目标的管理模式越来越不适应企业发展的需求。

在很多世界 500 强公司中，导师制已经成为企业实施教练式管理的主要形式。迈阿密大学（University of Miami）管理学教授兼研究生院院长特里·斯坎杜拉（Terri A. Scandura）称，大多数财富 500 强公司视导师制为重要的员工发展方法，它们中有 71% 拥有导师计划。在与导师建立关系时，员工寻求的是"一个能够征询意见、获得帮助和取得职业生涯建议的途径。这种关系能让人放下戒备，获得诚实的反馈，以及在理想状态下，让人在处理压力局面时得到心理和社会辅导"。

2006 年 10 月，总部设在加利福尼亚州（State of California）圣克拉拉（Santa Clara）的太阳微系统公司（Sun Microsystems）公布了一项关于导师制价值的研究结果。由市场研究和顾问公司嘉德纳（Gartner）与软件服务公司资本分析（Capital Analytics）联手进行的这项研究采用统计分析方法来考察导师制的财务影响，以及太阳计算机系统公司如何确定这方面的开支目标。研究得出的结论是"导师制对导师和受指导者都有正面影响，培养出来的员工更加被企业所珍视"。主要表现在以下几个方面。

（1）导师获得晋升的次数较未参加导师计划者多 6 倍。

（2）受指导者获得晋升的次数较未参加导师计划者多 5 倍。

（3）参加导师计划的受指导者和导师的留职率分别为 72% 和 69%，远高于未参加计划的员工留职率（49%）。

## 五、导师和教练的区别

企业在建立教练型组织和教练文化的过程中，制定教练制度是非常关键的一步，但一定要注意导师与教练的区分，这是组织中两种不同的管理手段。

（1）关注点。导师不是正式的而是非正式的专注于员工个人的发展，为员工个人的成长提供支持；而教练则是专注于员工工作及个人行为。

（2）角色。导师辅导是自由的，双方是轻松的非正式关系。导师是促进者，允许员工往自己的方向发展；导师是朋友，是知己。教练总会设定一个具体的安排去推进或改变技能和行为。

（3）关系。在一个正式的辅导项目中，导师和员工也有选择——是否继续、多久以及重点。自我选择及非正式辅导是导师与员工之间的亲密关系以及维持这种关系的规则。在一个组织里，教练为员工设定了工作的期望，员工与教练的关系是因工作而来，没选择的权利。

（4）影响力。人际交往能力决定着教练和导师的影响力。教练有一个隐含的或是实际权利上的立场，需要坚持和遵守；导师的影响力是可以把个人的感觉价值带入导师和员工的关系中，导师和员工之间的关系是相互尊重、相对比较自由的关系。

（5）回报。教练的回报形式更多的是团队和谐，工作业绩；而导师的辅导关系是互惠的，员工的反馈意见和见解对导师来说也是一个学习的过程。

（6）范畴。导师是由员工选择并帮助员工生活的一些方面，而教练促进员工知识进步和技能提高，是在执行一个特定的任务；导师解答更广泛的生活和职业生涯的问题，教练组织必要的讨论并负责后续的行动及承担其他责任。

# 任务三　绩效辅导

## 一、辅导

辅导能使员工把所学到的技能付诸实践。在辅导过程中，督导应说服、改正并激励员工要更有效地工作。辅导有正式辅导和非正式辅导两种。正式辅导经常在岗位之外私下进行，主要涉及影响员工工作表现的知识、技能或态度问题。非正式辅导通常发生在员工的实际工作岗位上。它可以贯穿于日常工作的始终。辅导的目的是提高技能、传授知识或改正不良行为。

辅导不同于咨询，咨询主要是指与员工单独交流来解决员工个人的非工作上的问题。辅导的目的在于向员工提供反馈并帮助员工改善工作表现。如果员工因为不了解如何来完成工作而犯了错误，这时则需要展开辅导。辅导时，要首先设定目标，辅导的总目标是要改善员工的工作表现，只有与员工共同设定出工作目标，才能达到这一目的。目标的设定需要遵循 SMART 原则，前已阐述，此处不再赘述。

## 二、绩效辅导

### （一）绩效辅导的含义

绩效辅导（Performance Coaching）是指管理者与员工讨论有关工作进展情况、潜在的障碍和问题、解决问题的办法措施、员工取得的成绩以及存在的问题、管理者如何帮助员工等信息的过程。它贯穿于整个的管理过程，不是仅仅在开始，也不是仅仅在结束，而是贯穿于绩效管理的始终。

### （二）绩效辅导的作用

绩效辅导的作用在于能够前瞻性地发现问题并在问题出现之前给予解决，还在于能把管理者与员工紧密联系在一起。管理者与员工经常就存在和可能存在的问题进行讨论，共同解决问题，排除障碍，达到共同进步和共同提高、实现高绩效的目的。绩效辅导还

有利于建立管理者与员工良好的工作关系。通常来说，绩效辅导的作用如下。

（1）了解员工工作的进展情况，以便于及时进行协调调整。

（2）了解员工工作时碰到的障碍，以便发挥自己的作用，帮助员工解决困难，提高绩效。

（3）可以通过沟通避免一些考核时意外的发生。

（4）掌握一些考核时必须用到的信息，使考核有目的性和说服力。

（5）帮助员工协调工作，使之更加有信心地做好本职工作。

（6）提供员工需要的信息，让员工及时了解自己的想法和工作以外的改变，以便管理者和员工步调一致。

绩效辅导的根本目的就在于对员工实施绩效计划的过程进行有效的管理，因为只要过程都是在可控范围之内的话，结果就不会出太大的意外。

### 三、绩效辅导对管理者的要求

绩效辅导贯穿着绩效管理的全过程，在每次进行时，管理者都应该明确以下几个问题。

（1）所定工作目标进展如何？

（2）哪些方面进行得好？

（3）哪些方面需要进一步改善和提高？

（4）员工是否在朝着既定的绩效目标前进？

（5）为使员工更好地完成绩效目标，需要做哪些改善？

（6）在提高员工的知识、技能和经验方面，管理者需要做哪些工作？

（7）是否需要对员工的绩效目标进行调整，如果需要，怎样调整？

（8）管理者与员工在哪些方面达成了一致？

（9）管理者与员工需要在哪些方面进行进一步的沟通探讨？

总之，绩效辅导是绩效管理中的关键环节，管理者要想使绩效管理真正产生效果，就必须在绩效辅导上多下些工夫。

### 四、绩效辅导的沟通

无论是从员工的角度还是从部门经理的角度都需要在绩效实施的过程中进行持续不断的沟通，因为每个人都需要从中获得对自己有帮助的信息。在这个阶段，沟通的目的主要有两个：

（1）员工汇报工作进展或就工作中遇到的障碍向主管求助，寻求帮助和解决办法。

（2）主管人员对员工的工作目标和工作计划之间出现的偏差进行及时纠正。

管理者与员工共同确定了工作计划和评价标准后，并不是说就不能改变了。员工在完成计划的过程中可能遇到外部障碍、能力缺陷或者其他意想不到的情况，这些情况都会影响计划的顺利完成。员工在遇到这些情况的时候应当及时与主管沟通，主管则要与员工共同分析问题产生的原因。如果属于外部障碍，在可能的情况下主管要尽量帮助下属排除外部障碍。如果属于员工本身技能缺陷等问题，主管则应该提供技能上的帮助或辅导，辅导员工实现绩效目标。同时，在这个阶段，员工有义务就工作进展情况向主管汇报。主管有责任帮助下属完成绩效目标，对员工出现的偏差进行及时的纠正，尽早找到潜在的问题以便在他们变动复杂之前能够将其很好的解决。

## 五、绩效辅导沟通的方式

有效的沟通不仅仅在于沟通的技巧，还在于沟通的形式。在绩效管理中采用的正式的沟通方式一般有书面报告、会议沟通和一对一面谈沟通等。每种沟通方式都有其优点和缺点，都依其当时的情景而定。

（一）书面报告

书面报告是绩效管理中比较常见的一种正式沟通的方式，是员工使用文字和图表的形式向部门经理报告工作进展情况、遇到的问题、所需支持以及计划的变更、问题分析等。由于书面报告不需要主管和员工面对面或将人员集中起来，因此不会对主管和员工的工作时间安排造成很大困难，尤其当员工和经理不在同一地点时，定期报告制度是非常有效的沟通方式。但是由于书面报告一般仅仅是信息从员工到经理的单向流动，缺乏管理双方双向的交流，很容易使沟通流于形式。作为报告制的补充，管理者和员工的直接面谈或电话沟通等其他的非正式沟通方式也很有必要，尤其当出现了复杂的或难以解决的问题时。

（二）会议沟通

会议沟通可以提供更加直接的沟通形式，而且可以满足团队交流的需要。此外会议沟通的好处还表现在部门经理可以借助开会的机会向全体下属传递有关企业战略目标和组织文化的信息。在会议沟通中需要把握以下几个原则。

（1）注意会议的频率和主题，针对不同的员工召开不同的会议。

（2）运用沟通的技巧形成开放式的沟通氛围，不要开成批判会、训话会、一言堂、拌嘴会。

（3）合理安排时间，以不影响正常的工作为宜。

（4）在会上讨论一些共同的问题，不针对个人。

（5）鼓励员工自己组织有关的会议，邀请部门经理列席会议。

（6）做好会议记录。

（三）一对一面谈沟通

一对一面谈沟通是绩效辅导中比较常用的一种沟通方式。它的优点有：

（1）面谈的释放可以使部门经理和员工进行比较深入的沟通。

（2）面谈的信息可以保持在两个人的范围内，可以谈论比较不易公开的观点。

（3）通过面谈，会给员工一种受到尊重和重视的感觉，比较容易建立部门经理与员工之间的融洽关系。

（4）部门经理在面谈中可以根据与员工的处境和特点，因人制宜的给予帮助。

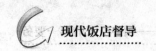 

## 六、绩效辅导沟通的注意事项

在绩效实施的过程中进行面谈沟通，应该注意以下几个问题。

（1）力图通过面谈使得员工了解组织的目标和方向。

（2）多让员工谈自己的想法和做法。

（3）及时纠正无效的行为和想法。

（4）让员工认识到部门经理的角色。

因此我们提倡走动式管理、开放式办公、工作间歇的沟通、非正式会议等方式来提高员工的绩效。

## 七、绩效辅导沟通的必要性

### （一）管理者需要掌握员工工作进展状况，提高员工的工作绩效

管理者和员工多次沟通达成绩效契约后，不等于员工的绩效计划必定能顺利完成。作为管理者应及时掌握下属工作进展情况，了解员工在工作中的表现和遇到的困难，及时发现和纠正偏差，避免小错误小偏差的累积酿成大错或造成无法挽回的损失，同时及时发现高绩效行为，总结推广先进工作经验，使部门甚至整个组织所有员工绩效都得到提高；另外掌握员工的工作状况，有利于绩效期末对员工进行公正客观的考核评估。有效的绩效考核指标是结果性指标和过程控制指标的结合，管理者只有清楚了解对下属的工作过程，才能对其进行正确的考核评价。掌握、积累下属的绩效资料，可以使绩效考评更真实可信，避免偏差；同时可节省绩效评估的时间，减小绩效考核的难度。

进行绩效辅导有助于员工及时发现自己或他人工作中的优点、问题与不足，帮助员工相互促进、互助提高，有利于加强团队内的相互沟通、避免工作中的误解或矛盾，创造良好的团队工作氛围，提高整体的工作效率。

### （二）员工需要管理者对工作进行评价和辅导支持

员工希望在工作中不断得到自己绩效的反馈信息，希望及时得到管理者的评价，以便不断提高自己的绩效和发展自己的能力素质，肯定员工工作成绩并给予明确的赞赏，维护和进一步提高员工的工作积极性是非常重要的。如果员工干得比较好，得到肯定评价的员工必然会更加努力期望获得更大的成绩；如果工作中存在较多问题，及时提出工作中的缺陷有利于员工迅速调整工作方式方法，逐步提高绩效。

管理者应及时协调各方面的资源，对下属工作进行辅导支持。由于工作环境和条件的变化，在工作过程中，员工可能会遇到在制订绩效计划时没有预期到的困难和障碍。这时员工应该及时得到帮助和资源支持，一个称职的管理者不能抱怨员工的工作能力差。对下属员工进行工作指导是管理者的重要职责之一，管理者应在职权范围内合理调动各方资源，对下属工作进行支持。如果某些事项超过自己职责权限范围，管理者应将实际情况上报有关决策者，尽快解决下属工作中的问题。

### （三）必要时对绩效计划进行调整

绩效计划是基于对外部环境和内部条件的判断后，在管理者和员工取得共识的基础

上做出的。外部环境是不断变化的，公司的内部资源是有限的，因此在绩效考核周期开始时制订的绩效计划很可能变得不切实际或无法实现。例如，市场竞争环境的变化，将使本公司的产品价格政策发生变化，从而导致公司产品销售量和销售额的目标发生变化；一个技术障碍无法有效解决，可能导致公司产品不能及时上市，因此应及时调整产品开发计划；由于公司战略调整，原定的工作目标及重点都将失去意义，因此绩效目标中的相应内容应该及时进行调整。通过绩效实施过程中管理者和员工的沟通，可以对绩效计划进行调整，使之更加适合外部环境以及内部条件的变化。

## 【复习与练习】

### 一、填空题

1. 教练技术的四大方法是_____、_____、_____和_____。
2. 一个成功的教练应该具备三种主要素质：_____、_____、_____。
3. 在绩效管理中采用的正式的沟通方式一般有_____、_____和_____。

### 二、选择题

1. 从教练的形式可以分为（　）两种。

A. 专业企业教练机构和企业内部教练　　　B. 聆听和发问

C. 汇才式教练技术与 NLP 式教练技术　　　D. 回应和区分

2. （　）是企业内部高级教练制度，是建立在教练制的基础上，由企业高层来实行的教练制度，高层以导师的身份出现对企业内部不同部门的员工进行教练辅导。

A. 工长制　　　　　B. 绩效制　　　　　C. 导师制　　　　　D. 会议制

3. （　）可以提供更加直接的沟通形式，而且可以满足团队交流的需要。

A. 一对一面谈沟通　　　　　　　　　　　B. 口头报告

C. 书面报告　　　　　　　　　　　　　　D. 会议沟通

4. 教练式管理的首要作用就是（　）。

A. 给员工一种方法　　　　　　　　　　　B. 帮助员工挖掘潜能，突破自我

C. 为员工解决具体问题　　　　　　　　　D. 严密地控制员工

5. （　）是绩效管理中比较常见的一种正式沟通的方式，是员工使用文字和图表的形式向部门经理报告工作进展情况、遇到的问题、所需支持以及计划的变更、问题分析等。

A. 口头沟通　　　　　　　　　　　　　　B. 书面报告

C. 会议沟通　　　　　　　　　　　　　　D. 一对一面谈沟通

### 三、名词解释

1. 教练。
2. 教练式管理。
3. 绩效辅导。

### 四、简答题

1. 简述企业教练的特点。

2. 简述企业教练技巧。

3. 简述导师和教练的区别。

4. 简述绩效辅导沟通的必要性。

### 五、案例分析题

#### 员工要辞职

张娟是一名房务部的楼层清卫员，近段时间以来，她很烦躁，感觉事事不顺，每天做着枯燥乏味的卫生清洁工作，脾气变得越来越躁，同事之间的关系也越来越紧张，还时不时地要受领班的批评，刚毕业时梦想的宏伟理想好像离自己越来越远，遥遥无期。她开始怀疑是不是自己选错了专业，不适合酒店行业，但也不知道该去做什么。

时间不长，张娟向部门经理申请提出要掉换一下部门，在别的部门适应适应。经理做她的思想工作，出于她的性格比较内向，建议她继续在房务部工作。

工作一段时间之后，张娟感觉还是没有改变原来的状态，听到周围的朋友讲酒店行业是吃青春饭，又了解到自己的同学在上海的一家房地产公司做销售小姐，她很想去做。于是，她向酒店提出了辞职申请。

人力资源部接到她的辞职申请后，人力资源部经理按照常规进行了一次离职约见，询问到离职的原因时，她只说不适应酒店的工作；询问到她的去向时，回答要去上海做售楼小姐；问到她对售楼小姐的了解时，她回答先去看看再说。人力资源部经理感觉到张娟的职业方向性不是很明确，鉴于她所学的专业是饭店服务与管理，刚招聘来时对工作满怀热情，还有可以挽回的希望，就同张娟进行了一次围绕她的职业规划议题的深入谈话，从她本人的性格、职业特长分析，描绘了她若干年以后的工作理想，帮助她做了一个个人职业规划设计。经过两小时的深入交谈，张娟的眉头舒展开了，对自己的职业发展重新充满信心，答应人力资源部经理她会继续在酒店做下去，并立志在酒店行业进一步发展。

思考题：

请结合案例，谈谈教练与辅导在饭店督导管理的重要性。

【实训项目】

【实训名称】员工教练与辅导

【实训内容】设定员工教练与辅导的目标，掌握员工教练与辅导的方式和步骤

【实训步骤】

1. 3~6人一组，其中一人为督导，其余为员工。

2. 员工分别完成一项工作，然后自己评价记录完成工作的步骤和质量。

3. 督导对员工的工作分别做出评价。

4. 督导分别与员工个别交换评价意见，找出差距。

5. 员工再次演示自己完成工作的步骤和方式。

6. 集体讨论。收集反馈意见。

7. 请督导讲述自己的辅导思路和理念。

8. 请员工陈述自己的工作原则及差距。

**【实训点评】**教师和学生根据各小组的表现给予评价打分，纳入学生实训课考核之中。

# 参 考 文 献

［1］刘纯. 饭店督导管理［M］. 北京：清华大学出版社，2008.

［2］苏保忠. 领导科学与艺术［M］. 北京：清华大学出版社，2004.

［3］王大悟，刘耿大. 酒店管理 180 个案例品析［M］. 北京：中国旅游出版社，2007.

［4］侯明贤. 饭店督导［M］. 北京：旅游教育出版社，2006.

［5］栗书河. 饭店督导管理［M］. 北京：旅游教育出版社，2009.

［6］宿荣江. 督导实操［M］. 北京：旅游教育出版社，2007.

［7］蒋一. 酒店管理 180 例［M］. 上海：东方出版中心，1998.

［8］史为磊. 决策［M］. 北京：国家行政学院出版社，2011.

［9］李岚. 说故事的领导力量［M］. 北京：中国城市出版社，2008.

［10］蒋丁新. 饭店管理概论［M］. 大连：东北财经大学出版社，2010.

［11］曹希波. 新编现代酒店服务与管理实战案例分析实务全书［M］. 北京：企业管理出版社，2007.

［12］高树军. 管理心理学［M］. 北京：科学出版社，2005.

［13］陶淑艳. 基层领导方式与领导方法创新［M］. 北京：中共中央党校出版社，2007.

［14］黄建东. 有效决策的七要素［J］. 中外管理，2006（3）.

［15］国家电网公司人力资源部. 团队建设［M］. 北京：中国电力出版社，2010.

［16］时间管理的十大原则［J］. 中国电力企业管理，2007（7）.

［17］张明珠. 试论员工激励的方法与艺术［J］. 技术经济，2005（8）.

［18］何天恩. 探源"管理学"［EB/OL］. www. chinavalue. net/Management/Blog/2009 - 09 - 26.

［19］佚名. 滚动计划法［EB/OL］. http：//www. wiki. mbalib. com/wiki.

［20］郑向敏，俞霞. 酒店现场管理中的现场督导分析［EB/OL］. www. doc88. com/p - 813687522749. html.

［21］佚名. 企业管理新思维［EB/OL］. http：//www. hroot. com/hcm/243/244027. html.

［22］刘跃仓. 论员工激励的方法和度［J］. 镇江高专学报，2004（1）.

［23］庞竹. 如何有效激励员工［J］. 时代经贸，2011（7）.

［24］何磊．如何有效激励员工［EB/OL］．http：//www．xici．net/d122988791．html．

［25］刘大东．如何转变团队领导管理方式［EB/OL］．http：//www．51made．com，2007－04－01．

［26］孙文有，王月．成功督导手册［EB/OL］．http：//mr．progress．ac．cn/book/20070909008/index．html．